MAYA LASKER-WALLFISCH

MIT TAYLOR DOWNING

Briefe nach Breslau

Meine Geschichte über drei Generationen

Aus dem Englischen von
Marieke Heimburger

Insel Verlag

Die Arbeit der Übersetzerin wurde mit einem Stipendium des Deutschen Übersetzerfonds gefördert.

Alle Abbildungen stammen aus dem Privatarchiv der Autorin.

Erste Auflage 2020
© Insel Verlag Berlin 2020
Satz: Greiner & Reichel, Köln
Druck: GGP Media GmbH, Pößneck
Printed in Germany
ISBN 978-3-458-17847-7

Inhalt

Briefe gehören unter die wichtigsten Denkmäler,
die der einzelne Mensch hinterlassen kann.
Johann Wolfgang von Goethe

Für meine Großeltern,
Alfons und Edith,
und für meine Mutter, Anita,
sowie für meine Tanten Renate und Marianne –
die Laskers aus Breslau

1
Sprache

In meinem Elternhaus wurden zwei Sprachen gesprochen: Musik und Deutsch. Ich beherrschte keine von beiden. Damit fing das Problem an.

Meine Eltern waren beide Berufsmusiker. Jeden Tag stieg mein Vater in unserer winzigen Wohnung hinauf ins Dachzimmer, um Klavier zu üben. Es war verboten, ihn dabei zu stören. Mindestens acht Stunden übte er jeden Tag. Dank seiner eisernen Disziplin wich er kein einziges Mal von dieser Routine ab. Durch die ganze Wohnung konnte man ihn spielen hören. Auch meine Mutter spielte mehrere Stunden am Tag Cello, jedoch nicht zu Hause. Sie probte mit dem English Chamber Orchestra, dessen Gründungs- mitglied sie war, oder trat mit ihm auf. Wenn sie zu Hause war, stand ihr Cello in der Wohnzimmerecke wie ein Aktenkoffer. Sie nahm es und ging fast jeden Tag damit zur Arbeit. Wenn *sie* nicht spielte, war mein älterer Bruder Raphael dran. Auch er spielte wunderschön Cello. Er hatte Glück und großes Talent. Er sprach die Sprache meiner Eltern.

Eine meiner frühesten Erinnerungen ist die an meine Mutter, wie sie in unser großes (so kam es mir damals vor) schwarzes Bakelit-Telefon spricht. Auch nach fast fünfundfünfzig Jahren habe ich unsere Telefonnummer sicher im Gedächtnis. »Kann ich Maya mitbringen?«, fragte meine Mutter ihren Gesprächspartner – vermutlich den Dirigenten, der an jenem Tag die Probe mit dem Orchester leitete. Ich wurde mitgenommen, auf einen Stuhl gesetzt und angewiesen, still zu sein. Der Raum füllte sich mit Musik, zu der ich keinerlei Verbindung spürte. Bereits mehr als einmal war ich dafür verantwortlich gewesen, dass eine Aufnahme mit Barenboim durch das Zerreißen eines Stücks Papier ruiniert wurde – ich hatte die rote Lampe ignoriert, die anzeigte, dass aufgenommen wurde. Kein Wunder, dass ich mich nie willkommen fühlte. Ich wünschte mir immer so sehr, meine Mutter könnte sein wie andere Mütter – zu Hause, wo sie mit mir und meinem Bruder spielt. Als ich etwas älter wurde, musste ich mir meinen Freunden gegenüber irgendeine Erklärung ausdenken, wenn sie fragten, warum meine Mutter sich die Telefonnummer auf den Arm geschrieben hatte. Anders zu sein ist ganz klar ein Nachteil für ein Kind.

Ich verinnerlichte schon bald, dass alles Deutsche schlecht war. Zum Beispiel wurde mir gesagt, dass deutsche Autos nichts taugten. Wenn meine Mutter im Bus oder in der U-Bahn andere Fahrgäste unerwartet Deutsch sprechen hörte, verdüsterte sich ihre Laune sofort, und sie wurde unruhig und argwöhnisch. Doch meine Eltern sprachen auch deutsch miteinander. Sehr vertraut und innig. Wie sollte ich daraus schlau werden? Ich konnte an ihren Gesprächen nicht teilnehmen. Ich verstand nicht, was los war, und so wuchs ich in einem Zustand permanenter Verwirrung auf. In meinem Leben fühlte sich nichts sicher an, ohne dass ich je verstanden hätte, warum.

Meine Mutter, Anita Lasker-Wallfisch, wuchs als die jüngste von drei Schwestern in Breslau auf. Sie war Cellistin im berühmten Mädchenorchester von Auschwitz, das jeden Morgen am Lagertor spielte, wenn die abgezehrten Zwangsarbeiter sich auf den Weg in die nahe gelegenen Fabriken machten. Das Orchester spielte auch abends, wenn die erschöpften Männer und Frauen ins Lager zurückkehrten, und hin und wieder trat es vor der SS auf. Es war die Musik, die meine Mutter am Leben hielt. Ohne die Musik wäre sie wahrscheinlich zusammen mit über einer Million anderen Menschen in dem Todeslager umgekommen. Als Cellistin im Orchester gehörte sie zu einer Gruppe, deren Mitglieder verschont blieben, solange die SS nach Musik verlangte.

Die Nazis verließen Auschwitz, als die Rote Armee sich näherte, und meine Mutter wurde im Oktober 1944 ins Konzentrationslager Bergen-Belsen überführt. Dort wurde sie, halb verhungert und sterbenskrank, in den letzten Kriegswochen von den britischen Truppen befreit. Sie erholte sich schnell, und als sie schließlich in der Lage war, Deutschland zu verlassen, beschloss sie, nach Großbritannien zu emigrieren.

Sie erreichte London im März 1946 und fing an, sich ein neues Leben aufzubauen. Nach ein paar Jahren begegnete sie meinem Vater wieder, Peter Wallfisch. Die beiden kannten sich aus ihrer Schulzeit in Breslau. Er hatte den Krieg in Palästina verbracht. 1952 heirateten sie. Das Leben war nicht leicht für zwei verarmte klassische Musiker. Mein Vater war Künstler und spielte in ganz Europa und dem Rest der Welt. Meine Mutter war die Ernährerin, die Musikerin, die jeden Tag zur Arbeit ging. Sie zogen in eine kleine Wohnung in der Nähe der Portobello Road, damals ein armer, heruntergekommener Stadtteil Londons. Heute ist er gentrifiziert und todschick. Aber in den 1950ern wohnten wir über einer schwarzen Familie im Erdgeschoss und anderen Einwanderern im ersten Stock. Damals gab es noch keine Political Correctness. In manchen Mietshäusern hingen Schilder mit der Aufschrift »Keine Schwarzen. Keine Hunde. Keine Iren.« Unsere Vermieter waren anders. Wir bewohnten die beiden obersten Stockwerke. Mein Bruder Raphael wurde 1953 geboren, ich fünf Jahre später.

Allen Kindern sind ihre Eltern peinlich. Mir waren meine aber ganz besonders peinlich. Bei uns zu Hause war nichts so wie bei den anderen Kindern. Bei denen gab es Weißbrot in Scheiben, Butter, Marmelade und Kuchen. Bei uns gab es Schwarzbrot, Salami und stinkenden Käse. Bei meinen Freunden gab es abends etwas Warmes. Bei uns gab es Abendbrot. Und nur hin und wieder, manchmal am Wochenende, bekamen wir Nachtisch, in der Regel Joghurt. Das war in den 1960ern sehr exotisch. Seltsame Aromen waberten durch unsere Wohnung, und ich kann mich noch gut erinnern, wie jeder Gast angewidert das Gesicht verzog.

Mir wurde erzählt, mein erstes Wort sei »mehr« gewesen. Offenbar war nie genug da. Nicht genug zu essen, nicht genug Zeit mit unserer Mutter. Ich weiß noch, wie mir immer gesagt wurde: »Du brauchst nicht mehr, du hattest schon genug.« Mir aber kam es vor, als bekäme ich von allem zu wenig. Ich wurde übergewichtig – ein dickes kleines, sich selbst verletzendes Mädchen, das in einer merkwürdigen Familie aufwuchs. Ich konnte meine Gefühle nicht rational erklären, weil mir die Wörter dafür fehlten. Ich wurde nach und nach ängstlicher und schrecklich unglücklich. Ich befand mich bereits auf dem Weg, der meine frühen Jahre prägen sollte.

Ich bin überzeugt, dass meine Mutter ihr Bestes getan hat. Sie war ganz bestimmt keine schlechte Mutter im landläufigen Sinn. Sie war sechzehn gewesen, als sie selbst ihre Mutter verlor, und sie verbrachte mehrere Jahre im Gefängnis, in Auschwitz und in Bergen-Belsen, sie hatte viel Lebenszeit verloren und viel nachzuholen. Sie hatte, um zu überleben, auf eine normale Gefühlswelt verzichtet. Da die Musik ihr höchstwahrscheinlich das Leben gerettet hatte, wurde sie ihre große Liebe. Sie gab alles, um gut zu spielen. Die Musik entzog sie uns nicht nur an vielen langen Arbeitstagen, sondern auch häufig, wenn das English Chamber

Orchestra auf Tournee ging, dann war sie oft wochen-, manchmal gar monatelang weg.

Wenn sie mit dem Kammerorchester unterwegs war, wurde ich weggeschickt. Zu Hause benahm ich mich oft nicht gut, ich bekam Ärger, und mein Vater kam alleine nicht mit mir zurecht. Ich wurde an alle möglichen Orte verfrachtet, die meisten gefielen mir nicht. Manchmal wohnte ich ein paar Tage bei Freunden. Wenn es länger dauerte, kam ich ins Ferienlager. Da gab es Pferde, und alle dachten, ich würde das mögen, tat ich aber nicht. Ich hatte immer das Gefühl, nur geduldet zu sein und mich einschmeicheln zu müssen. Immer wieder schrieb ich meinen Eltern: »Bitte kommt und holt mich ... aber noch nicht jetzt gleich, das Essen hier schmeckt mir nämlich gut!«

Wir hatten damals eine Putzfrau, die regelmäßig unsere Wohnung saubermachte. Wir nannten sie »Icky«. Manchmal sprang sie auch als Babysitterin ein, und ich freute mich immer sehr auf das von ihr servierte Abendessen: Fischstäbchen und Baked Beans. Das war die schlichte englische Kost, nach der ich mich als Kind sehnte. Icky war vermutlich der unkomplizierteste Mensch, der mir in meinen ersten zehn Lebensjahren begegnet ist. Sie war ein seltener Vogel. Sie lebte in noch einfacheren Verhältnissen als wir, und doch fand ich meine gelegentlichen Besuche in ihrer Sozialwohnung wahnsinnig aufregend. Sie war eine waschechte Cockney, eine Spezies, die im London der 1960er Jahre immer seltener anzutreffen war.

Während der Grundschulzeit entwickelte ich schnell Strategien, um mich bei anderen Kindern beliebt zu machen. Das war notwendig für mein Überleben. Ich kaufte Süßigkeiten und verteilte sie. Da stand ich dann immer hoch im Kurs. Aber das kostete Geld. Also stahl ich Geld, um Süßigkeiten zu kaufen, mit denen ich Freunde kaufte. Normalerweise stahl ich aus der Handtasche meiner Mutter. Anfangs nur ein paar Pennys. Aber ich wurde immer kühner und nahm immer größere Beträge. Ich wusste, dass ich irgendwann auffliegen würde, und trotzdem machte ich weiter. Und natürlich flog ich auf, als ich einen Zehn-Schilling-Schein klaute (heute 50 Pence). Meine Mutter sagte: »Wenn du zugibst, dass du das Geld gestohlen hast und mir die Wahrheit sagst, dann können wir die zehn Schilling zusammen ausgeben.« Ich kann mich nicht erinnern, ob ich es zugab oder nicht.

Als ich mit elf auf die weiterführende Schule kam, wohnten wir in einem anderen Stadtteil Londons, in Willesden. Der Umzug wurde als Aufstieg betrachtet. Immerhin bedeutete er, dass mein Zimmer nicht mehr auch als Esszimmer herhalten musste. Allerdings gab es ein Problem mit der Schulbehörde, es standen nämlich nicht genügend Plätze in den Schulen im Viertel zur Verfügung, und außerdem waren meine Schulunterlagen abhandengekommen. Infolgedessen landete ich in einer Schule, die ich furchtbar fand. Ich wurde gemobbt und verprügelt, weil ich das einzige weiße jüdische Mädchen an der Schule war. Ich geriet vom Regen in die Traufe.

In all den Jahren hatte ich keine Ahnung, was meine Mutter im Krieg durchgemacht hatte. Zuhause wurde nie über die Lager gesprochen, nicht über Auschwitz und nicht über Bergen-Belsen, und auch nicht darüber, was mit meinen Großeltern passiert war. Ich hatte ansatzweise etwas über den Holocaust gehört, aber keine genaue Vorstellung davon, wie die Nazis vorgegangen waren bei ihrer »Endlösung der Judenfrage in Europa«. Das Thema stand in den späten 1960er Jahren nicht auf dem Lehrplan britischer Schulen, und auch im Fernsehen wurden keine Geschichten über den Holocaust gezeigt. Und zu Hause herrschte Schweigen. Meine Mutter schrieb viel später, dass sie und ihre Schwester, als sie 1946 nach Großbritannien kamen, gerne erzählt hätten, was sie alles durchgemacht hatten. Dass sie aber niemand fragte. Ihre Antworten hätten zu sehr wehgetan, denn das von ihnen überlebte Grauen übertraf alles, was man sich vorzustellen wagte. Die Menschen wollten es lieber gar nicht hören. Meine Mutter wusste, dass ihre Erlebnisse aus Auschwitz und Bergen-Belsen immer noch in ihr steckten. Diese Erfahrungen waren zu einem wesentlichen Bestandteil ihrer Persönlichkeit geworden. Doch sie verschloss sich und sprach nie darüber.

Ich muss dreizehn gewesen sein, als ich bei uns zu Hause nach Zigaretten suchte. Ich durchwühlte damals mit einer gewissen Regelmäßigkeit die Wohnung, und ich dachte, meine Mutter hätte in einem bestimmten Schrank im Flur vielleicht eine Schachtel versteckt. Ich wusste, dass das Fach in dem Sideboard für mich tabu war, aber ich brauchte dringend eine Kippe. Also schob ich die Türen auf und wühlte herum. Zigaretten fand ich keine, aber dafür eine Mappe. Mir war klar, dass es sich um etwas Persönliches von meiner Mutter handelte, aber ich schlug sie trotzdem auf. Ich fand Fotos von aufgetürmten Leichen. Von Bulldozern, die sie in eine riesige Grube schoben. Unzählige, meist nackte Körper vor Holzbaracken. Ich hatte keine Ahnung, was das war, worum es da ging. Ich wusste nichts von der Befreiung Bergen-Belsens durch britische Truppen und der Entdeckung Tausender von toten oder halbtoten Häftlingen ... und dann war da dieses Foto von einem Mädchen, das meiner Mutter sehr ähnlich sah. Die Bilder waren schrecklich. Ich war dreizehn und verstand überhaupt nichts. Warum hob meine Mutter solche Fotos auf? Warum versteckte sie sie? Was hatte das zu bedeuten? Ich wusste, dass ich in dem Schrank nichts zu suchen hatte. Ich legte die Fotos zurück in die Mappe und schloss die Türen. Ich habe meine Mutter nie gefragt, was das war und was es zu bedeuten hatte. Und ich war verwirrt, weil ich ein schlechtes Gewissen hatte – war es falsch gewesen, nach Zigaretten zu suchen, oder war es falsch gewesen, in die versteckte Mappe zu schauen? Meine Mutter kam nicht dahinter, dass ich die Fotos gesehen hatte. Das Schweigen hielt an.

Vor nicht allzu langer Zeit sagte meine Mutter, sie habe Raphael und mich in einer »normalen« Atmosphäre großziehen wollen. »Normal« ist eins ihrer Lieblingswörter. Aber wie kann ein Zuhause, wie kann eine Familie normal sein, wenn ein Elternteil ein solches Trauma durchlitten hat wie meine Mutter? Sie wollte uns zum Beispiel nie von unseren Großeltern erzählen. Haben wir nach ihnen gefragt? Ich glaube nicht, seltsamerweise. Bei uns zu Hause standen schöne Fotos von ihnen herum, sie sahen wirklich gut aus. Aber meine Mutter wollte uns nicht beunruhigen, sie wollte uns keine Albträume bescheren, indem sie uns erzählte, dass die beiden zu Tode gefoltert worden waren und in einem Massengrab lagen. Da ich nichts über das frühere Leben meiner Mutter wusste oder darüber, wie die Nazis ihre Eltern verhaftet und verschleppt hatten, wusste ich auch nicht, was ich fragen sollte. Das Schweigen setzte sich durch meine gesamte Kindheit hindurch fort. Es sollte fast vierzig Jahre dauern, bis meine Mutter tapfer begann, ihre Erinnerungen an all das aufzuschreiben, was sie durchgemacht hatte. Das war in den 1980er Jahren. Nach vielen Jahren lag das Ergebnis vor, ein Manuskript mit dem Titel *Meine Geschichte,* das sie Raphael und mir 1988 zu Weihnachten schenkte. Es war ein merkwürdiges Geschenk. Keins, das auf meinem Wunschzettel gestanden hatte. Es wurde die Grundlage für ihr späteres Buch *Ihr sollt die Wahrheit erben.*

Die Grundschule war für mich im Großen und Ganzen ein sicherer Ort gewesen. Ich schlug mich ganz gut und benahm mich nur leicht daneben. Interessant ist, dass sie der erste Ort war, an dem ich mich sicher gefühlt habe. Nach dem Ende der Grundschulzeit und dem Wechsel auf eine weiterführende Schule verlor ich zunehmend die Kontrolle.

Immer wieder wechselte ich die Schule. Diese mangelnde Kontinuität in meiner Schullaufbahn beeinträchtigte meine Lernfähigkeit, bedeutete aber auch, dass ich nie richtig Teil einer

Gruppe wurde. Ich wurde gebeten, die Gesamtschule Holland Park zu verlassen, nachdem ich zu oft geschwänzt hatte, und die Schulleiterin empfahl grundsätzlich eine kleinere Schule für mich. Damals galt Holland Park als eine der progressivsten Einrichtungen in London, aber sie war nicht progressiv genug, um eine notorische Schulschwänzerin zu tolerieren. Ich leistete gegen alles und jeden Widerstand, und nachdem ich sämtliche Versuche der Leitung, mich doch noch zu halten, ausgereizt hatte, wurde ich von der Schule verwiesen. Als ich vierzehn war, landete ich bei einer Privatpaukerei in Kensington. Diese vier, fünf verstaubten Zimmer unter dem Dach eines vierstöckigen Stadthauses konnten kaum als Schule bezeichnet werden. Dort war ich in meinem Element. Wie waren nur zu viert in einer Klasse, zwei Adlige, eine Französin und ich. Ich fing an, mich grell und auffällig zu kleiden. Ich tauchte immer mehr ab in die Welt der Rockmusik. Es waren die frühen Siebzigerjahre. Wishbone Ash, Emerson, Lake and Palmer, Led Zeppelin und The Doors waren meine Lieblingsbands. Zum Verdruss meiner Eltern hörte ich diese Musik immer schön laut in meinem Zimmer. Ich war auch fast die ganze Zeit bekifft. Mum und Dad schämten sich für mich. Meine Reise in die Welt der Drogen hatte begonnen. Erst nahm ich frei verkäufliche Aufputschmittel. Dann fing ich an, Hasch zu rauchen. Dann ging ich über zu Halluzinogenen wie LSD. »Acid« und seine Wirkung, den Kontrollverlust, mochte ich eigentlich gar nicht besonders. Aber ich nahm es trotzdem. Drogen gaben mir ein Gefühl von Identität. Ich fing an, unter Freunden zu dealen. Ich hatte wahnsinnig viel Unterricht versäumt und ging mit sechzehn und einem so schlechten Zeugnis von der Schule ab, wie es in Großbritannien seinerzeit gerade noch möglich war.

Mein Vater hegte zwei große Leidenschaften. Klavier und Katzen. Katzen sollten unsere einzige Verbindung sein, sie waren seine alleinige Möglichkeit, seinen Gefühlen Ausdruck zu verleihen. Seinen Schülerinnen und Schülern gegenüber empfand ich Neid. Zu ihnen war er großzügig, oft dehnte er die geplante eine Stunde Unterricht auf drei Stunden aus. Ich befand mich häufig im Nachbarzimmer, wenn eine Musikstunde endlich abgeschlossen wurde, und konnte sehen, wie mein Vater seine Schüler anlächelte, sie lobte und ihnen gratulierte. Ich sehnte mich so sehr nach dieser Art von Anerkennung. Doch sobald die Schüler weg waren, verschwand mein Vater schnell wieder in sein Musikzimmer, schloss die doppelte Flügeltür hinter sich und übte selbst weiter.

Jedes Jahr gab mein Vater ein Konzert in der Wigmore Hall, einem Konzertsaal mitten in London. In dem Zusammenhang kam mir öfter die Aufgabe zu, im Foyer Programmhefte zu verteilen. Das waren die Gelegenheiten, bei denen ich das Gefühl hatte, wirklich seine Tochter zu sein, und ich schaffte es, zu tun, was von mir erwartet wurde. Er pflegte ein Ritual vor einem Konzert oder einer Aufnahme, in dessen Verlauf er mich sehr ernst fragte: »Wie werde ich heute spielen?« – als hätte ich einen Einfluss darauf. Meist antwortete ich das, was er hören wollte, aber einmal tat ich das nicht und plagte mich dann mit einem entsetzlich schlechten Gewissen, weil ich fürchtete, dafür verantwortlich zu sein, wenn er auch nur einen falschen Ton spielte. Ich hatte so gut wie immer das Gefühl, an allem schuld zu sein, und entwickelte ein derart schlechtes Benehmen, dass ich irgendwann zumindest wusste, warum mein Vater mich nicht mochte.

Mein Vater war nicht mit vielen lebenspraktischen Fähigkeiten ausgestattet, weshalb er sehr stark auf meine Mutter angewiesen war. Ich glaube, er empfand die Welt stets als fremd und beängstigend, und ich glaube nicht, dass er sich je an die britische Kultur gewöhnt hat. Er hasste es, sich ständig überall einschmeicheln zu müssen, was aber erforderlich war, um als Musiker Erfolg zu haben, und er litt darunter. Ich glaube, dass er eine Heidenangst davor hatte, abgewiesen zu werden. Verachtung und Kritik waren seine Schutzmechanismen. Im Grunde seines Herzens war er kein glücklicher Mann.

Sein Leben kreiste darum, Konzertpianist zu sein, und darum ließ er sich so wenig wie möglich auf die Welt ein. Er erfreute sich an unkomplizierten Ritualen wie dem Abschicken eines Briefes oder einem Gang zum Feinkostgeschäft um die Ecke. Den Rest überließ er meiner Mutter. Immer wenn er von einem seiner Ausflüge zurückkehrte, führte er meiner Mutter stolz seine Einkäufe vor und forderte erst sie und dann mich auf zu raten, was das alles gekostet hatte. Dieses Ratespiel wurde zum Sinnbild für seine tiefe Missbilligung der Ausgaben aller anderen. Niemand konnte sich je über ein Schnäppchen freuen, weil es in seinen Augen niemals billig genug gewesen war. Ich glaube nicht, dass mein Vater sich in seinem Leben viel gegönnt hat, und darum hatte er auch keinerlei Verständnis für die Bedürfnisse anderer.

Was auch immer mit ihm nicht stimmte, ich verinnerlichte es irgendwie, und während er stillschweigend Abneigung gegen mich hegte, rebellierte ich lautstark. Was zu vielen kritischen Blicken führte. Bestraft wurde ich auf unterschiedliche Weise. Er schrie und funkelte mich böse an, und da ich kein eigenes Zimmer hatte, in das er mich schicken konnte, verbannte er mich manchmal in sein Musikzimmer unter dem Dach. Auf dem Weg dorthin kam ich am oberen Ende der Treppe an einer Ecke vorbei, die mit einem Vorhang abgetrennt war. Mein Bruder hatte mich immer geärgert, indem er behauptete, hinter dem Vorhang würden sich Monster verstecken, und ich glaubte ihm. Ich wusste, dass irgendwo Monster lauerten.

Ich kann mich erinnern, dass ich einmal während einer dieser »Auszeiten« in seinem Zimmer wütend auf allen möglichen Notenblättern herumgekritzelt habe. Das kam gar nicht gut an. »Du bist unmöglich, Maya, dermaßen renitent!« Mein Bruder erzählte mir neulich, er erinnere sich an mich als ein permanent verwirrtes Kind. Und seine Wahrnehmung stimmte. Raphael ist fünf Jahre älter als ich, darum hatten wir nicht viel gemeinsam. Er schien viel leichter mit der Welt zurechtzukommen als ich, was ein in Familien von Überlebenden häufig zu beobachtendes Phänomen ist: Ein Kind absorbiert das Trauma, während das andere sich gut einzufügen scheint.

Hier spielen natürlich viele Faktoren eine Rolle. Meine Mutter fand es einfacher, einen Sohn großzuziehen, und die deutlich stabilere Persönlichkeit meines Bruders machte ihm das Leben um einiges leichter. Er wurde nicht nach einem toten Familienmitglied benannt, und ich glaube, dass dieser Umstand es ihm, wenn auch unbewusst, ermöglichte, ganz frei und er selbst zu sein, kein Ersatz für irgendjemanden. Ich habe ihn lange Jahre beneidet.

Unser Zuhause war kein Ort, mit dem ich Geborgenheit, Zufriedenheit oder Glück assoziierte. Die Atmosphäre war in erster Linie angespannt und unvorhersehbar. Ich weiß noch, dass ich sehr oft ängstlich war. Und dass mir klar war, ich musste damit umgehen lernen. Hauptursache meiner Ängste waren die Abwesenheiten meiner Mutter. Wenn ich heute darüber nachdenke, bin ich sicher, dass ich die Gefühle meines Vaters absorbiert habe, der auch unglücklich über das Fehlen meiner Mutter war. Die ganze Zeit hatte ich den Eindruck, eine Gratwanderung zu vollführen. Bei uns zu Hause war praktisch nichts normal. Immer wurde über Musik geredet. Aber ohne mich. Ich verstand das alles nicht und konnte mich nicht einbringen. Das Essen war nicht normal. Die Mahlzeiten verkrampft, manchmal traumatisch. Schweigen und finstere Blicke waren die Regel am Esstisch. Alles, was mir passierte, schien in Krisen zu passieren. Warum hatte ich ständig solche Angst? Ich wusste, dass meine Mutter mich liebte. Aber sie zeigte das nicht wie normale Mütter. Mit Zärtlichkeit konnte sie nichts anfangen. Heute weiß ich viel mehr darüber, wie das menschliche Gehirn funktioniert, heute stehen mir die sprachlichen Mittel zur Verfügung, mit denen ich meine frühen Lebenserfahrungen beschreiben kann. Ich kann sehen, dass ich bereits als kleines Kind »fest verdrahtet« war. Bestimmte Bereiche meines Gehirns, nämlich die, von denen wir heute wissen, dass sie mit Depressionen und Angst umgehen, waren ständig in Alarmbereitschaft und aktiv. Andere Bereiche meines Gehirns waren langsam und träge.

Viele Jahre lang war ich kraftlos, nicht in der Lage, mein Leben selbst in die Hand zu nehmen, immer wieder war ich »ein Problem«. Ich war kreuzunglücklich. Ich fand es ungeheuer schwer, auf der Welt zu sein. Ich hatte das Gefühl, gar keine Haut zu haben, nichts, das mich beschützt hätte, nichts, das es mir ermöglicht hätte, mit den ganz normalen Höhen und Tiefen fertig zu werden. Völlig alltägliche Herausforderungen, mit denen alle anderen ganz wunderbar zurechtzukommen schienen, warfen mich regelmäßig aus der Bahn. Meine Gefühle passten einfach nicht mit meinem Leben zusammen, aber da mir der Mut fehlte, es mir zu nehmen, musste ich eben irgendwie existieren. Dieses Überleben-Wollen konnte man schon im Alter von zwei Jahren an mir beobachten. Im weiteren Verlauf fand ich viele sehr unterschiedliche Fluchtwege, meist waren sie extrem und fast alle rechtswidrig. Ich entwickelte diverse Abhängigkeiten, nicht nur Drogen-, sondern auch Kaufsucht. Mit derlei Abhängigkeiten versucht man, innere Schäden von außen zu reparieren, und darum nehmen sie exzessive Ausmaße an. Die Opfermentalität ist eine zerstörerische Kraft.

Dann, endlich, nach vielen Jahren, Jahrzehnten, wurde mir klar, was ich tun musste. Ich musste eine neue Beziehung zu mir selbst aufbauen, und um aus der ewigen Opferrolle herauszukommen, musste ich eine Brücke schlagen zwischen meinem

Ich und der Vergangenheit, aus der ich hervorgegangen war. Ich dachte immer mehr über meine Großeltern nach, darüber, wer sie eigentlich waren, wie sie in Breslau gelebt hatten und welchen Entsetzlichkeiten sie ausgesetzt waren. Ihr Leben unterschied sich so grundlegend von meinem – und doch spürte ich eine starke Verbindung. Als ich vor ein paar Jahren in Deutschland unterwegs war, dachte ich eines Tages ganz besonders intensiv an sie. Die Landschaft der Umgebung war herrlich, ich unternahm einen Spaziergang. Während ich über das Leben meiner Großeltern nachdachte, ging mir auf, dass ich nicht nur im Stillen nachdachte, sondern laut redete, mit meinen Großeltern redete. Ich hatte eine Form der Kommunikation mit ihnen gefunden. Ich wollte ihnen von ihrer Familie erzählen und von allem, was nach ihrem Tod passiert war, von der immensen Stärke ihrer Töchter und von dem Leben, das sie nach Kriegsende, nach dem Sieg über den Faschismus, führten. Aber ich wollte ihnen auch von der Welt heute erzählen und von den neuen Bedrohungen, denen wir uns gegenübersehen.

Ich beschloss, an meine Großeltern zu schreiben, obwohl sie im Jahr 1942 umgekommen waren. Ich dachte, wenn ich versuchte, eine Beziehung zur Vergangenheit herzustellen, würde ich in der Gegenwart besser zurechtkommen. Noch am selben Abend, kaum zurückgekehrt von meinem langen Spaziergang, begann ich zu schreiben, den ersten meiner Briefe nach Breslau.

Liebe Großeltern,

ich bin eure Enkelin Marianne (Maya), die Tochter eurer jüngsten Tochter Anita Lasker.

Ich wurde 1958 geboren, sechzehn Jahre nachdem ihr beide in Nazi-Deutschland ermordet wurdet. Mein Bruder, euer Enkel Raphael, kam fünf Jahre vor mir zur Welt.

Viel zu viele Jahre wurde in unserer Familie über Deutschland und das, was dort passiert war, nicht gesprochen. Dieses Schweigen war ein ständiger Begleiter des »normalen« Lebens, um das meine liebe Mutter sich so sehr bemühte, und es war trotz ihrer allerbesten Absichten sowohl undurchdringlich als auch verwirrend ...

Zunächst möchte ich euch mehr von euren drei bemerkenswerten Töchtern erzählen, auf die ihr sicher sehr stolz gewesen wärt.

Eure letzten gemeinsamen Tage sind gut dokumentiert, und doch kann ich mir nicht vorstellen, wie sie für euch gewesen sein müssen. Was ich weiß, ist, dass sowohl Anita als auch Renate eine erstaunliche Würde und Kraft an den Tag gelegt haben, und ich glaube, dass diese Eigenschaften ihnen letztlich das Leben gerettet haben. Sie haben euch beiden damit alle Ehre gemacht.

Man kann auf vielerlei Art überleben, und man kann seiner Existenz auf unterschiedliche Weise ein Ende bereiten. Leben aber, und noch dazu gut leben, ist, so meine ich, eine ganz andere Angelegenheit. Optimistisch und voller Lebenslust zu bleiben, das war es, was eure Töchter, wie ihr sie kanntet, antrieb.

Mit diesem und den folgenden Briefen möchte ich euch und euer Leben würdigen und mir die Möglichkeit geben, doch noch mit euch ins Gespräch zu kommen. Die Möglichkeit, eine Beziehung zu euch aufzubauen.

In Liebe,
Maya

2
Aufruhr

Liebe Großeltern,

was für ein Glück ich doch habe. Es gibt ein umfangreiches, wunderbares Familienarchiv mit Aufnahmen von euch und eurem Leben in Breslau. Am liebsten würde ich in den Fotos versinken. Auch Briefe sind dort zu finden, von euch an eure Töchter und von eurer ältesten Tochter Marianne (nach der ich benannt bin) an euch. Sie stammen aus der Zeit von 1939 bis 1942 und setzen ein, als Marianne mit achtzehn Jahren Deutschland verließ, um eine Gruppe von Kindern nach Palästina zu begleiten.

Wie meine Mutter meinem Bruder und mir immer erzählte, war eure geliebte älteste Tochter Marianne eine überzeugte Zionistin, die ihrer hohen Intelligenz und ihren Fähigkeiten zum Trotz nicht studieren wollte. Das soll dir, Großvater, große Sorge bereitet haben. Marianne wollte lieber ein Handwerk erlernen – Maurern, Dachdecken, Tischlern –, das beim Aufbau einer neuen Gemeinde in Palästina gebraucht werden würde. Ihre Reise im Sommer 1939, als sie die jungen Menschen mit Auswanderungspapieren nach Palästina begleitete, führte sie von Deutschland nach Holland und weiter nach England. Während sie dort war, wurde, wie ihr wisst, der Krieg erklärt, und sie saß bis auf Weiteres in England fest. Dennoch machte sie guten Gebrauch von ihren handwerklichen Fähigkeiten. Erst arbeitete sie auf einem Bauernhof, was ihr sehr großen Spaß machte, dann schloss sie sich einer Gruppe von Wanderarbeitern an, die im südlichen England kriegsgeschädigte Gebäude und Fabriken reparierte.

Nach Ende des Krieges konnte sie die sechs Jahre zuvor angetretene Reise dann endlich vollenden – Anfang 1946 erreichte sie Palästina. Mit ihrem Ehemann Albin Rolf Adlerstein gehörte sie zu den Pionieren, die buchstäblich das Fundament für einen Kibbuz legten. Ich glaube, sie waren ausgesprochen glücklich zusammen und haben von Herzen mitgefeiert, als im Mai 1948 der Staat Israel ausgerufen wurde. Endlich hatte das jüdische Volk ein nationales Zuhause, einen Zufluchtsort, falls die Welt sich wieder gegen die Juden wenden sollte.

Marianne war die Familienarchivarin. Sie hatte alle Dokumente in einer Kiste aufbewahrt, erst in England und nach dem Krieg in Palästina. Anfang der 1950er übergab ihr Mann die kleine Metallkiste meiner Mutter in London. Fünfunddreißig Jahre lang blieb sie ungeöffnet. Meine Mutter wollte nicht hineinsehen, wollte altes Leid ruhen lassen, doch schließlich gab sie nach und fand darin ein mit Bindfaden zusammengehaltenes Bündel alter Briefe. Uns machte diese Entdeckung staunen, und die Briefe erwiesen sich fortan als großes Geschenk für mehrere Generationen.

Diese Briefe und Fotografien dokumentieren euer von Nähe und Zusammenhalt geprägtes Familienleben in Breslau. Ihr habt in einer wunderschönen Wohnung an der Kaiser-Wilhelm-Straße gewohnt, einer der Hauptstraßen Breslaus, wie es sich für einen etablierten Rechtsanwalt wie dich, Großvater, schickte. Du warst bildschön, Großmutter, das wird auf allen Fotos deutlich. Und du hattest so viele Fähigkeiten. Du konntest nähen und hast für deine Töchter viel selbst hergestellt. Du warst eine begabte Geigenspielerin. Hat die Liebe zur Musik in unserer Familie bei dir ihren Anfang genommen? Meine Mutter kann sich erinnern, wie sie als kleines Mädchen im Bett lag und dich das Beethoven-Konzert spielen hörte, das du so oft geübt hast. Du hast so schön gespielt, dass sie ganz verzaubert war. Du hast alle drei Töchter dazu ermuntert, ein eigenes Instrument zu lernen. Marianne entschied sich für das Klavier, Renate, die mittlere, für die Geige und Anita, meine Mutter, schon sehr früh für das Cello. Sie sagt, ihr erstes Cello sei so klein gewesen, dass du es dir unters Kinn klemmen konntest, Großmutter! Du hast die Familie dazu ermuntert, zu besonderen Anlässen im Quartett zu spielen. Meine Mutter erinnert sich, wie ihr alle über sie gelacht habt, als sie versuchte, ihre kleinen Finger auf die Saiten des Cellos zu drücken. Aber es war eine sehr glückliche Zeit. Meine Mutter hat mir oft von dem Familienritual »Kaffee und Kuchen« erzählt. Jeden Sonnabendnachmittag hast du die Mädchen am Wohnzimmertisch zu Kaffee und feinem Gebäck versammelt. Und Großvater, du hast den Mädchen von deinem Einsatz in den Schützengräben des Ersten Weltkriegs erzählt oder Goethe oder Schiller vorgelesen. Vielleicht waren das auch die Gelegenheiten, zu denen das Familienquartett aufspielte oder zumindest für kleine Konzerte für Freunde übte.

Meine Mutter kann sich nicht erinnern, dass zwischen ihr und ihren Schwestern Rivalität geherrscht hätte, alle waren einander zugewandt. Und ihr habt euren Töchtern eine gute Mischung aus Selbstdisziplin und Freiheitsdrang mit auf den Weg gegeben. Meine Mutter sagt, sie hätte schon sehr früh einen Hausschlüssel gehabt und kommen und gehen können, wie es ihr gefiel. Und was noch viel besser war, ihr wurdet nicht müde, sie zum Cellospielen zu ermuntern. Im Alter von elf, zwölf Jahren war es offensichtlich, dass sie eine besondere Begabung besaß und besseren Unterricht brauchte als in Breslau zu bekommen war. Zu dem Zeitpunkt gab es schon kaum noch Musiker, die überhaupt bereit waren, jüdische Schüler zu unterrichten. Darum ging Anita 1938, mit gerade mal dreizehn Jahren, allein nach Berlin, um bei Leo Rostal, einem etablierten jüdischen Musiker, Cello zu studieren. Ihr habt für sie eine

Erlaubnis erwirkt, die Schule zu verlassen, und einen Privatlehrer gefunden, der sie in Berlin unterrichten sollte. Jeden Tag musste sie vormittags ein paar Stunden mit ihm lernen, und nachmittags hatte sie eine Cellostunde. Den Rest der Zeit erkundete sie die große Stadt. Sie liebte es, den Kurfürstendamm hoch und runter zu spazieren und die wunderbaren Geschäfte zu bestaunen. Und sie liebte es, sich ausgiebig im KaDeWe umzusehen. Dass ihr eure dreizehnjährige Tochter ganz allein nach Berlin gehen ließt, sagt so viel aus über das Vertrauen, das ihr zu ihr hattet.

Meiner Mutter war ihr Jüdischsein kaum bewusst. Ihr wart eine assimilierte Familie, die sich wenig um jüdische Traditionen und Feste kümmerte. Das erste Mal, dass meine Mutter den Antisemitismus zu spüren bekam, den die Nazis unablässig in ganz Deutschland schürten, war durch einen gleichaltrigen Klassenkameraden, einen Freund, der sie »dreckiger Jude« nannte. Sie war verstört und verstand nicht, was das bedeuten sollte. Aber nach wenigen Monaten in Berlin wusste sie, was geschah. Sie erlebte den 9. November 1938, die Reichspogromnacht, in Berlin, als die Nazi-Schergen jüdische Wohnungen, Geschäfte, Schulen und Synagogen angriffen und mit ihrem Pogrom eine schreckliche Spur von zerbrochenem Glas und gebrochenen Knochen hinterließen. Meine Mutter kann sich erinnern, am nächsten Morgen große Angst gehabt zu haben, als sie die Glassplitter überall sah und in den Rinnsteinen der Alkohol aus den Flaschen floss, die in den jüdisch geführten Spirituosenläden zertrümmert worden waren. Du hast deine jüngste Tochter am selben Abend angerufen und dafür gesorgt, dass sie umgehend nach Breslau zurückkehrte. Ihr Privatlehrer ist später in die USA emigriert. Es waren Zeiten, in denen Familienmitglieder sich nicht freiwillig voneinander trennten.

Wenn ich heute nach Berlin komme und am Kurfürstendamm in einem Café sitze, versuche ich mir meine Mutter als einsame Dreizehnjährige vorzustellen, wie sie vor achtzig Jahren dieselbe

Straße entlangging. Und wenn ich die schönen Fotos von euch beiden, Großmutter und Großvater, betrachte, und von euch mit euren bildhübschen Töchtern, dann verschlägt es mir fast den Atem, weil ich sehen kann, wie nah ihr euch alle wart und wie liebevoll ihr miteinander umgingt. Was für ein Glück, dass euch diese Jahre beschieden waren.

In Liebe,

Maya

Mit neunzehn zog ich in meine erste eigene Wohnung, ein Einzimmerapartment im dritten Stock eines schönen weißen Hauses mit eleganten Gärten am Pinehurst Court in Notting Hill, Westlondon, nur einen Steinwurf von meinem Elternhaus entfernt. Für die meisten Menschen ist der Bezug der ersten eigenen Wohnung ein glückliches Ereignis: Man verlässt das Nest der Familie, breitet selbst die Flügel aus, wird selbstständig – alles Meilensteine auf dem Weg zum Erwachsensein. Für mich aber war das erste eigene Zuhause verbunden mit großer Angst und Verunsicherung. Keine Spur von Abenteuerlust oder gespannter Vorfreude, und auch die Reife, die nötig gewesen wäre, um meine eigenen Angelegenheiten zu regeln, ging mir vollkommen ab.

Die traurige Tatsache war, dass ich zu Hause rausgeschmissen wurde, und zwar in erster Linie, weil mein Vater meine Anwesenheit nicht länger ertragen konnte. Obwohl ich gerne unabhängig sein wollte, fühlte es sich nicht gut an. Mir kam es vor, als sei ich abkommandiert und weggeschickt worden. Ich kann mich nicht erinnern, dass mein Vater mich auch nur ein einziges Mal in meiner Wohnung besucht hätte.

Am Tag meines Umzugs kam meine Mutter mit einem Karton voller Lebensmittel vorbei. Sie brachte mir all jene praktischen Dinge, die ich für meinen Start in die Unabhängigkeit brauchen würde. Die Wohnung war eher karg, keins der Möbelstücke war ausgewählt worden, weil es schön oder gar besonders war. Inzwischen weiß ich, dass mir meine häusliche Umgebung enorm wichtig ist, und dass mein Geschmack ausgesprochen persönlich ist. Ich brauche schöne Dinge um mich herum. Aber über so etwas dachte ich mit neunzehn nicht nach. Und meine Eltern konnten es sich nicht leisten, mich schicker auszustatten. Alles war ziemlich schlicht und zweckmäßig, es gab ein furchtbares Schaumstoff-Schlafsofa und eine sehr einfache Küche – die ich so gut wie nie benutzte. Worauf ich besonderen Wert legte, war ein schwarzes Badezimmer, und das bekam ich auch. Die Wände wurden vom Fußboden bis zur Decke pechschwarz angestrichen. Ob das so etwas wie ein unbewusster Kommentar zu meinem inneren Zustand war, oder ob ich es einfach nur cool fand, ist mir bis heute nicht klar. Meine Mutter fand es natürlich entsetzlich. Das Badezimmer war der einzige kleine Raum, über den ich gestalterisch bestimmen konnte. Und darum wurde es schwarz.

Das Ganze fühlte sich ein bisschen so an, als würde ich in ein lebensgroßes Puppenhaus einziehen und nicht wissen, wie ich damit spielen sollte. Ich hatte Angst, durchschaute das damals aber noch nicht. Ich hatte Angst, weil ich keine Ahnung hatte, wie ich alleine zurechtkommen sollte, und weil ich das Gefühl hatte, niemanden zu haben, der mir die Spielregeln beibrachte. Ich hatte mich für die Wohnung – damals war das in London noch möglich – überschaubar verschuldet. Und ich hatte Arbeit. So gesehen ging es mir also richtig gut.

Als ich in die Wohnung einzog, stand ich kurz vor meiner Abschlussprüfung als Kinderkrankenschwester. Ich hatte mich für diese zweijährige Ausbildung nicht entschieden, weil ich mich berufen gefühlt hätte, sondern weil sie, als ich 1976 mit einer bescheidenen Mittleren Reife von der Schule abging, eine der wenigen Möglichkeiten war, die mir offenstanden. Außerdem wurde man während der Ausbildung bereits bezahlt. Meine Eltern unterstützten mich in meinem Vorhaben. Ich kann nicht behaupten, die Ausbildung mit großer Begeisterung absolviert zu haben.

Währenddessen hatte ich immer wieder das Gefühl, anders behandelt zu werden als die anderen Schülerinnen. Die meisten entstammten der Arbeiterklasse. Keine von ihnen hatte studiert, doch hatten weder sie noch ihre Eltern das überhaupt je in Betracht gezogen. Ich war die einzige Jüdin und kam wohl ziemlich bürgerlich rüber. Ich habe nicht gestört, obwohl ich mich erinnern kann, mich über weite Strecken sehr gelangweilt zu haben, zum Beispiel, wenn wir endlose »Beobachtungen« von mit Sand oder Wasser spielenden Kindern zu Papier bringen mussten.

Aus Gründen, die sich mir nicht erschlossen, mochten die meisten Lehrkräfte mich nicht. Vielleicht weil ich nicht zu den anderen passte oder nicht sonderlich motiviert war. In ihren Augen wurde ich zu einem Problem. Eine einzige Lehrerin brachte mir Sympathie entgegen. Es hat in meinem Leben mehrere Frauen gegeben, die entgegen der Meinung aller anderen irgendetwas in mir sehen konnten. Diese Lehrerin schien hinter das blicken zu können, was die anderen sahen, sie setzte sich häufig für mich ein. Am Ende des zweiten Ausbildungsjahres mussten wir eine schriftliche Prüfung ablegen samt Aufsatz. Ich fiel mit meinem bei der externen Prüferin durch, aber dank der Intervention meiner Lehrerin bestand ich doch. Ich wäre sonst als Einzige durchgefallen.

Ganz in der Nähe meiner Wohnung trat ich eine Stelle in einem Kindergarten in Willesden an. Die pflegerische Arbeit mit den Babys und Kleinkindern bis fünf Jahre war hart. Und alles andere als glamourös. Nach etwa einem Jahr fand ich eine Stelle an der Tavistock Clinic, einer Spezialklinik für Familien mit psychischen Problemen. Ich arbeitete mit Kindern mit besonderen Bedürfnissen, für die spezielle Schulangebote gefunden werden mussten. Nur wenige Jahre zuvor war ich ironischerweise selbst dort Patientin gewesen, ein echtes Problemkind, das immer wieder das Personal an der Nase herumführte. Darum gebeten, von meinen Träumen zu erzählen, dachte ich mir stets etwas aus, von dem ich glaubte, dass sie es gerne hören wollten. Jetzt war ich auf der anderen Seite und half dabei, ein paar hochgradig verhaltensauffällige Kinder zu unterrichten. Die meisten von ihnen hatten erschütternde Dinge hinter sich. Ein kleines Mädchen hatte praktisch danebengestanden, als ihre Zwillingsschwester von einem Auto überfahren wurde und starb. Ein anderes Kind hatte den Bürgerkrieg im Libanon miterlebt und war verstummt. Im Rückblick überrascht es mich, dass ich nicht mehr Engagement und Motivation aufbrachte. Aber ich durchlebte eine merkwürdige Phase, und ich kann ehrlicherweise nicht behaupten, dort gute Arbeit geleistet zu haben. Viele der Kinder machten ständig Theater, um Aufmerksamkeit auf sich zu ziehen. Die Stimmung in der Klinik war stets auf der Kippe und konnte, was die älteren Kinder betraf, jederzeit in Gewalttätigkeit umschlagen. Ich hatte nicht das Gefühl, ihnen besonders zu helfen, und manchmal dachte ich, ich gehörte eigentlich eher zu ihnen als zum Personal. Ich hatte das Gefühl, ich würde nur so tun, als sei ich erwachsen. Ich bin nicht besonders stolz auf das, was ich damals in der Klinik geleistet habe.

Zum damaligen Zeitpunkt war mir meine jüdische Identität gar nicht richtig bewusst. Ich wusste nicht, was es mir eigentlich bedeutete, Jüdin zu sein. Wir waren eine vollkommen assimilierte Familie, wir feierten keinen der hohen jüdischen Feiertage. Sie waren nicht Teil unseres Familienlebens. Wir feierten Weihnachten und Ostern wie alle anderen Familien um uns herum, und ich mochte beide Feste sehr. Meine Eltern stammten beide aus Familien, in denen das jüdische Leben keine große Rolle spielte, und mein Vater hatte schreckliche Erfahrungen an einer Jeschiwa, einer Talmudschule, in Palästina gemacht. Sie lehnten jede Form organisierter Religion ab. Ich muss etwa sechzehn gewesen sein, als meine Mutter mich ermunterte, mich einem jüdischen Jugendclub anzuschließen, einem Habonim, aber mir gefiel es dort nicht. Dort waren nur Leute, die miteinander aufgewachsen waren, ich fühlte mich total außen vor. Sie sprachen hebräisch, ich verstand kein Wort. Ein einziges Mal war ich da, dann nie wieder. Ganz sicher habe ich mich durch mein Jüdischsein irgendwie anders gefühlt. Aber eigentlich habe ich mich durch alles Mögliche um mich herum anders gefühlt. Ich hatte einfach keine direkte Vergleichsmöglichkeit, ich wusste nicht, was es bedeutete, jüdisch zu sein. Es gab so unglaublich viel, das ich nicht verstand. Ich wusste, die Dinge waren kompliziert, aber ich verstand erst viele Jahre später, warum.

Das Gefühl, nirgendwo dazuzugehören, war in meiner Jugend allgegenwärtig. Ich hatte nie den Eindruck, irgendwo richtig zu sein. Immer fragte ich: »Was mache ich hier?« Bei meiner Familie fühlte ich mich deplatziert. Ich war ein trauriges, ängstliches und verzweifeltes kleines Mädchen. Schon im Alter von elf Jahren eckte ich mit jedem meiner Lehrer an und hatte keinerlei Lust mehr auf Schule. Immer musste ich mich anstrengen, um gesehen und ernst genommen zu werden. Meine Schulbildung ging komplett den Bach runter: Ich pflegte schlechten Umgang und blieb dem Unterricht fern. In Sachen Ausbildung hatte ich keine große Wahl gehabt, und auch dort hatte ich das Gefühl, nicht hineinzupassen. Mir kam alles so unerbittlich vor. Niemand wollte mich ernst nehmen, mich anerkennen oder respektieren.

In einem der Kindergärten, in denen ich arbeitete, lernte ich Sarah kennen, eine Kollegin, die mir eine gute Freundin wurde. Sarah begeisterte sich für die karibische Kultur und brachte sie mir nach und nach näher. Die Musik gefiel mir, das war ein wichtiger Aspekt. Und dann nahm Sarah mich zum ersten Mal mit in eine Shebeen, das waren Bars oder Clubs, die illegal betrieben wurden, wo man vom Gesetz nicht viel hielt. In den karibischen Shebeens Londons lief immer laute Musik aus Jamaika. In den späten 1970ern war Ska ziemlich populär, eine Musikrichtung, die karibischen Calypso mit Rhythm & Blues kombinierte, später auch mit Punk. Ein sehr spezielles Genre. Außerdem gab es

Reggae, den liebte ich besonders, vor allem wegen seines hypno-
tischen Beats. Obwohl sich in meiner Familie alles um klassische
Musik gedreht hatte, empfand ich diesen neuen Sound als viel
wahrer und lebendiger.

Die Shebeens zogen mich an wie die Motten das Licht. Die
Kneipen öffneten in der Regel erst um ein oder zwei Uhr nachts.
Vorne mein geliebter Reggae und die volle Tanzfläche, und im
Hinterzimmer wurde gespielt. Aber Glücksspiel übte keinerlei
Reiz auf mich aus. Die Shebeens waren meist schlecht beleuchtet,
noch dazu war alles dunkel gestrichen. Mir gefiel diese düstere
Atmosphäre. Überhaupt, die ganze Atmosphäre. Polizeirazzien
waren gar nicht so selten, ich vermute, das erhöhte den Reiz für
mich noch.

Sarah und ich folgten der Musik von einem Schuppen zum
anderen. In den frühen 1980ern konzentrierte sich die karibische
Musikszene in London um die so genannten »Sound Systems«,
weil die DJs ihre eigenen Verstärker und Lautsprecher sowie eine
ganze Musikbibliothek verschiedenster Beats und Rhythmen
mitbrachten. Damit kaperten sie dann eine Nacht lang einen dieser Clubs. Viele der DJs kamen aus der Karibik und hielten viel
auf ihre Herkunft. Sie brachten die neuesten Sounds aus Jamaika
mit. Ich hing damals viel in einem Plattenladen namens Dub
Vendor ab, eigentlich eher eine Bude, am Ladbroke Grove, ganz
in der Nähe der U-Bahn-Station. Die hatten sich auf Importe aus
der Karibik spezialisiert. Alles, was Ska und Reggae liebte, traf
sich hier und hörte in die neuesten Platten rein, sobald sie da
waren. Wahnsinnig aufregend. Auch »Toasting« war damals an-
gesagt, ein Vorläufer des Rap, bei dem der Künstler auf elegante,
manierierte Weise zu einem Musikriff sprach und dabei fast über
den Beat hinweg sang. Ein Typ namens Yellow Man war damals
schwer gefragt, und wir waren auch meist da, wo er war. Die eher
soften, romantischen Reggaesounds wurden »Lovers Rock« ge-

nannt. Ich liebte diese Musik, ihr tiefer, rhythmischer Beat hallte in mir nach.

Ich verbrachte immer mehr Zeit an diesen Orten, und dabei geschah etwas für mein Leben ganz Entscheidendes: Mir wurde bewusst, dass Männer mich attraktiv fanden und dass mir das eine gewisse Macht verlieh. Die Männer mochten mich, und ich erlebte das erste Mal, wirklich gewollt und beliebt zu sein. Ich konnte mir praktisch aussuchen, mit wem ich zusammen sein wollte. Das war neu für mich. Auf einmal stand ich im Zentrum positiven Interesses. Die Leute hatten den Drang, mit mir zu reden, mir Getränke auszugeben, mit mir zusammen zu sein. Ich fühlte mich stark. Ich liebte die Musik, das Tanzen, das Gefühl des Verbotenen der ganzen Szene. Und zum ersten Mal in meinem Leben fühlte ich mich lebendig. Das war alles sehr verlockend.

Im Rückblick wird mir klar, dass ich ziemlich herausgestochen sein muss. Ich war zwar nicht die einzige Weiße in den Clubs, aber ich war jung, attraktiv und ein neues Gesicht. Ich muss ziemlich vornehm und exotisch gewirkt haben. Ich hatte meine eigene Wohnung, was Wohlstand und Unabhängigkeit signalisierte. Und ich ließ mich ganz und gar auf die Musik, das Nachtleben und die Bewunderung der Männer ein. Diese Welt gefiel mir. Besonders anziehend fand ich diese großspurige Art, die viele jamaikanische Männer an sich haben. Sie waren unwiderstehlich. Und ich unglaublich naiv. Die perfekte Kandidatin für ihre Verführungsversuche. Und ich war bereit, mich verführen zu lassen.

Es dauerte nicht lange und ich führte ein Doppelleben. Tagsüber ging ich meiner Arbeit mit den Kindern nach – und nachts hing ich fast immer in irgendwelchen ziemlich zwielichtigen Clubs ab. Ich ging gegen neun ins Bett und stellte mir den Wecker für ein Uhr. Ich stand auf, zog mich an, schminkte mich und steuerte eine der Shebeens an. Wir nannten das Durchmachen der Nächte »bleaching«. Ich bekam selten mehr als ein paar

Stunden Schlaf, bevor ich zur Arbeit ging. Und das ging eine ganze Weile so.

Meine Freundin Sarah zog vorübergehend bei mir ein. Wir führten beide ein ganz schön ausschweifendes Leben. Also keine Überraschung, dass es auch mit den Drogen weiterging. An Gras, an Marihuana, heranzukommen, war gar kein Problem. In der karibischen Community kiffte jeder. Joints zu bauen machte mir richtig Spaß, ich übte so lange, bis ich mich sogar im Dunklen lässig an eine Wand lehnen und mit einer Hand eine Tüte drehen konnte. Ich dachte, ich würde verdammt cool aussehen. Aber Marihuana kickte bei mir nicht so richtig. Ich bekam davon ziemlich oft Paranoia oder alternativ hysterische Kicheranfälle. Eines Abends gingen Sarah und ich nach Hause, zogen noch einen durch und beschlossen dann, beim Take-away-Inder anzurufen. Wir prusteten vor Lachen, weil wir es unfassbar komisch fanden, die einzelnen Gerichte auszusprechen: »poppad-uum«, »biry-aani«, »vindal-oo«. Jedes Wort klang in unseren Ohren so lustig, dass wir am Ende etwa zwanzig Gerichte bestellten, einfach, weil es uns solchen Spaß machte, ihre Namen auszusprechen. Da wir keinen Tisch hatten, breiteten wir Zeitungen auf dem Fußboden aus, als das Essen geliefert wurde, das für ein Dutzend Leute gereicht hätte. Wir verteilten alles auf dem Papier und fanden die Angelegenheit rasend komisch. Doch obwohl wir uns so königlich amüsierten, war Gras nicht die Droge meiner Wahl. Gras war eher ein Accessoire dieses Lebensstils.

So etwa zu dieser Zeit begann ich, Amphetaminsulfat zu neh-men, ein starkes Aufputschmittel, das Müdigkeit unterdrückt und einem hilft, lange wach und körperlich leistungsfähig zu bleiben. Im Krieg wurde es Piloten verabreicht, die in militärischer Mis-sion auf langen Flügen unterwegs waren. Auch ich hatte eine Mis-sion, allerdings lautete meine, Raubbau an meiner Gesundheit zu betreiben. Amphetaminsulfat ist eine sehr krude Droge, auch

»Kokain der Armen« genannt. Ich kam schon bald nicht mehr ohne aus.

Ich besorgte mir das Amphetamin immer *en gros* und lagerte es in einem großen braunen Umschlag im Vorratsschrank in der Küche. Es war problematisch, die Droge in den Mengen einzunehmen, die ich irgendwann brauchte. Das Zeug war so grob, dass es schnell Nasenbluten verursachte. Statt es zu schnupfen, nahm ich ein Taschentuch, wickelte ein Bröckchen Amphetamin ein und schluckte es. Fertig. So einfach war das. Binnen kürzester Zeit waren diese weißen Bröckchen so ziemlich das Einzige, was ich überhaupt noch zu mir nahm.

Ich ließ mich auf einige der jamaikanischen Typen ein, und auch hier geriet bald einiges außer Kontrolle. Denn ich traf mich nicht nur mit einem von ihnen, sondern mit mehreren parallel. Ich hatte also nicht einen von ihnen für eine Weile zum Freund, machte irgendwann Schluss und kam mit einem anderen zusammen, wie es so üblich war. Nein, ich war mit mehreren gleichzeitig zusammen. Dieser Wahnsinn schien mir hervorragend zu bekommen. Häufig ging ich mit einem zu einem Rave – so nannten wir die Nächte, in denen wir tanzten und tranken – und mit einem anderen nach Hause. Damals war meine Vorstellung von »normal« alles andere als normal.

Sarah war stärker involviert in der karibischen Szene als ich. Sie kannte mehr Leute und war schon viel länger unterwegs gewesen. Sie stellte mir einen Jamaikaner mit dem dämlichen Spitznamen »Wally« vor. Sarah bezeichnete ihn als »heißen Typen«. Er verliebte sich Hals über Kopf in mich – wieder eine ganz neue Erfahrung für mich. Noch nie hatte mich jemand so angebetet. Wally vergötterte mich. Er war der erste karibische Mann, mit dem ich mich einließ, und es lief ziemlich chaotisch ab. Er war ja eigentlich ganz nett, aber offen gestanden empfand ich überhaupt nichts für ihn. Ich fand es bloß toll, wie er mir hinterherlief, das allein zählte. Ich weiß noch, wie Sarah mir sagte, ich hätte so ein Glück, dass er auf mich stehe. Das gefiel mir. Ich dachte, so sei es, begehrt zu werden. Und ich genoss alles daran.

So ging das Leben eine ganze Weile weiter. Ich wohnte keine drei Kilometer von meinen Eltern entfernt, aber ich sah sie kaum noch. Sie wussten nicht, womit ich mir die Zeit vertrieb, fanden aber, ich bräuchte eine Mitbewohnerin, sie glaubten, das würde mir guttun und etwas Stabilität in mein Leben bringen. Und so zog ich aus meiner ersten Einzimmerwohnung im dritten Stock in eine von meiner Mutter ausgesuchte Zweizimmerwohnung mit Garten in Bathurst Gardens, Kensal Rise, was noch näher bei meinen Eltern lag, gerade mal fünf Minuten zu Fuß. Doch die Nähe brachte keine Annäherung mit sich, im Gegenteil – von da an sah ich meine Eltern überhaupt nicht mehr. Ständig fürchtete ich, meinem Vater bei seinen Ausflügen in die umliegenden Geschäfte oder zur Bibliothek am Ende meiner Straße über den Weg zu laufen, doch letztlich sah ich ihn nie. Der Umzug nach Bathurst Gardens sollte eigentlich ein Schritt nach oben sein. Aber ich rutschte dadurch nur noch weiter ab.

Sarah und ich arbeiteten in einem Kindergarten in der Nähe der Portobello Road, des Epizentrums der karibischen Szene in Nordlondon. Eine der Hausmütter dort hieß Susan – sie war auch eine dieser seltenen Frauen, die etwas Besonderes in mir sahen. Durch unsere karibischen Kontakte ließ sich Sarah fürs Drogenschmuggeln über den Ärmelkanal anwerben. Sie wurde erwischt, festgenommen, vor Gericht gestellt und zu neun Monaten Gefängnis verurteilt. Während ihrer Inhaftierung kümmerte ich mich per Vollmacht um alle ihre Angelegenheiten, und so war ich es, die ihren Eltern beibringen musste, dass sie im Gefängnis saß. Die im Kindergarten erklären musste, warum Sarah die nächsten neun Monate nicht zur Arbeit erscheinen würde. Susan reagierte äußerst tolerant und nahm das so hin. Doch Sarahs Zeit im Gefängnis war schwierig. Sie war genügsam und schlug sich bestimmt viel besser, als ich es getan hätte, aber natürlich war sie kreuzunglücklich dort. Es schmerzte mich, sie zu besuchen, sie an einem solchen Ort so weit weg von zu Hause eingesperrt zu sehen.

Sarah war nie so tief in die Welt der Drogen eingetaucht wie ich. Für mich war das alles viel gefährlicher. Sarah nahm einfach hin und wieder was, ich dagegen entwickelte eine lebensbedrohliche Sucht. Kokain probierte ich zum ersten Mal mit einem Mann aus, mit dem ich schon eine ganze Weile zusammen war. Er hieß Desmond. Ich war sechsundzwanzig, siebenundzwanzig und bei ihm in seiner Wohnung in Elephant and Castle in Südlondon. Es war ein Samstagabend, wir waren zusammen ausgegangen, und als wir zu ihm nach Hause kamen, sagte er: »Ich habe etwas Koks da, willst du mal versuchen?« Natürlich sagte ich ja. Ich erinnere mich an seinen Glastisch im Wohnzimmer. Er zog eine Line und erklärte mir, was dann zu tun war. Ich erinnere mich noch sehr gut an das einzigartige Gefühl, das sich einstellte. Ich habe stundenlang Blödsinn geredet, aber ich fühlte mich vollkommen befreit, als sei ich verzaubert worden. Ich war sofort komplett hingerissen von dem Zeug. Es heißt ja, jedes Mal, wenn man Kokain nimmt, jagt man im Grunde jenem ersten einzigartigen High nach, und da ist was Wahres dran. Es war das Tollste, was ich je erlebt hatte. Ich war sofort süchtig. »Wann kann ich das wieder haben?« wurde meine ständige Sorge, meine Obsession, mein »mehr«.

Kuriorserweise hatte ich immer gedacht, dass Heroin die einzige Droge sei, von der man abhängig werden konnte, und dass die dafür benötigten Utensilien – Spritzen, Löffel usw. – einen verrieten. Darum ließ ich die Finger davon. Mir war nicht klar, dass ich vom Kokain genauso abhängig geworden war. Im Rückblick glaube ich, diese Sucht war für mich unvermeidbar. Ich musste irgendetwas finden, das es mit meinem Gefühl, nirgendwo dazuzugehören, mit meinem »Anderssein« aufnehmen konnte. Ich fühlte mich so wehrlos, und die Drogen verhalfen mir zu einer Haut, zu einem Schutzpanzer, mit dem ich mich der Welt stellen konnte. Die Menschen nehmen Drogen, weil sie sie mögen. Ich machte da keinen Unterschied. Mein Modus Operandi war es, die Illusion zu erschaffen und zu erhalten, dass in meinem Leben alles in bester Ordnung war. Aber Sucht und Abhängigkeit sind häufig ein Sekundärphänomen. Von Drogen wieder loszukommen, löst nicht das primäre Problem, und darum werden so viele Drogenkranke nach einem entsetzlichen Entzug wieder rückfällig. Mein primäres Problem waren meine ständige Angst und meine Depression. Die Drogen ermöglichten es mir, in der Welt zu funktionieren.

Schon bald bestimmte das Kokain mein gesamtes Leben. Ich war unendlich erleichtert, etwas gefunden zu haben, was mir das Gefühl von Freiheit und Sicherheit gab, auch wenn es nur vermeintlich war. Im Rückblick lässt sich das Fortschreiten meines zwanghaften Verhaltens bis in meine Kindheit zurückverfolgen. Meine Abhängigkeiten wechselten im Laufe der Jahre immer wieder, sie konzentrierten sich stets auf das, was mir gerade zur Verfügung stand. Seit ich klein gewesen war, hatten mich die Medizinschränke und Kühlschränke anderer Leute fasziniert. Immer wollte ich ihre Schränke durchwühlen. Dass ich bei anderen Leuten zu Hause nach Essen suchte, war vielleicht verständlich, denn ich hatte ständig Hunger und wollte diese Leere in mir füllen. Nicht, dass ich zu Hause nichts zu essen bekommen hätte, aber ich war in meinem Bedürfnis nach mehr einfach vollkommen wahllos. Ich glaubte, in mir würde nichts Gutes stecken – nicht, dass ich vollkommen leer sei, sondern dass ich voller unschöner Dinge war und dass ich etwas von außen brauchte, das mir ein gewisses Selbstwertgefühl gab.

In Sachen »Schnupfen« habe ich damals wohl alle übertroffen.

Desmond war nicht abhängig vom Kokain. Er »schnupfte« es hin und wieder, aber ich wollte es ständig. Damals war es noch nicht so einfach, an Kokain ranzukommen. Als ich erst mal süchtig war, wurde das zu meiner einzigen Mission. Ich wusste, ich wollte mehr von dem Zauberzeug, egal wie. Nach jenem ersten Ausprobieren wurde Kokain sehr schnell zum Wichtigsten in meinem Leben. Und irgendwie traf ich immer wieder auf Männer, auf viele Männer, die mich nur zu gerne mit Drogen versorgten – was allerdings nicht ohne Folgen blieb.

Damals begegnete ich einer großen Liebe in meinem Leben. Er hieß Winston, wir lernten uns in einer Shebeen kennen. Ich kann mich noch sehr gut erinnern, was das Erste war, das er zu mir sagte: »Darf ich dir einen ausgeben? Einfach, weil du so schön bist?« Total schmalzig, aber ich war hin und weg. Für mich war das wirklich Liebe auf den ersten Blick. Es hat mich total umgehauen. Ich weiß sogar noch, was ich an dem Abend anhatte: eine weiße Bluse mit Bändern dran, wie sie in den frühen 1980ern so in waren. Er war groß, trug einen Gangsterhut und hatte eine große Lücke zwischen den Schneidezähnen. Er war ziemlich drahtig. Ein sehr attraktiver Mann, jedenfalls in meinen Augen, sexy und mit Charisma. Er war einfach hinreißend, und zwischen uns machte es sofort klick. Schon bald hatte ich mich Hals über Kopf in ihn verliebt, und er sollte für viele Jahre Teil meines Lebens werden.

Winston verdiente sich seinen Lebensunterhalt auf »unmoralische« Weise. Er muss damit recht erfolgreich gewesen sein, denn er hatte immer genug Geld. Er war charmant und klug und hätte wirklich was aus seinem Leben machen können, wenn sich ihm die Chance geboten hätte. Unsere Beziehung war extrem unbeständig. Intensiv und dramatisch. Und unstet. Immer wieder verschwand er für mehrere Tage oder gar Wochen. Ich zog dann von Shebeen zu Shebeen, um ihn zu suchen, und hatte keine

Ahnung, ob er wieder auftauchen würde. Zwei Jahre nachdem wir uns kennengelernt hatten, waren wir wieder mal länger getrennt, und in dieser Phase kaufte ich mir eine Wohnung in Tulse Hill in Südlondon und zog dorthin um. Als Winston sich endlich wieder meldete, war er ein richtiger Junkie geworden, grauenvoll gezeichnet vom Crack. Er war nur noch Haut und Knochen, ein Wrack. Ich war entsetzt, und doch war ich, glaube ich, nicht nett zu ihm. Am Anfang unserer Beziehung hatte er das Sagen gehabt – er bestimmte, wo wir hingingen und wann wir uns sahen. Als er dann so kaputt war, hatte ich die Hosen an. Zumindest vorübergehend.

Mein Leben war inzwischen ein totales Chaos. Ich traf mich immer noch mit mehreren Männern gleichzeitig. Ich war ausgesprochen leichtsinnig und weiß jetzt, wie naiv das von mir war. Manchen Männern gab ich den Schlüssel zu meiner Wohnung. Eines Nachts führte das zu einem Zwischenfall. Ich lag mit Winston im Bett, als ich den Schlüssel im Schloss hörte. Mir war klar, dass das einer meiner vielen Liebhaber sein musste. Er kam ins Schlafzimmer, sah mich mit einem anderen Mann im Bett und rastete vollkommen aus. Er war eigentlich nicht gewalttätig, aber in seiner Wut fiel er über mich her. Er trug einen dicken Ring und schlug mir damit mitten ins Gesicht. Er verprügelte mich fürchterlich, überall war Blut. Ich wurde schnellstens ins Krankenhaus gebracht, wo die Wunden an meinem Kopf genäht werden mussten. Bis heute ist eine Narbe zu sehen. Und doch machte ich hinterher einfach weiter so. Bizarrerweise empfand ich das Ganze eher als Auszeichnung.

Ich hatte kein Problem damit, meine Wohnung immer mal wieder als Versteck für Drogen und Schmuggelware zur Verfügung zu stellen. Langsam wurde die Polizei auf mich aufmerksam, weil die Männer, mit denen ich Umgang hatte, dort bekannt waren. Eine Razzia hat bei mir aber nie stattgefunden, und so flogen wir nie auf. Ein einziges Mal stand die Polizei bei mir vor der Tür, und das auch nur, weil wir bis spät in die Nacht laut Musik hörten und die Nachbarn sich gestört fühlten. Ich ging ziemlich rücksichtslos mit mir und meinem Leben um. Obwohl ich ganz in der Nähe meiner Eltern wohnte, besuchte ich sie fast nie. Meinen Vater habe ich in der Zeit, glaube ich, überhaupt nicht gesehen. Meine Mutter versuchte mir immer, wenn ich in Schwierigkeiten steckte, zu helfen, und jedes Mal versprach ich ihr, mich zu ändern. Aber ich war vollkommen in meiner eigenen Welt versunken und nicht bereit, sie aufzugeben.

Ich hörte auf, als Kinderkrankenschwester zu arbeiten, und probierte verschiedene Jobs aus, um Geld zu verdienen. Winston schlug vor, aus meiner Jugend und meinem guten Aussehen Kapital zu schlagen und als Escort zu arbeiten, und so verdingte ich mich eine ganze Weile in einem japanischen Männer-Trinkclub im Londoner Zentrum. Wenn die Besucher den Club betraten, wurde ihnen eine ganze Reihe attraktiver Frauen in schicken Abendkleidern vorgestellt. Die Herren wurden aufgefordert, sich eine Begleiterin für den Abend auszusuchen – für gepflegte Konversation, nicht für Sex. Es herrschten strenge Regeln. Zum Beispiel durfte nicht über Politik geredet werden – aber darüber wollte sowieso niemand reden. Die Aufgabe der Escortdame bestand darin, charmant zu sein, nett zu plaudern und die Herren dazu zu animieren, immer mehr von den absurd überteuerten Getränken zu bestellen. Ich war damit nicht besonders erfolgreich. Wie sich zeigte, kam mein Aussehen bei Japanern nicht sonderlich gut an. Eine temperamentvolle, dunkelhaarige Frau übte nur wenig Reiz auf sie aus.

Anschließend war ich Hostess in einem Club in Soho. Wie sich herausstellte, hatte der Club mit den Kray-Zwillingen zu tun, die eine der gewalttätigsten und mächtigsten Gangs in der Londoner Unterwelt anführten. Sie terrorisierten weite Teile des East

End und pressten Hunderten von rechtschaffenen Geschäften Schutzgelder ab. Der Besitzer des Nachtclubs war ein Mitglied der Kray-Gang, was ich zu dem Zeitpunkt aber nicht wusste. In Netzstrümpfen und Minirock sollte ich Männer in die verqualmte Spelunke im Souterrain locken, auf dass sie dort Hunderte von Pfund für Getränke ausgaben. Auch damit war ich nicht sonderlich erfolgreich, meine Laufbahn endete darum schon bald.

Dann ließ ich mich als Croupier anlernen. Damals wurde praktisch überall – in der U-Bahn, in den Zeitungen – dafür geworben, sich in einer der in der Stadt entstehenden Spielbanken ausbilden zu lassen. Auf den ersten Blick wirkte das auch alles ganz respektabel. Meine Mutter ermunterte mich sogar dazu. Wie verzweifelt muss sie gewesen sein, wenn sie fand, dass das für mich ein guter Schritt auf der Karriereleiter war! Ich ging zu ein paar Vorstellungsgesprächen und wurde zu meiner Überraschung genommen. Ich musste lernen, das Roulette zu bedienen, um Einsätze zu bitten und diverse andere Glücksspiele zu überwachen. Dazu musste man einigermaßen Kopfrechnen können, was mir vollkommen abging, und darum nahm ich an, schon bald wieder rausgeschmissen zu werden. Doch während einige meiner Kollegen in der Ausbildung, die mit Zahlen deutlich besser umgehen konnten, ausgemustert wurden, ging es für mich immer weiter. Ich verstand im Grunde gar nicht, was ich da tat, und ich hasste den Job. Aber statt einfach zu sagen, dass ich aufhören wollte, musste ich mich selbst krank machen. Ich rauchte zahllose Zigaretten, wohl um die fünf Schachteln pro Nacht, weil ich mich nicht traute, den Spielbankbetreibern zu sagen, dass ich aufhören wollte. Meine Angst davor hatte sicher auch damit zu tun, dass ich, wenn ich den Job dort aufgab, das auch meiner Mutter hätte erklären müssen. Mein Leben als Croupier endete jäh, meine beruflichen Möglichkeiten schwanden, und ich musste irgendwie Geld verdienen.

Und so verwandelte sich mein Leben in eine komplett illegale Existenz. Durch einige meiner Männerbekanntschaften kam ich in Kontakt mit Betrügereien. Zunächst mit Scheckheften und Scheckkarten. Damals befanden sich praktisch in jeder Handtasche ein Scheckheft und eine Scheckkarte, die beim Ausstellen vorgezeigt werden musste, wie man heute bei der Benutzung einer Kreditkarte eine PIN eingeben muss. Viele klauten die und verkauften sie weiter. Man konnte ein Scheckheft mit zum Beispiel zwanzig oder dreißig Schecks und die dazu passende Scheckkarte kaufen. Dann tilgte man die Unterschrift von der Scheckkarte und fügte eine neue ein. Ich hatte ein Händchen dafür, mit einer ganz bestimmten Technik Unterschriften von den Karten zu entfernen, ganze Stunden konnte ich mich wie hypnotisiert damit beschäftigen. Wenn die Karte dann erst eine neue Unterschrift hatte, konnte man für alles Mögliche Schecks ausstellen. Ich habe sie meist für Bestellungen benutzt. Wenn zum Beispiel jemand bestimmte Klamotten haben wollte, bin ich mit meinen Utensilien in den Laden und habe sie gekauft. Damals gab es noch keine Online-Bezahlsysteme. In den Geschäften wurden Schecks akzeptiert, wenn die dazu passende Scheckkarte vorgelegt wurde und die Unterschrift echt aussah. Ich verdiente so fünfzig Pfund pro Einkauf, ein Heft brachte mir erst mal genug ein, um meine Kokainsucht zu befriedigen.

Dann fing ich an, geklaute Reiseschecks zu benutzen. Die waren schwerer zu kriegen, aber leichter zu fälschen, und damals war ein Reisescheck fast so etwas wie Bargeld. Wenn irgendjemand misstrauisch wurde, haute man einfach ab. Es gab keine Kameras, die das festhielten. Ich wurde immer dreister. Meine Wohnung diente häufig als Lager für Hehlerware und manchmal auch Drogen, ich bekam Geld dafür, die Sachen bei mir zu verstecken. Welche Gelegenheit auch immer sich bot, um Geld zu verdienen, ich ergriff sie.

Es ist schwer vorstellbar, aber das war irgendwann mein Arbeitsalltag, und der erforderte, dass ich Strategien entwickelte, um nicht aufzufliegen. Ich musste mein Einsatzgebiet vergrößern. Wenn ich immer am selben Ort bliebe, würde ich schon bald gefasst werden. Ich weiß noch, wie ich Stadtpläne und Landkarten studierte, um in einem Umkreis von 150 km um London nach Orten und Geschäften zu suchen, in denen man mich nicht kannte und wo ich die bestellte Ware kaufen konnte.

Der Umstand, dass ich nie auch nur ein einziges Scheckheft selbst klaute und niemanden je direkt bestahl, ließ mich die Kriminalität meiner Handlungen leicht verleugnen. Auch moralisch konnte ich mir so lange etwas vormachen. Es gab immer noch ein paar Grenzen, die ich nicht überschreiten wollte. Ich konnte mein Tun mir gegenüber verantworten, solange ich damit niemandem schadete. Ich weiß, dass ich die Banken prellte, aber das waren ja keine Menschen, das waren ferne Institute. Mein oberstes Ziel war es, meine Sucht zu befriedigen, und das alles waren Mittel zum Zweck. Ich brauchte das Kokain. Ich hatte das Gefühl, nur dafür zu leben, und gleichzeitig war es das, was mich kaputtmachte. Ich tat, was nötig war, damit ich mir es täglich kaufen konnte.

Irgendwann hörte ich auf, das Kokain durch die Nase zu ziehen, und rauchte es stattdessen, das nannte sich damals noch nicht Crack, sondern Freebase und war total in, so nahm man die Droge neuerdings zu sich. Eine Line war für mich schon das Größte, aber Rauchen noch viel besser. Eine Line machte schnell high, Rauchen augenblicklich. Bloß war alles sofort wieder vorbei. Wenige Minuten später brauchte man schon den nächsten Kick. Freebase veränderte mein Leben – und das vieler anderer Abhängiger. Solange man zieht, kann man immer noch ein einigermaßen normales Leben führen. Mit Rauchen ist das nicht möglich. Man wird zum Sklaven, sofort. Diese Form der Kokainsucht übernimmt vollständig die Kontrolle über dein Leben. Wohin man geht, was man auch tut, egal, mit wem man zusammen ist, es gibt nichts anderes als die Droge, es ist die totale Besessenheit.

Kein Wunder, dass dieser Lebenswandel nach wenigen Jahren zu einem extremen körperlichen Verfall führte, wie bei Winston. Ich sah völlig fertig aus, hatte häufig blaue Flecken und war ungepflegt. Ich war keine schillernde Figur mehr, die Männer flogen nicht mehr auf mich wie früher. Und ich machte meine Sache als Kriminelle nicht mehr gut. Ich wurde zu einem Risiko für jeden, der sich mit mir einließ. Crack regierte mein Leben. Alles drehte sich nur darum, Nachschub zu beschaffen. Ich nahm was und im Handumdrehen brauchte ich mehr. Ich kroch auf dem Fußboden herum auf der Suche nach winzigen Kristallen, die heruntergefallen sein könnten. Ich hatte nie genug. Nie. Einige der Leute, mit denen ich konsumierte, erreichten irgendwann den Punkt, an dem sie aufhören wollten, an dem sie etwas essen oder trinken oder sogar schlafen wollten. Ich nicht. Ich brauchte mehr, und dann noch mehr. Wenn ich mitten in der Nacht Bargeld benötigte, um etwas zu besorgen, ging ich zu der privaten Taxizentrale um die Ecke, die hatte die ganze Nacht auf. Ich brachte ihnen irgendwas, etwas Schmuck zum Beispiel, und bekam fünfzig Pfund dafür. Für mich waren die Taxileute so was wie ein Pfandhaus, dort bekam ich immer genug Geld für die nächste Dosis. Cracksüchtig zu sein ist ein Fulltime-Job, sehr arbeitsintensiv, man hat keine Zeit mehr für irgendetwas oder irgendjemand anderes. Ich sank so tief, dass mir schließlich egal war, für wen ich arbeitete oder was ich tat, solange ich genug Geld für meinen Stoff bekam. Offen gestanden war ich so gut wie tot, meine Seele war es sicher.

Ich ließ mich mit einem richtig üblen Typen ein, einem gefährlichen und gewalttätigen Mann, den ich bereits länger kannte, um den ich aber stets einen Bogen gemacht hatte. Inzwischen war mir alles egal. Ich stürzte immer weiter ab. Ich machte nach wie vor in Betrug, versteckte Diebesgut bei mir, aber jetzt hatte ich auch noch diesen finsteren Kerl an meiner Seite und ließ ihn in mein Bett. Nennen wir ihn Jimmy. Jimmy hatte einen Fahrer, der uns herumkutschierte. Der hieß Peter. Er war ein weißer jamaikanischer Rastafari, der als Jugendlicher mit seinem Vater nach London gekommen war. Wie der in diese Kreise geraten war, keine Ahnung. Er war intelligent und wirklich nett. Ich habe damals kaum noch mitbekommen, was um mich herum passierte, aber ich kann mich erinnern, wie Peter und ich uns unterhielten, und dass die Chemie zwischen uns irgendwie stimmte. Er war anders als die anderen Männer, mit denen ich zu dem Zeitpunkt zu tun hatte. Peter hatte lange Dreadlocks, er hätte auf echt schräge Weise als orthodoxer Jude durchgehen können. Wir hatten beide relativ dunkle Haut, und irgendwie schienen wir uns wiederzuerkennen.

Peter fuhr uns von einem Auftrag zum nächsten. Oder er transportierte unser Diebesgut durch London. Manchmal brachte er Drogen zu einem Dealer. Ein paar Mal mussten wir ziemlich schnell abhauen, wenn in einem Laden oder einer Bank was schiefgelaufen oder jemand erkannt worden war. Peter war immer da, er hielt am Straßenrand und brachte uns weg. In etwas glanzvolleren Zusammenhängen hätte man wohl gesagt, er war der Fahrer des Fluchtfahrzeugs.

Jimmy war ein ziemlich furchteinflößender Mann. Vor ihm hatte ich mehr Angst als vor irgendjemandem sonst in meinem Leben. Und er war regelmäßig sauer auf mich. Er muss gespürt haben, dass Peter in seinen Herrschaftsbereich vorstieß, und schrie immer mal wieder »Du bist *meine* Frau« und solche Sachen. Nicht, dass ich irgendeine Zuneigung zu Jimmy verspürt hätte, und ich glaube, er mochte mich auch nicht. Ihm ging es um Besitz. Aber ich wurde immer leichtsinniger und muss wohl ein gewisses

Interesse an Peter gezeigt haben, das Jimmy zur Weißglut trieb. Ich war Ende zwanzig, und alles war außer Kontrolle. Ich war ein Wrack. Es war kaum noch etwas von mir übrig.

Ich wusste, wenn ich so weitermachte, würde etwas ganz Schreckliches passieren. Jimmy bedrohte mich ständig. Selbst in meinem desolaten Zustand war mir klar, dass ich kurz vor dem Ende war. Eines Tages, als ich gerade »zur Arbeit« gehen wollte, rief ich meine Freundin Sarah an. Sie war raus aus dem Gefängnis und ging mir aus dem Weg, weil ich so ein Desaster war. Aber wir sprachen noch miteinander, und ich sagte ihr, ich glaubte nicht, dass ich den Tag überleben würde, dass ich höchstwahrscheinlich von einem meiner Aufträge nicht lebend wiederkommen würde. Sie hat wahrscheinlich »Ach, was erzählst du denn für einen Quatsch« oder so gesagt, aber ich muss ihr meine Angst glaubhaft vermittelt haben, denn sie begriff die Gefahr, in der ich schwebte und dass ich eines Tages auf Nimmerwiedersehen einfach von der Bildfläche verschwinden könnte. Ich bat sie, dieses und jenes für mich zu tun und ein paar Dinge für mich zu regeln, so wie ich es für sie getan hatte, als sie im Knast saß. Für mich fühlte es sich an, als würde ich ihr mein Testament diktieren.

An dem Tag passierte etwas ganz Schreckliches. Peter und ich fuhren durch Brixton. Wir saßen in einem schicken weißen Cabriolet, mit geschlossenem Verdeck, und wir fuhren die Railton Road hoch, die damals auch die »Frontlinie« genannt wurde. In den frühen 1980er Jahren hat es dort heftige Unruhen gegeben, über die die Polizei die Kontrolle verloren hatte. Peter und ich saßen allein im Auto. Jimmy sah uns und flippte aus. Er zückte ein großes Messer und fuchtelte damit herum. Der Wagen stand zu dem Zeitpunkt still. Jimmy durchstach das Verdeck und schwenkte die Waffe durch das offene Fenster. Dann sah er mich an und tobte, nächstes Mal würde er für mich »in den Bunker gehen«. Ich wusste genau, was er meinte: Nächstes Mal würde er mich umbringen und zur Not dafür ins Gefängnis gehen. Ich hatte panische Angst.

Peter fuhr weiter. Die Situation hatte Krisenstatus erreicht, das hatte er begriffen. Er brachte mich zu meiner Wohnung in Tulse Hill, nicht weit von Brixton, und sagte, ich bräuchte Schutz. Und er sorgte für meinen Schutz. Rund um die Uhr kreuzten Leute auf, die sich um mich kümmerten. Ich durfte die Wohnung nicht verlassen. Und niemand durfte die Wohnung betreten, der nicht die ausdrückliche Erlaubnis dazu hatte. An diesem desaströsen Punkt in meinem Leben gab er auf mich acht und beschützte mich. Er hielt mir Jimmy vom Hals, der mich umbringen wollte. Peter war nicht abhängig. Er war ein Rastafari, rauchte Gras, aber nichts Stärkeres. Er kümmerte sich um mich und sorgte dafür, dass ich keinen Stoff mehr bekam. Ich war in meiner Wohnung eingesperrt wie eine Geisel, ohne jedes Futter für meine Sucht. Crackentzug ist eine ganz entsetzliche Sache. Unerträglich. Die Entgiftung bringt heftige körperliche Reaktionen hervor. Höllische Schmerzen, gefolgt von noch höllischeren Schmerzen. Wie dieses schreckliche Geräusch von Kreide, die über eine Tafel quietscht. Nur dass die Qualen kein Ende nahmen. Es war schrecklich. Ich versuchte, die Schmerzen auszublenden. Manchmal lag ich auf dem Bett und drückte mir das Kissen auf den Kopf. Nicht, weil ich mich ersticken wollte – ich konnte mich einfach selbst nicht mehr aushalten. So konnte ich verschwinden, aber natürlich hielt der Effekt nicht lange an.

Am Anfang dieser furchtbaren Zeit stand ich vollkommen neben mir. Ich glaube, ich habe viel geschlafen und mein Schlafzimmer zwei Wochen lang nicht verlassen. Bis heute sehe ich die vier Wände und die Einrichtung in aller Klarheit vor mir. Ein schlichtes Bett und Einbauschränke aus Kiefernholz. Vom Wohnzimmer aus führte eine doppelte Glastür in einen hübschen Garten mit einer Weide. Nicht, dass ich rausgegangen wäre. Peter brachte mir Essen. Ich hatte immer Hunger, aber dieses Mal nach richtiger Nahrung. Ich hatte mich lange nicht so nach Essen gesehnt. Ich erinnere mich noch an einige der Mahlzeiten, die Peter vorbeibrachte. Sie nannten sich »Fish 'n Food«, jamaikanischer Fisch mit Kochbananen und Yamswurzel und solche Sachen. Mein Körper war schon bald nicht mehr dünn und ausgezehrt. Ich nahm schnell zu. Darüber war ich unglücklich. Aber es hat mir zweifelsfrei das Leben gerettet.

Meine Wohnung war ein Schweinestall. Der Müll stapelte sich, und ich stopfte einfach nur alles in schwarze Abfallsäcke, die ich überall herumstehen ließ. Ich wohnte im Dreck. Zu dem Zeitpunkt kam mein großer Bruder Raphael zu Besuch. Raphaels Leben hatte sich in eine völlig andere Richtung entwickelt als meins. Er kam ganz nach unseren beiden Eltern und hatte ihre musikalische Begabung geerbt. Er war damals bereits ein preisgekrönter Cellist. Er hatte eine gute Schule besucht und dort hervorragende Leistungen erzielt, und doch war er mit sechzehn von der Schule abgegangen, um sich ganz auf die Musik zu konzentrieren. Er bekam Unterricht von einer ganzen Reihe großer Cellisten in Europa und Amerika. Er besuchte die Royal Academy of Music in London, er entwickelte sich prächtig und verbrachte jeden Sommer in Italien, wo er sich weiter ausbildete, und bereits mit vierundzwanzig gewann er in Florenz einen hochangesehenen Preis für sein Cellospiel. Er spielte mit führenden Orchestern auf der ganzen Welt. Seine Frau Elizabeth, von uns allen Libby genannt, lernte er während der gemeinsamen Studienzeit an der Academy kennen, sie war eine sehr begabte Geigerin. Die beiden wohnten nicht weit von mir entfernt in Südlondon. Ihr Haus war voller Musik und Kinder. Es war ein stabiles Zuhause. Als Raphael mich besuchte, fand er einen Ort des Schreckens vor, ein Dreckloch und eine völlig verstörte Schwester, die versuchte, sich von ihrer Drogenabhängigkeit zu lösen. Er war entsetzt und aufgewühlt und gleichzeitig sehr besorgt angesichts der Drohungen, die Jimmy gegen mich aussprach. Er sagte, er würde die Polizei rufen, aber ich glaube nicht, dass das irgendjemanden groß gekümmert hätte. Was wohl in ihm vorgegangen sein mag, als er seine Schwester so sah? Er lernte Peter kennen und mochte ihn. Und ihm wurde klar, dass Peter mich gerettet hatte. Irgendwann hatte meine gesamte Familie Peter kennengelernt und erkannt, wie wichtig er für mich war.

Im Verlauf dieser fürchterlichen Zeit wurden Peter und ich ein Paar. Ich kann mich nicht erinnern, wie das kam und wann genau das passierte, es war dann einfach so. Er fühlte sich zu mir hingezogen, und nach einer Zeit fühlte auch ich mich zu ihm hingezogen. Er organisierte mein Leben, beschützte mich vor der Gewalt, die mir ständig drohte und nach dem Leben trachtete, er versorgte mich mit Essen und kümmerte sich um mich. Es hatte eigentlich auf der Hand gelegen, dass wir uns früher oder später ineinander verlieben würden. Peter war da, er war mein Fels, als es mir am schlechtesten ging.

Mit seiner Hilfe tauchte ich langsam wieder aus dem Entzug auf. Aber ich verspürte keine Erleichterung. Ich musste mich der Welt und dem Leben stellen und den vielen Konsequenzen, die mich erwarteten. Mein Leben war ein einziges Chaos und das gefiel mir gar nicht. Aber jetzt musste ich in den Trümmern aufräumen, die ich hinterlassen hatte. Neben den Abfallsäcken und dem Dreck war da auch noch das finanzielle Desaster. Man kam damals sehr leicht an Geld. Ich war schon seit einigen Jahren Wohnungseigentümerin gewesen. Wer eine Immobilie besaß, konnte im Prinzip in jede Bank spazieren und um einen Kredit bitten – und in der Regel bekam man ihn sofort. Ich hatte das ziemlich häufig getan, wenn ich gerade wieder high war, und steckte plötzlich in einem Berg aus Schulden von Tausenden Pfund. Einmal, als ich high war und dachte, ich könnte alles schaffen, beschloss ich, in

Immobilien zu machen. Ich bot auf eine Wohnung. Aber ich war überhaupt nicht mehr in der Lage, den Kauf abzuschließen, und blieb schließlich auf mehreren tausend Pfund Schulden sitzen. Ich lieferte Mietwagen nicht wieder ab. Es hatte sich so viel angehäuft, es war erdrückend. Ich hatte mich selbst in den Bankrott getrieben, buchstäblich und menschlich. Ich war gezwungen, meine Wohnung zu verkaufen, um aus alldem wieder herauszukommen.

Im Rückblick sehe ich mich selbst klar vor mir. Mehr als dreißig Jahre später schäme ich mich nicht für das, was ich damals getan habe, und auch nicht für meinen entsetzlichen Abstieg. Ich glaube, ich verstehe es. Ich bin ja keine Fremde in meiner eigenen Vergangenheit. Aber ich frage mich, woher ich die Kraft nahm, das alles zu überleben. Oder habe ich einfach Glück gehabt? Vielleicht steckte irgendetwas tief in mir drin, oder ich hatte einen Schutzengel, denn viele andere, die ich damals kennenlernte, haben nicht überlebt. Irgendetwas hat mich beschützt und mir gestattet, ins Leben zurückzukehren. Vielleicht liegt einfach eine besondere Kraft, eine Resilienz, in den Genen der Lasker-Wallfischs. Mir kommt es vor, als hätte ich eine gewisse Überlebensfähigkeit geerbt, eine innere Stärke. Und genau die macht meine Persönlichkeit aus. Für meine Familie tut es mir wirklich leid, insbesondere für meine liebe Mutter, und ich bedauere, was ich ihr angetan habe. Aber was mich anging, so musste ich einfach noch mal von vorn anfangen.

3
Verlust

Liebe Großeltern,

ich will da weitermachen, wo ich letztes Mal aufgehört habe. Du, lieber Großvater, hast dich geweigert, die Drohgebärden der Nazis ernst zu nehmen. Ich kann mir gut vorstellen, dass du als Rechtsanwalt die Dinge aus einer juristischen Perspektive sahst und einfach nicht glauben konntest, dass die Gesetze eines Staates mit einer solchen Macht gegen die Juden ausgerichtet werden könnten. Und als ein Mann, der sich 1914 freiwillig gemeldet und Seite an Seite mit seinen deutschen Brüdern in den Schützengräben des Ersten Weltkriegs gekämpft hatte und dafür sogar mit dem Eisernen Kreuz ausgezeichnet worden war, warst du sicher davon ausgegangen, dass man dich vor den immer weiter um sich greifenden Verfolgungsmaßnahmen schützen würde. Du warst ein engagierter Deutscher und stolz auf dein Land. Meine Mutter hat mir erzählt, dass du ein unverbesserlicher Optimist und davon überzeugt warst, dass dieser »Unsinn« bald aufhören würde, »wenn die Deutschen zur Vernunft kommen«.

Aber so entwickelten sich die Dinge natürlich nicht. Du musst gesehen haben, wie überall in der Öffentlichkeit, wie in den Kinos, Parks und Restaurants in ganz Breslau und dem Rest Deutschlands Schilder auftauchten: »Juden unerwünscht«. Du wirst mitbekommen haben, dass jüdische Geschäfte und Unternehmen boykottiert wurden, indem sich Nazi-Schläger vor den mit dem Davidstern beschmierten Gebäuden positionierten und allen sagten, sie dürften da nicht reingehen. Die Gesetze, die du stets respektiert hattest, hatten aus den Juden eine isolierte und abgesonderte Gemeinschaft gemacht. Juden durften keine Arier heiraten. Wer jüdischer Abstammung war, dem wurde die Staatsbürgerschaft entzogen. Um die rassische Reinheit nicht zu gefährden, durften Frauen unter fünfundvierzig nicht in jüdischen Haushalten arbeiten. Juden erhielten Berufsverbot, wobei es dir, Großvater, doch irgendwie gelang, weiter bestimmte Mandanten zu beraten, nachdem die meisten anderen jüdischen Rechtsanwälte bereits gezwungen worden waren, ihre Praxis zu schließen. Als die Nazis in der Reichspogromnacht anfingen, junge jüdische Männer in Breslau zusammenzutreiben, entkamst du nur um ein Haar, weil ein guter Freund, Walter Mehne, ein nichtjüdischer Geigenbauer mit seinem eigenen Geschäft in der Stadtmitte, dich versteckte. Ein mutiger Mann.

Dass du nur knapp entkommen konntest, hat dir dann wohl doch gezeigt, wie ernst die Bedrohung war. An den Briefen, die du bis 1939 geschrieben hast, kann ich sehen, dass du mit wachsender Verzweiflung versucht hast, die Familie außer Landes zu bekommen. Dein Bruder Edward lebte in New York, konnte aber nicht helfen, weil die US-Einwanderungsgesetze unglaublich streng waren. Ich weiß, dass du dich um Visa für die USA bemüht hast, aber als du deinen Namen dann fast ganz unten auf der Liste derer sahst, die Jahr für Jahr einer knappen Quote entsprechend ins Land gelassen würden, ist dir vermutlich klar geworden, dass es Jahre gedauert hätte, bis ihr endlich dran gewesen wärt.

Marianne hatte im Sommer 1939 England erreicht, darum hast du dich auf Großbritannien konzentriert. Meine Mutter sagt, du hättest das Königreich immer bewundert und das britische Volk stets für sehr kultiviert gehalten. Vermutlich ging dir dann auf, wie schwierig es sein würde, die erforderlichen Ausreisegenehmigungen für dich und Großmutter zu bekommen, und darum hast du dich entschlossen, das zu tun, was so viele deutsche Eltern zu tun gezwungen waren: wenigstens die Kinder retten. Die Erkenntnis, dass du und deine Frau dem Schicksal wohl nicht entkommen würdet, ihr aber zumindest versuchen konntet, eure beiden jüngeren Töchter in die Freiheit zu schicken, muss herzzerreißend und zutiefst traumatisch gewesen sein. Zwar bin ich selbst Mutter, aber ich kann wohl nur ansatzweise erahnen, welch unmenschliche Opfer ihr gebracht habt, um eure Töchter zu retten.

Den vielen Briefen, die du an das German Jewish Aid Committee in London geschrieben hast, kann ich entnehmen, wie eure Verzweiflung zunahm, und ich weiß, dass du veranlasst hast, einen stattlichen Geldbetrag auf das Konto der Hilfsorganisation zu überweisen, von dem die Lebenshaltungskosten bestritten werden sollten, falls die Familie im Ausland strandete. Du musst völlig aufgelöst gewesen sein, als man dir von dort im Juli 1939 antwortete: »... müssen wir Ihnen leider mitteilen, dass wir Ihren Antrag nicht weiterbearbeiten können, da Sie an höherer Stelle auf einer Einreisewarteliste für Amerika stehen.« Erstaunlicherweise bat man dich um Einzelheiten bezüglich deines Plans, nach Palästina zu emigrieren, und um eine Kopie deiner Einreiseerlaubnis. Ein völlig hoffnungsloses Ansinnen. Die britischen Behörden in Palästina stellten erst ab April 1940 Einreisegenehmigungen aus. Das muss für euch beide ein Schlag ins Gesicht gewesen sein.

In einem deiner Briefe an eine andere Hilfsorganisation schriebst du in deinem nicht ganz perfekten Englisch: »Es tut mir sehr leid, Sie wieder mit meinen Sorgen zu belästigen, aber so, wie die Dinge sich hier entwickeln, wird die Angelegenheit für mich und meine Kinder immer dringender.«

Das wiederholte Aufkeimen und Sterben eurer Hoffnungen muss dich und Großmutter zermürbt und deprimiert haben.

Mitte August 1939 sah es dann endlich so aus, als hättest du in Paris einen Cellolehrer gefunden, der meine Mutter beherbergen würde, und mittels Marianne ein Ehepaar in England, einen Reverend Fisher und seine Frau, das Renate bei sich aufnehmen würde. Ich habe den glühenden Brief gelesen mit der Bitte um die Einzelheiten zur benötigten Schuluniform, damit Großmutter anfangen konnte, sie zu nähen. Endlich Hoffnung. Du schriebst, die Formalitäten würden ungefähr zwei Wochen dauern, und Renate würde Deutschland frühestens am 10. September Richtung England verlassen können.

Doch dann brach alles zusammen. Am 1. September marschierten Hitlers Truppen in Polen ein, und nur zwei Tage später erklärten Großbritannien und Frankreich Deutschland den Krieg. Du musst das Gefühl gehabt haben, deine Töchter im Stich zu lassen. Jetzt saßt ihr alle in Deutschland fest. Das muss niederschmetternd gewesen sein für euch. Großvater, du schriebst, dein üblicher Optimismus sei »etwas wackelig«. Was für eine würdevolle Untertreibung.

Im November musstet ihr die schöne Wohnung in der Kaiser-Wilhelm-Straße verlassen, in der ihr alle als Familie gewohnt hattet. Ihr zogt in ein paar freie Zimmer im Haus von Großmutters Schwester, Tante Käte. Das war sicher ein weiterer Schock für euch, auch wenn Renate und meine Mutter ganz gelassen damit umgingen. Aber ihr hattet immer noch eure Hoffnungen und Träume. Dieses Mal dachtet ihr, ihr könntet Visa für Italien bekommen und im Frühjahr 1940 dorthin ausreisen. Großmutter, du schriebst sogar an Marianne, um ihr zu erzählen, ihr würdet Ende April mit einer Flasche Chianti auf ihren Geburtstag anstoßen. Ihr kamt gerade mal bis zur Visastelle, wo ein italienischer Beamter mit dem Stempel in der Hand saß und euren Antrag durchging. Wieder tauchte ein Problem auf, eine unüberwindbare Schwierigkeit, eine neue kleinliche Bedingung, die den Beamten davon abhielt, das

Visum in eure Pässe zu stempeln. Wieder wurde euch die Freiheit verweigert.

Das Leben wurde immer schlimmer für euch, ich kann mir ungefähr vorstellen, wie sehr ihr euch an die Hoffnung geklammert haben müsst, eines Tages einen Ausweg zu finden. Meine Mutter kann sich erinnern, dass Hoffnung das »Elixier« war, das euch alle weiter antrieb. Aber wenn jeder Anflug von Hoffnung dicht gefolgt wird von Enttäuschung, dann stellt sich irgendwann Verzweiflung ein. Ich frage mich, ob ihr auch Angst hattet. Angst vor dem, was euch und euren Töchtern passieren würde, als die Deportationen begannen und jüdische Familien, Menschen, die ihr kanntet, zusammengetrieben wurden und einfach verschwanden.

Deine Briefe an Marianne klangen weiterhin optimistisch. Du schriebst ihr, dass meine Mutter nach fast zwei Jahren Pause wieder zur Schule ging, und mit welchem Feuereifer sie dabei war, und von den Kammerkonzerten, bei denen meine Mutter mitwirkte, und wie gut ihr Spiel ankam. Du schriebst von neuen Hoffnungen auf Visa, um deinen Bruder Edward in New York besuchen zu können. Aber auch daraus wurde nichts.

Der um dich herum wütende Krieg zeitigte Folgen. Alle Juden mussten einen gelben Davidstern tragen. Die jüdische Schule, die meine Mutter besuchte, wurde 1941 geschlossen. Alle jungen Jüdinnen und Juden wurden zum Arbeitsdienst in kriegswichtigen Fabriken verpflichtet, neben ihnen Polen und Kriegsgefangene. Meine Mutter macht heute noch Witze über die Papierfabrik vor den Toren Breslaus, in der sie und Renate arbeiteten, und über die Expertise, die sie in Sachen Etikettenkleben auf Klopapierrollen entwickelte! Doch die Stunden und Tage waren lang, und es war sicher schwer, die Hoffnung nicht aufzugeben, wenn man so erschöpft und verbraucht war.

Die Welt wurde immer bedrohlicher, und ich frage mich, ob ihr wieder von Angst geplagt wurdet. Großmutter, deine Schwester und dein Schwager wurden Anfang 1942 deportiert. Du musst vollkommen verängstigt gewesen sein, als du sahst, wie sie weggebracht wurden – keiner wusste, wohin. Damals kursierten wohl schon Gerüchte über Lager im Osten, in denen die Menschen arbeiten mussten, bis sie tot umfielen.

Im März 1942 schriebst du, Großvater, wieder an Marianne, die sich in England außer Gefahr befand und lange Tage auf einem Bauernhof arbeitete. Du musst gewusst haben, dass deine Tage in Freiheit gezählt waren, und doch schlugst du in dem Brief einen fröhlichen, positiven Ton an, um deine älteste Tochter nicht zu beunruhigen. Marianne machte die praktische Arbeit auf dem Hof Spaß, und du schriebst: »Wie schön, dass das Leben auf dem Land Dich so glücklich macht. Du hast unser Wiedersehen an Deiner Arbeitsstelle in so schönen Farben ausgemalt.« Aber du wolltest auch, dass sie etwas über das wahre Leben in Breslau erfuhr: »Übrigens sollst Du nicht denken, dass wir noch genauso komfortabel leben wie früher. Für Mu ist der Haushalt mit so wenig Hilfe sehr anstrengend. Ti und Re haben ebenfalls sehr ermüdende Arbeit in der Papierfabrik. Sie müssen genauso früh aufstehen wie Du und bekommen leider weder genug Schlaf noch frische Luft. Was mich betrifft, so habe ich jetzt, da das Büro aufgelöst wurde, jede Menge Kleinigkeiten zu erledigen, mit denen ich mich früher nie befassen musste. Ich helfe auch im Haushalt mit und kümmere mich um die Öfen.« Eine kleine Anekdote von einem Zahnarztbesuch verwandelst du in eine Parabel über die Zukunft: »Wie ich mich freue, dass Du so tapfer warst beim Zahnarzt. Immer wenn ich Angst vor etwas habe, denke ich an meine Zahnarztbesuche zurück. Man sitzt immer im Wartezimmer und malt sich die schrecklichsten Dinge aus, aber wenn die Zange gezückt wird und die Behandlung beginnt, ist es meist halb so schlimm. Dasselbe gilt für so viele andere Situationen im Leben, und das sollte man nie vergessen.« Dann, immer noch optimistisch, die guten Wünsche zum bevorstehenden Geburtstag: »Wir werden *an dem Tag ganz besonders fest an Dich denken ... Wie schön wäre es, wenn wir eines Tages wieder zusammen feiern könnten! Vielleicht, hoffentlich, 1943!! Mit diesem Wunsch umarme ich Dich. Dein alter Fosch.«*

Und dann hast du, Großmutter, ganz unten noch ein paar Zeilen hinzugefügt. Ich kann mir kaum vorstellen, wie abgekämpft du gewesen sein musst, als du diese Worte schriebst: »Meine liebe Jandel, ich möchte diesen Brief nicht abschicken, ohne Dir ganz, ganz viele Grüße zu schicken. Ich bin zu müde, um jetzt einen Geburtstagsbrief zu schreiben. Der kommt, wenn Re und Ti Dir wieder schreiben. Die beiden sind immer so furchtbar müde, wenn sie von der Arbeit kommen, also sei nicht böse mit ihnen. Wir freuen uns schon auf Deinen nächsten Brief! Tausend Küsse. Deine Mu.«

Doch es gab keinen weiteren Brief.

Die Schlinge zog sich um euch zu. Der gefürchtete Tag trat am 8. April 1942 ein. Ihr wurdet nicht auf der Straße festgenommen, ihr bekamt Anweisung, euch am nächsten Morgen einzufinden. Wie mögen sich diese Stunden angefühlt haben? Egal, wie sehr ich mich anstrenge, ich kann mir nicht vorstellen, was ihr durchgemacht haben müsst. Großmutter, meine Mutter sagt, du hast geweint, furchtbar geweint vor Angst vor dem, was nicht nur euch beiden, sondern auch euren Töchtern bevorstand. Meine Mutter sagt, sie und ihre Schwester wollten euch begleiten, obwohl sie nicht auf der Liste derer standen, die sich am nächsten Morgen einfinden sollten, weil sie in der Papierfabrik »unabkömmlich« waren. Doch Großvater wollte davon nichts hören. Du hast zu meiner Mutter gesagt: »Es ist besser, wenn ihr vorläufig noch bleibt. Da wo wir hingehen, kommt man zeitig genug hin.«

Traumatische Ereignisse wirken sich sehr unterschiedlich auf die Menschen aus. Renate flüchtete sich in Schlaf. Meine Mutter blieb die ganze Nacht auf, und praktisch veranlagt, wie du warst,

Großvater, hast du die letzte Nacht damit verbracht, deine Angelegenheiten zu regeln, Anleitungen zu tippen und eine Bestandsliste auszufüllen, die sogenannte Vermögenserklärung, ein ellenlanges Formular, in dem Juden im Dritten Reich ihren gesamten Hausrat auflisten und den Wert jedes Gegenstandes, den sie besaßen, angeben mussten, da ihr gesamter Besitz dem Staat zufiel. Mit allergrößter Sorgfalt erklärtest du meiner sechzehnjährigen Mutter, wie man die Miete bezahlte, wie die Gasrechnung, und andere häusliche Dinge, und wie mit dem Finanzamt umzugehen war. Sie erinnert sich, dass deine Haare in dieser Nacht grau wurden und dass du in den frühen Morgenstunden zu ihr sagtest: »Ich verlasse mich auf dich, Anita.«

Dann, mit so vielen Habseligkeiten, wie in die zwei Koffer passten, verabschiedet ihr euch am nächsten Morgen von euren Töchtern. Ich habe so oft versucht, mir vorzustellen, wie dieser Abschied gewesen sein muss. Meine Mutter spricht so gut wie nie darüber. Aber es muss ein unfassbar schmerzhafter Moment gewesen sein, eine Kombination aus Angst vor dem, was euch passieren wird, entsetzlichem Kummer darüber, eure Töchter allein zurückzulassen, Trauer über diese, wir ihr wohl ahntet, endgültige Trennung und nackter Panik.

Wir wissen, dass ihr beide mit dem Zug zu einem Durchgangslager in Izbica in der Nähe von Lublin im besetzten Polen gebracht wurdet, wo Hunger und Krankheit herrschten.

Ich wollte mehr darüber in Erfahrung bringen, welche Zustände in diesem Lager herrschten, weil es so wahnsinnig viel gibt, das wir nicht wissen, und so stattete ich der Wiener Library in London einen Besuch ab, jener Einrichtung, die so viele Informationen über das gesammelt hat, was wir heute den Holocaust nennen. Dort erfuhr ich, dass von März bis Mai 1942 etwa 12 000 Jüdinnen und Juden nach Izbica geschickt wurden, unter ihnen Ingenieure, Ärzte und Universitätsprofessoren aus Deutschland, Österreich und der

Tschechoslowakei. Ich habe mich gefragt, ob ihr wohl Zeit mit den anderen Deportierten verbracht habt? Unter anderen Umständen hättet ihr deren Gesellschaft sicher genossen und die Gespräche mit ihnen anregend gefunden. In der Wiener Library wurde erklärt, dass von Izbica aus regelmäßig mit deutschen und polnischen Juden beladene Züge zu den Vernichtungslagern in Belzec und Sobibor fuhren.

Ich erfuhr Einzelheiten über die entsetzlichen Zustände in Izbica: Ihr wurdet in Holzbaracken gepfercht, die für nur halb so viele Menschen errichtet worden waren. Es gab kaum etwas zu essen. Das Abwasser floss in offenen Rinnen über die Straßen. Der Gestank muss bestialisch gewesen sein. Typhus verbreitete sich. Mir wurde erzählt, der Kommandant des Lagers sei ein ganz besonders grausamer und brutaler Nazi gewesen, SS-Hauptsturmführer Kurt Engels, der sich offenbar damit vergnügte, noch vor dem Frühstück ein paar Juden zu erschießen. Seid ihr ihm begegnet? Irgendwie hoffe ich, dass ihr von der furchtbaren Grausamkeit der SS-Wachen nichts wusstet.

Meine Mutter hat mir erzählt, Großvater, dass deine letzten drei Briefe aus dem Lager an deine immer noch in Breslau befindlichen Töchter sehr kurz waren. In einem schriebst du: »Mutti kann nicht ranschreiben, es geht ihr nicht gut, sie ist krank.« Und der letzte Satz war: »Schickt Nahrungsmittel.«

In deinem allerletzten Brief schriebst du nur den Text eines Psalms: »Ich hebe meine Augen auf zu den Bergen von wannen mir Hilfe kommt.« Ich habe gehört, dass das Lager von Izbica an drei Seiten von Hügeln umgeben war.

In der Wiener Library berichtete man mir von den entsetzlichen Gräueltaten, die in Izbica stattfanden. Man ließ Tausende von Juden ihr eigenes Grab schaufeln. Sie wurden dann in organisierten Massenerschießungen ermordet und fielen nackt in die Gruben. Viele starben an Hunger oder Typhus. Wir wissen nicht genau, wie *ihr zu Tode kamt. Und es ist kaum auszuhalten, daran zu denken, wie furchtbar eure letzten Tage gewesen sein müssen.*

Ich kann nicht weiterschreiben.

In Liebe,

Maya

Mein ganzes Leben lang habe ich mich »anders« gefühlt. Das war natürlich nicht immer ein gutes Gefühl. Es bescherte mir viele Jahre der Unruhe, Unruhe geboren aus Verwirrung und Angst. Es gab aber auch gute Momente, in denen ich begann, meine eigene Identität herauszubilden, fast schon rebellische Triumphe, wenn ich mich als eine Art Underdog stilisierte, als Anti-Heldin. Da ich keine Ahnung hatte, wie ich mich anpassen sollte, erschuf ich meine eigene Subkultur, in der ich König war. In der Rolle hatte ich das Gefühl, alles im Griff zu haben. Am stärksten ausgeprägt war diese Haltung bei mir, als ich mit zwölf an der Holland Park School anfing. Es ist nie leicht, neu an eine Schule zu kommen, an der bereits Freundschaften und Cliquen existierten, und ich unternahm keinerlei Versuch, mich anzupassen. Hartnäckigkeit wurde immer mehr zu meinem Charakterzug, die Hartnäckigkeit eines Menschen, der sich nicht unterkriegen ließ. Der überleben wollte.

Wie ist es möglich, dass einem Menschen – ohne jeden Kontext, ohne jegliche körperliche Präsenz, ohne dass ihm die eigene Hintergrundgeschichte je erzählt wurde – sowohl leibhaftige Erfahrungen als auch Vorgänge des Unterbewusstseins anderer Menschen in Fleisch und Blut übergehen? Dieses Phänomen stiftet Verwirrung und Chaos. Und die Annahme, dass die Vergangenheit nichts mit einem selbst zu tun hat, weshalb es sich sogar verboten und tabu anfühlt, überhaupt mal Fragen zu stellen, macht die Sache nur noch komplizierter. Für ganz normale Neugier ist kein Platz. Die meisten Menschen erfahren auf unterschiedliche, freundliche Weise Dinge über ihre Vergangenheit. Bei vielen spielen die Großeltern da eine Rolle, häufig sind sie die

Ersten, die von Kindern mit Fragen gelöchert werden. Und eine Frage führt zur nächsten. Aber ich hatte keine Großeltern mehr. Und ich durfte keine Fragen stellen.

Wie kann das Reagieren aufhören und das Denken beginnen? Denken und Reden sind der Schlüssel, wenn es darum geht, die eigenen Erfahrungen zu sortieren, was dazu beitragen kann, auf individueller Ebene zu verstehen. Auf gesellschaftlicher Ebene bietet es zumindest den Raum für eine Auseinandersetzung mit den historisch unsichtbaren Kriegsverletzungen. Was wird aus den Menschen, die in reine Landschaften des Todes geboren werden? Die eigene Persönlichkeit spielt natürlich eine große Rolle, und so ist es gar nichts Ungewöhnliches, wie es in meiner Familie der Fall ist, dass ein Kind die Wunden ihm unbekannter Gräuel weiterträgt und ein anderes nicht. Erinnerungen und Erfahrungen sind subjektiv, und Geschwister können unterschiedliche Geschichten erzählen. Und doch ist jede Geschichte wahr.

Heute verstehen wir immer besser, welchen Einfluss ein Trauma auf Familien hat, wie es das Leben derer beeinträchtigt, die es erlitten haben. Es kann sie emotional zerrütten. Sich wiederholende Albträume oder Rückblenden können sie immer wieder in die traumatische Zeit zurückversetzen. Die kleinsten Dinge können Erinnerungen auslösen – ein Wort, ein Name, ein Geruch oder Geräusch, Musik. Bei manchen sitzt das Trauma so tief, dass sie mit emotionalen und psychischen Störungen leben müssen. Sie leben natürlich weiter, aber häufig mit einer Widerstandskraft und einer verbitterten Entschlossenheit, das Unmögliche zu schaffen und die Vergangenheit hinter sich zu lassen. Und doch ist es mehr oder weniger tabu, über Traumaerfahrungen nachzudenken oder gar zu reden. Das ist eine Dynamik, die leider viel zu oft missverstanden wird. Das Trauma ist nicht verschwunden. Es wurde weggesperrt und vom Alltagsleben getrennt, in ein Hinterland nichterinnerter Vergangenheit verbannt. Für manche

Menschen ist das die einzige Strategie, um geistig gesund zu bleiben. Aber die Wunden der Geschichte sind tief und können viele Jahre später in der nächsten Generation wieder aufbrechen – wie es bei mir der Fall war.

Langsam erkennt die Gesellschaft die Schwierigkeiten der zweiten Generation, der Kinder der Überlebenden, an. Auf den Gebieten der Neurowissenschaften und der Epigenetik werden riesige Fortschritte gemacht; die unbestreitbaren Ergebnisse evidenzbasierter Forschung unterstützen die These, dass es so etwas wie transgenerationale Traumata tatsächlich gibt. Ich werde darauf zurückkommen. Aber das ist die Brille, durch die ich blicke, wenn ich meine Geschichte weitererzähle.

Peter war ein außergewöhnlicher Mann. Er war in einer weißen Mittelschichtfamilie in Kingston auf Jamaika aufgewachsen und kam im Zuge der Scheidung seiner Eltern zusammen mit seinem Vater nach Großbritannien, als er sechzehn war. Immer wieder vermutete wer, in seinen Adern flösse auch jüdisches Blut, weshalb sein Teint meinem so ähnelte. Manche Leute sagten, wir sähen aus wie Geschwister. Er war ein Rastafari und hielt stets an jamaikanischer Lebensart und Kultur fest. Mir war klar, dass er seinem Heimatland sehr verbunden war, dass er nach Jamaika zurückwollte und London für ihn nur eine Übergangslösung war. Am Ende meines Entzugs waren wir uns sehr nah. Wir beschlossen zu heiraten. Ich weiß noch, dass Peter sagte, jetzt, wo wir schon alles andere zusammen durchgemacht hätten, könnten wir doch genauso gut heiraten! Peter wurde damals bereits von der Metropolitan Police gesucht. Wir hatten keine Zeit, von langer Hand eine perfekte Hochzeit zu planen.

Es ging alles sehr schnell. Beim Standesamt in Brixton beantragten wir eine Sondergenehmigung, und binnen fünf Tagen erklärte der Standesbeamte uns zu Mann und Frau. Unsere Hochzeit war eine recht übersichtliche Angelegenheit. Meine Mutter war da. Mein Vater nicht. Raphael und Libby waren auf Konzertreise und konnten nicht kommen. Meine Freundin Sarah war da. Peters in London lebender Vater kam mit Peters Stiefmutter. Und ein paar von Peters Freunden kamen auch. Der Hochzeitstag soll ja der glücklichste Tag im Leben eines Menschen sein. Ich muss ehrlich sagen, ich glaube, ich habe an dem Tag so gut wie gar nichts empfunden. Die Fotos vom Empfang hatten keinerlei Ähnlichkeit mit dem, was man sich üblicherweise unter einem Hochzeitsempfang vorstellt. Keine Blumen, kein Kuchen, kein Hochzeitskleid. Aber es sieht ganz so aus, als hätten wir unseren Spaß gehabt, vor allem beim Tanzen – wenn ich mich recht erinnere, wurde Reggae gespielt. Jedenfalls ist der Tag nicht unauslöschlich in mein Gedächtnis eingebrannt. Ich muss mich ziemlich anstrengen, um mich an ihn zu erinnern.

Nachdem Peter mich aus dem furchtbaren Chaos gerettet hatte, zu dem mein Leben geworden war, brauchte er jetzt selbst Hilfe. Er wurde von der Polizei gesucht, er stand unter Verdacht, bei einer Serie von Raubüberfällen mitgemacht zu haben, und die Polizei stand kurz davor, ihn und seine Kumpels aufzuspüren. Er musste so schnell wie möglich das Land verlassen. Mit der Hilfe meiner Mutter beschlossen wir, London den Rücken zu kehren. Es war bereits einige Zeit lang das zentrale Anliegen meiner Mutter gewesen, mir das Leben zu retten, und es gab fast nichts, das sie nicht dafür getan hätte. Sie konnte auch gar nicht normal reagieren. Ein in einer Notlage befindlicher Mensch wächst in der Regel über sich hinaus, um zu überleben – und darin hatte meine Mutter sehr viel Übung. Sie half uns dabei, die Flugtickets nach Miami zu beschaffen, wo Peters Mutter mit ihrem neuen Mann wohnte. Damals lebten ziemlich viele Jamaikaner in Miami, ein Teil der Stadt wurde auch »Little Jamaica« genannt. Und so flogen wir nach Florida, als ginge es in die Flitterwochen.

Unser gemeinsamer Neustart wurde leider von einer Kleinigkeit überschattet. Peter war ein paar Monate zuvor Vater geworden, eine Frau in Brixton hatte seinen Sohn zur Welt gebracht. Das war kurz vor seinem Einsatz als mein Beschützer und Retter gewesen. Er hatte keine längere Beziehung mit der Frau gehabt, aber ein Kind zu bekommen, bringt natürlich Verantwortung und Verpflichtungen mit sich. Denen sich Peter aber nicht stellen wollte. Innerhalb der jamaikanischen Community ist es für Männer nicht unüblich, mit mehreren Frauen Kinder zu zeugen, und so war Peters Mutter bereits in London gewesen, um ihren Enkelsohn und dessen Mutter kennenzulernen. Das bedeutete ihr viel. Es war ihr erstes Enkelkind. Als ich wenige Monate später mit Peter in Florida landete, war ich als die neue Schwiegertochter alles andere als willkommen. Mir wurde klar, dass Peters Mutter sich nicht im Geringsten freute, mich kennenzulernen und zu hören, dass Peter geheiratet hatte, sie brachte mir großen Argwohn entgegen. Von unserer ersten Begegnung an fühlte ich mich in ihrer Gegenwart unwohl, aber ich wusste auch überhaupt nicht, was von mir erwartet wurde. Ich versuchte, nett zu sein, und ich wollte unbedingt, dass sie mich mochte. In Wirklichkeit hatte ich keinen blassen Schimmer, was wir überhaupt in Miami machten.

Peters Mutter war weiße Jamaikanerin, und als solche aufgeschlossen und begeistert, dass Peter ein Kind mit einer Schwarzen hatte. Ich glaube, sie gab mir die Schuld daran, dass die Beziehung ihres Sohnes, die in ihren Augen ideal gewesen war, in die Brüche ging. Sie hatte keine Ahnung, wie Peter sich in London Geld verdient hatte. Am Anfang war alles vielversprechend gewesen, er machte eine Ausbildung zum Mechaniker bei Porsche. Soweit sie informiert war, hatte er immer noch einen guten Job und verdiente ordentlich. Jedenfalls ahnte sie nicht, dass er polizeilich gesucht wurde. Und Peter, dessen Verhältnis zu seiner

Mutter etwas angestrengt war, wollte es ihr auch nicht erzählen. In den Augen meiner Schwiegermutter war mein Erscheinen auf der Bildfläche unmittelbar verknüpft mit dem Zusammenbruch von Peters geregelter Existenz in London.

In Miami liehen wir uns immer wieder das Auto von Peters Mutter und drehten Runde um Runde durch die Stadt. Es war ein ziemlich schicker Sportwagen, mit dem wir durch verrufene Stadtteile fuhren. Trostlose, heruntergekommene Straßenzüge, verwahrloste Häuser, auf deren Veranden die Bewohner, überwiegend Schwarze und Latinos, herumlagen. Zum ersten Mal in meinem Leben sah ich diese Form von Armut, und ich empfand nichts dabei. Peter dagegen gefielen diese Viertel offenkundig, er fuhr gerne dort herum. Er schien sich dort zu Hause zu fühlen.

Es dauerte nicht lange, bis er herausgefunden hatte, wie er an Gras herankam, und das hatte er natürlich bei sich, als wir einmal von der Polizei angehalten wurden. Man war wohl misstrauisch geworden, es passte nicht zusammen, dass ein schickes Auto mit zwei Weißen darin in einem armen Schwarzenviertel seine Runden drehte. Und Peter mit seinen hüftlangen Dreadlocks war auch nicht gerade unauffällig. Es war wie im Film. Wir wurden gebeten, auszusteigen und die Hände aufs Autodach zu legen. Während der eine Polizist uns bewachte, durchsuchte der andere den Wagen. Wir hatten das Gras nicht besonders clever versteckt, der Polizist fand es schnell. Wir bekamen beide Handschellen angelegt und wurden zur Bezirkswache gebracht. Man nahm unsere Personalien auf, wir wurden für die Akte fotografiert, uns wurde der Besitz von Betäubungsmitteln vorgeworfen, wir wurden getrennt und in zwei Zellen gesperrt. Ganz allein saß ich in einer Gefängniszelle in Florida und hatte Angst. Ich hasste jede einzelne Minute in jener Zelle. So hatte ich mir meine Flitterwochen ganz gewiss nicht vorgestellt.

Die Polizei in Miami interessierte sich viel mehr für Peter als für mich, man hatte ihn dort bereits auf dem Schirm, wobei nicht ganz klar war, ob aufgrund seiner Geschichten in London oder wegen irgendwelcher Vergehen in den USA oder Jamaika. Ich dagegen war nichts weiter als ein Neuling. Wahrscheinlich wunderte man sich über mich und fragte sich, wieso sich diese junge weiße Mittelschichtengländerin mit einem Rasta eingelassen hatte. Die Polizei rief Peters Mutter an, die als Chefsekretärin in einem schicken Unternehmen in der Innenstadt arbeitete. Das war ganz bestimmt der letzte Anruf, den sie an dem Tag bei der Arbeit bekommen wollte. Aber sie verbürgte sich für uns und bestätigte, dass der Wagen nicht gestohlen war, dass wir ihn mit ihrem Einverständnis fuhren. Wir wurden über Nacht in den Zellen festgehalten und am nächsten Tag wieder auf freien Fuß gesetzt. Im Großen und Ganzen wurden wir gut behandelt und konnten uns nicht beklagen, immerhin hatten wir ja mit dem Besitz von Marihuana gegen das Gesetz verstoßen. Die ganze Sache bestätigte mir allerdings, dass eine Gefängnisstrafe für mich unerträglich wäre. Sarah hatte ihre Inhaftierung in Großbritannien gut überstanden. Aber ich hatte damals gedacht und war mir dann in Miami ganz sicher, dass ich das niemals schaffen würde. Ich wusste sehr genau, wo meine Schmerzgrenze lag.

Der Zwischenfall führte jedenfalls nicht zu einem entspannteren Verhältnis zwischen mir und Peters Mutter. Ich glaube zwar nicht, dass sie mir die Schuld an der Sache gab, aber sie fand auf jeden Fall, dass ich nicht die richtige Frau für ihren Sohn sei. Dennoch stellte sie die nötige Kaution zur Verfügung, und ich glaube, irgendjemand musste eine Strafe zahlen, und damit war der Fall erledigt.

Wir kehrten relativ bald nach London zurück, aber da die Polizei immer noch hinter Peter her war, konnten wir nicht lange bleiben. Peter war jetzt stets auf der Flucht, um seiner Festnahme zu entgehen. Unsere Optionen schwanden. Peter wollte unbedingt zurück nach Jamaika, wo er ja aufgewachsen war und wo er sich zu Hause fühlte. Er packte seine Sachen und machte sich auf die Reise. Ich bereitete in den folgenden Monaten meine Auswanderung vor, während ich bei meinem Bruder und seiner Frau wohnte. Sie nahmen mich wirklich freundlich auf, aber es war trotzdem eine trostlose Zeit. Der Plan war, dass ich alles regeln und Peter dann in ein paar Monaten nach Jamaika folgen würde. Es hatte sich erneut jede Menge Chaos angesammelt, um das ich mich kümmern musste.

Ich brachte, so gut es ging, Ordnung in meine Finanzen und überwies das, was vom Verkauf meiner Wohnung übrig war, nach Jamaika. Das Geld würde reichen, um dort eine ganz ordentliche Bleibe für uns zu kaufen. Das zumindest war der Plan. Alles dauerte viel länger, als ich gedacht hatte, aber nach ein paar Monaten packte ich alle meine Sachen in einen schwarzen Koffer und flog nach Jamaika. Ich hatte nur ein Hinflugticket gekauft. Kein einziges Familienmitglied war am Londoner Flughafen, um mich zu verabschieden, und viele Jahre später erzählte meine Mutter mir, wie schrecklich sie sich gefühlt hatte, weil sie irgendwo in einer Orchesterprobe saß, während ihre Tochter für immer nach Kingston flog. Für mich war es Zeit, ein neues Leben anzufangen.

Als ich in Kingston landete, brauchte ich Ewigkeiten durch den Zoll. Es war ziemlich chaotisch, und da ich mit einem Touristenvisum einreiste, aber weder Rückflugticket noch einen festen Wohnsitz vorweisen konnte, wurde man wohl misstrauisch. Als ich endlich herauskam, hing ich immer noch der romantischen Vorstellung an, dass mein Mann mich nach der langen Trennung strahlend und mit offenen Armen in Empfang nehmen würde. Doch ich erkannte ihn kaum wieder. Ich war entsetzt. Er hatte sich seine wunderschönen Dreadlocks abgeschnitten. Er war körperlich komplett verwandelt. Keine Spur mehr von dem Selbstbewusstsein, das mir während des Entzugs Kraft und Zuversicht gegeben hatte. Stattdessen war er fahrig und nervös. Sah ausgezehrt aus. Er freute sich offenkundig nicht, mich zu sehen, und sah mir kaum in die Augen, als er mich begrüßte und zu einem alten, zerbeulten Taxi brachte. Als wir uns vom Flughafen entfernten, fielen mir ein paar kleine Flugzeuge am Straßenrand auf, die offenbar abgeschossen worden waren. Mit ihnen waren Drogen geschmuggelt worden, und man hatte sie abgefangen, als sie überwachten Luftraum erreichten. Das hinterließ mächtig Eindruck bei mir, ich hatte das Gefühl, sie würden die Gefahr und Unsicherheit verkörpern, in die ich mich aus freien Stücken begab. Als seien sie ein Zeichen für die Schwierigkeiten, mit denen dieses armutsgeplagte Land kämpfte.

Peter hatte eine Bleibe für uns suchen sollen, und ich dachte, dahin würden wir jetzt fahren. In meinem Koffer hatte ich mehrere Sachen für unser neues Zuhause, und ich freute mich schon die ganze Zeit darauf, sie auszupacken. Doch das Taxi brachte uns zu einem weitläufigen, teuren Hotel in der Stadtmitte. Wir checkten ein und gingen hoch in unser Zimmer. Wir hatten seit meiner Ankunft kaum ein Wort gewechselt, und nach nicht einmal einer Stunde verließ Peter das Hotel und nahm alles Bargeld mit, das ich bei mir hatte. Er sagte, er müsste was abholen und wäre bald wieder da. Da war es bereits relativ spät am Abend. Ich wartete und wartete. Kein Peter. Ich wartete bis nach Mitternacht. Immer noch kein Peter. Ich bekam es mit der Angst. Ich war allein in einem fremden Land, in dem ich niemanden kannte, und ich hatte keine Ahnung, wie die Dinge dort funktionierten. In der Hoffnung, ihn dort zu finden, ging ich in den Hotelgarten. Weitere Stunden verstrichen. Verständlicherweise wurde der Sicherheitsmitarbeiter des Hotels auf mich aufmerksam und wunderte sich, warum ich um drei Uhr morgens dort auf und ab ging. Aus Angst versteckte ich mich im Gebüsch. Wartete weiter. Irgendetwas stimmte nicht, so viel war klar. Ich verbrachte mehrere Stunden dort zusammengekauert wie ein Tier, dessen Instinkt ihm sagt, dass Gefahr droht und dass es sich in Sicherheit bringen soll.

Nach ungefähr vierundzwanzig Stunden kehrte Peter zurück. Er sah noch ungepflegter aus als am Flughafen. Ich wollte wissen, was passiert und wo er gewesen war. Er sagte, er hätte die ganze Nacht in einer Gefängniszelle verbracht. Ich hatte keine Ahnung, ob das stimmte, aber es klang plausibel. Es wäre nicht das erste Mal gewesen.

Mir war klar, dass wir in Schwierigkeiten steckten, aber im Laufe der nächsten beiden Tage wurde deutlich, dass die Situation noch viel schlimmer war, als ich mir hatte vorstellen können. Wie sich herausstellte, war der Großteil des Geldes, von dem wir uns ein Haus oder eine Wohnung kaufen wollten, weg – aufgebraucht. Nach Jamaika zurückgekehrt, hatte Peter angefangen, Crack zu rauchen, obwohl er sich vorher nie für diese Droge interessiert hatte. Immerhin war das der Stoff gewesen, von dem er mich gerettet hatte. Binnen weniger Wochen war er süchtig geworden. Mein Retter war selbst zum Crack-Junkie geworden. Seine Sucht war so ausgeprägt, dass er praktisch alles, was er besaß, verkauft hatte, um Nachschub beschaffen zu können. Er hatte seine Klamotten verkauft. Fast alle seine Sachen. Sogar seine Haare. Psychisch war er total am Ende. Von meinem Peter, wie ich ihn kannte, war nichts mehr übrig.

In den ersten Wochen bemühte ich mich sehr, Peter auf seinem Abstieg nicht zu folgen. Ich hatte wirklich geglaubt, dass ich in Jamaika ein neues Leben mit meinem Mann beginnen würde. Aber jetzt hatte ich den Boden unter den Füßen verloren. Ich dachte, seit meinen Begegnungen mit dem vor Wut rasenden Jimmy in Brixton hätte ich gewusst, was es hieß, Angst zu haben. Aber jetzt lernte ich eine völlig neue Dimension von Angst kennen.

Angst ist ein seltsames Phänomen. Jedes Mal wenn ich in meinem Leben dachte, ich hätte die Grenzen dessen erreicht, was ich ertragen konnte, wurde ich vor neue Herausforderungen gestellt. Kingston konnte in den 1980er Jahren ein ziemlich beängstigender Ort sein. In Jamaika gab es längst nicht die Infrastruktur, die für uns so selbstverständlich ist. Zwischen Arm und Reich tat sich eine riesige Kluft auf, eine Mittelschicht gab es nicht. In der Stadt regierten Gangster, so genannte *yardies*. Regeln gab es keine – außer der, dass es keine gab. Gewalt war an der Tagesordnung. Bei Zusammenstößen zwischen unterschiedlichen Gangs waren Messerstechereien und Morde nicht unüblich. Die Gangs hatten den Drogenhandel in der Hand, und darum steckte Peter irgendwann mittendrin in diesem ganzen Horror.

Crack wirkt bei jedem anders. Die Wirkung, die es auf Peter hatte, war entsetzlich. Er wurde komplett psychotisch. Manchmal auch gewalttätig. Dann wieder ganz ruhig, hin und wieder war er so charmant wie früher. Dann, wenn er langsam die nächste Pfeife brauchte, veränderte er sich wieder. Mir war, als würde ich mit Dr. Jekyll und Mr. Hyde leben. Er war unberechenbar, wütend und gelegentlich übergriffig. Einige Wochen hielt ich daran fest, dass ich nicht zum Crack zurückkehren wollte. Aber es gab auch keine Möglichkeiten, an Hilfe oder Unterstützung gegen die Drogen zu kommen. Irgendwie konnte ich einen Arzt ausfindig machen, der uns beiden Valium verschrieb, ein Sedativum, das uns beruhigen sollte. Aber ich weiß noch, dass ich nur mehr Angst bekam angesichts dessen, was um uns herum passierte.

Es fällt mir schwer zu sagen, wann genau ich den Versuch, clean zu bleiben, aufgab. Ich weiß, dass ich mein Bestes versucht habe. Nur wenige Wochen nach meiner Ankunft in Jamaika schwebte ich in großer Gefahr, und ich wusste einfach nicht, wie ich damit umgehen sollte. Peter war für mich unerreichbar, und was zwischen uns mal Positives gewesen war, gab es nicht mehr, die Sucht hatte es zerstört. Der Peter, den ich aus London kannte, war weg, kein Fitzelchen war mehr von ihm übrig. Wir zogen von einem

Hotel ins andere, ein jedes schlimmer als das letzte, immer weiter draußen. Aber Peter zu verlieren bestürzte mich mehr als alles andere. Ich war nicht stark genug, um der Anziehungskraft der Droge zu widerstehen, von der ich mich nur Monate zuvor unter größten Strapazen gelöst hatte. Ich vermute, ich hatte nur zwei Möglichkeiten: nach London zurückkehren oder mitmachen. Der Stoff war verlockender als die Konfrontation mit der bitteren Realität. Ich knickte ein und griff wieder zu. Wir waren ein Junkie-Paar.

Crack ist eine grausame Droge, man wird zu ihrer Geisel und verliert schon bald jede Würde. Dass wir zusammen konsumierten, bescherte uns keine einzige angenehme Erfahrung. Es wurde zu einem kompletten Desaster. Früher hatten wir uns immer wieder gesagt, was uns am anderen gut gefiel, doch schon bald gingen wir dazu über, gegenseitig unsere schlechten Seiten zu verstärken. Wir rutschten immer weiter ab. Wir hatten kein Dach über dem Kopf. Jegliches Geld wurde für Drogen ausgegeben, sodass wir uns nicht einmal mehr die billigsten Hotels leisten konnten. Wir vagabundierten umher. Manchmal kamen wir für eine Weile bei Bekannten unter, in Nebengebäuden, in denen die Hausangestellten wohnten. Ein Zuhause hatten wir nicht. Essen wurde in unserem Leben immer seltener. Ich hatte oft Hunger. Einmal fand ich mehrere Tage alte Reste einer Pizza in der Küche. Sie sah widerlich aus, aber ich war so ausgehungert, dass ich sie aß. Hin und wieder gab es Tage, die wie eine Verschnaufpause waren, an denen wir ein klein wenig normal denken und handeln konnten. Aber am nächsten Tag waren wir wieder ganz normale Junkies. Wir trieben einander in den Wahnsinn.

Unsere Existenz drehte sich ums nackte Überleben. So langsam glaubte ich, ich sei ein schlechter Mensch, und fragte mich, warum mein Leben ständig so furchtbar war. Hatte ich mir den falschen Mann ausgesucht? Oder lag es an mir? War ich es, die alle anderen mit sich herunterzog? Das war etwas, worüber ich mit Peter nicht reden konnte. Er war derartig jenseits von Gut und Böse, dass ich mit ihm nicht über derlei Dinge sprechen konnte. Es war, als habe sich mein Held in meinen Peiniger verwandelt. Ich fühlte mich gefangen, wusste aber nicht, von wem. Von Peter oder vom Crack?

Peter hatte immer noch Familie in Jamaika. Seine Schwester lebte dort, einige Cousins und Cousinen sowie ein Onkel und eine Tante. Die Familie war relativ wohlhabend. Keiner von ihnen konnte etwas gegen Peters Sucht tun, auch wenn sie sicher alle entsetzt darüber waren. Wenn sie versuchten zu helfen, ignorierten wir sie. Oder wir versteckten uns. Einmal, als seine Schwester zu Besuch kam, verkrochen wir uns in einem Schrank. Es klingt absurd, aber wir wollten sie nicht sehen, und sie war wahrscheinlich erleichtert, uns nicht zu finden.

Peters Onkel hatte eine Haushälterin. Sie hieß Prudence und war immer sehr freundlich zu mir. Prudence beobachtete meinen Abstieg und war bestürzt angesichts dessen, was passierte. Sie sah meine Platzwunden und blauen Flecke, nachdem Peter gewalttätig gewesen war. Einmal versuchte sie, dazwischenzugehen, als Peter mit einer zerbrochenen Flasche nach mir ausholte. Mehrmals nahm sie mich beiseite, um mir zu helfen, mich zu beruhigen und mich wiederherzurichten. Ich weinte, aber sie ließ mich immer ausreden. Sie war der einzige Mensch, der wirklich nett zu mir war. Sie war eine Konstante. Die anderen Verwandten hatten mich zunächst freundlich auf Jamaika empfangen. Irgendwie hatten sie in mir Peters Retterin gesehen. Aber das änderte sich schnell, und schon bald wollte uns niemand von ihnen mehr bei sich zu Hause sehen. Prudence war die Einzige, die sich stets zugewandt und besorgt zeigte. Aber Jamaika war kein freundlicher Ort und ganz gewiss keiner, an dem man allein gelassen werden sollte.

Wie schon einige Monate zuvor in Brixton beschlich mich der Gedanke, dass ich das nicht mehr lange überleben würde. Aber ich wollte nicht sterben, nicht hier und ganz sicher nicht jetzt. Akute Paranoia ist eine der Nebenwirkungen des Konsums, und sie lässt einen nicht mehr los. Die Vorstellung, in den widerlichen Umständen zu sterben, in die sich mein Leben verwandelt hatte, entsetzte mich. Wie waren beide totale Wracks. Das ganze Geld, das ich aus Großbritannien mitgebracht hatte und von dem wir ein neues Leben anfangen wollten, war weg. Peter wollte mich nicht. Da wir kein Geld hatten, verkauften wir auch unsere allerletzte Habe. Bis schließlich der Dealer meinen Pass als Sicherheit verlangte. Ich fühlte mich wie ein Tier in der Falle, und Peter, einst mein Retter, war jetzt mein sadistischer Wärter. Es war mein absoluter Tiefpunkt.

Alles drehte sich nur noch ums Überleben. Glücklicherweise durfte ich einen Anruf tätigen. Per R-Gespräch rief ich meine Mutter in London an. Sie muss schnell begriffen haben, wie desolat meine Situation war. Sie machte glasklare Ansagen. Da ich kein Rückflugticket nach London hatte, bot sie an, das zu übernehmen. Sie erklärte sich auch einverstanden, mir genug Geld zu überweisen, um die Schulden beim Dealer zu bezahlen und meinen Pass auszulösen. Das alles knüpfte sie an eine Bedingung. Nämlich, dass ich mich, sobald ich zurück in England war, in eine Entzugsklinik begab. Ich war nicht in der Position, mit ihr zu streiten, und akzeptierte ihre Forderungen. Natürlich war ich unendlich erleichtert und dankbar. Und so kam es dann. Ich fuhr zum Flughafen Kingston, und setzte mich, gesundheitlich ruiniert, seelisch am Ende und restlos pleite wie ich war, in einen Flieger zurück nach London. Peter sah ich nie wieder.

4
Genesung

Liebe Großeltern,

nach dem schmerzhaften Abschied von euch, nach eurer Deportation von Breslau, versuchten eure beiden Töchter, so normal wie möglich weiterzuleben. Das heißt, innerhalb der engen und schmerzhaften Grenzen, die Juden im Dritten Reich gesetzt wurden. Renate und meine Mutter gingen jeden Morgen sehr früh in die Papierfabrik und kamen spätabends zurück. An Essen heranzukommen war schwierig, weil Juden nur zu bestimmten Zeiten einkaufen durften. Es gelang ihnen, in der Papierfabrik ein paar Reisemarken zu stehlen, die nicht speziell für Juden waren, was ihre Lage etwas entspannte. Es war nicht ganz ungefährlich, diese Marken zu benutzen, da derartiger Missbrauch drakonisch bestraft wurde, aber sie hatten keine Wahl. In der Regel war es Renate, die einkaufen ging, weil sie weniger jüdisch aussah als meine Mutter. Die Großmutter der beiden, also deine Mutter, Großvater, wurde mit ihnen in der Wohnung ihrer Tante und ihres Onkels einquartiert. Die alte Dame war zweiundachtzig und verstand nicht recht, was vor sich ging. Und dann wurde auch sie deportiert. Meine Mutter brachte sie zum Sammelplatz, einem Schulhof. Mit einem Säckchen mit ihren diversen Medikamenten um den Hals muss sie einen traurigen Anblick geboten haben. Ein Gestapomann saß an einem Tisch und rief die Namen auf. Als er »Lasker« rief, setzte meine

Urgroßmutter sich in Bewegung, blieb vor dem Tisch stehen, sah dem Gestapomann in die Augen und sagte spitz: »Frau *Lasker*.« Meine Mutter dachte, er würde aufstehen und sie schlagen, aber erstaunlicherweise sah er auf und korrigierte sich: »Frau *Lasker*.« Diese Anekdote erfüllt mich mit Stolz auf meine Urgroßmutter, die so aufrecht ihrem Schicksal begegnete. Die Würde der Laskers konnte in solchen Extremsituationen überleben.

Nachdem Onkel und Tante, Mutter und Vater und nun auch ihre Großmutter weg war, muss es für die beiden Mädchen gespenstisch gewesen sein, abends in die leere Wohnung zu kommen, zumal manche Räume von der Gestapo versiegelt worden waren. Es dauerte nicht lange, da wurden meine Mutter und ihre Schwester, beide minderjährig, in ein Waisenhaus geschickt. Sie hatten sich dem, solange es ging, entzogen, weil sie glaubten, so das bisschen Freiheit zu verlieren, das sie noch hatten. Ein Irrglaube, denn es war eine große Erleichterung, jeden Morgen einen Teller schlichtes Essen zu bekommen und die Abende nicht damit verbringen zu müssen, überhaupt erst Essbares zu beschaffen.

Anita und Renate hatten sich einen Fluchtplan aus Breslau zurechtgelegt. In der Fabrik arbeiteten einige französische Kriegsgefangene. Da die Mädchen zu Hause Französisch gelernt hatten, konnten meine Mutter und ihre Schwester sich durch ein winziges Loch in der Toilettenwand mit den Franzosen verständigen. Sie schafften es, an zwei Urlaubsscheine für französische Zivilarbeiter heranzukommen, die in Frankreich Urlaub machen wollten. Mit deiner alten Schreibmaschine, Großvater, füllten sie die Scheine mit Frakturschrift aus und gaben sich falsche Namen. Die Scheine wurden wieder den französischen Kriegsgefangenen zugespielt, die irgendwie einen offiziellen Stempel darauf fälschten und sie den Mädchen zurückgaben.

Am Tag ihrer geplanten Flucht gingen sie nicht zur Arbeit, sondern zu euren alten Freunden Werner und Ruth, die bei der Planung der Flucht geholfen hatten. Ihre Ehe war eine gemischte – arischer Mann und jüdische Frau –, was nach den bizarren Nazi-Gesetzen noch akzeptabel war (umgekehrt nicht). Meine Mutter und Renate hatten geplant, die Flucht alleine anzutreten, aber Werner und Ruth bestanden darauf, sie zum Bahnhof zu bringen, von wo am späten Nachmittag ein Zug nach Paris fuhr. Die beiden Mädchen hatten keine Ahnung, was sie in Paris machen würden, aber die Aussichten dort schienen besser als in Breslau. Nervös betraten sie den Bahnsteig, an dem der Zug nach Paris wartete. Sie machten sich daran, ihr Gepäck im Zug zu verstauen. Meine Mutter trat noch einmal zurück auf den Bahnsteig, um sich von Werner und Ruth zu verabschieden. Dann tauchte plötzlich eine Gruppe zivilgekleideter Männer auf und stürzte sich auf sie. Meine Mutter hörte das gefürchtete Wort »Gestapo«. Sie und ihre Freunde wurden noch auf dem Bahnsteig festgenommen. Meine Mutter hoffte, dass Renate, die noch im Zug war, davonkommen würde, aber nein. Die Gestapomänner zerrten sie aus dem Waggon und brachten sie alle vier zur Bahnhofspolizei. Wie sich herausstellte, hatte die Gestapo sie bereits wochenlang observiert und über ihren Fluchtplan Bescheid gewusst.

Vollkommen niedergeschlagen, saßen Renate, meine Mutter und die beiden Freunde auf der Polizeiwache. Sofort stellten sie sich den vor ihnen liegenden Horror vor – ein Verhör durch die Gestapo, möglicherweise begleitet von Folter. In Nazi-Deutschland kursierten reichlich Gerüchte über den Einsatz von Gewalt durch die Gestapo. Vor einiger Zeit hatte ein Freund meiner Mutter ein kleines Fläschchen Zyankali geschenkt – für den Notfall. Das war nicht so verrückt, wie es klingt, denn offenbar hatten sich seinerzeit viele mit Zyankali ausgestattet für den Fall, dass sie festgenommen oder gefoltert würden. Wie meine Mutter sagt, war das damals fast schon »Mode«. Sie hatte das Fläschchen nach einer Deportation zurückgegeben, aber kurz vor ihrer geplanten Flucht wiederbekommen. Sie versteckte es in ihrem Strumpf. Leise flüsterten Renate und meine Mutter einander zu, dass die Zukunft so finster aussah, dass es nun an der Zeit war, diesen letzten verzweifelten Schritt zu gehen. Kurz bevor sie durch die Dunkelheit Richtung Gestapohauptquartier abgeführt wurden, teilten meine Mutter und ihre Schwester das Zyankali untereinander auf. Unterwegs zählten sie: »Eins. Zwei. Drei ...«

Sie schluckten das Pulver, doch zu ihrem Erstaunen passierte nichts. Offenbar hatte der Freund, der ihnen das Fläschchen gegeben hatte, das Zyankali mit Puderzucker ausgetauscht. Meine Mutter sagt, sie sei im Angesicht des Todes so schwach gewesen und habe nur darauf gewartet, zusammenzubrechen. Stattdessen marschierte sie weiter Richtung Gestapohauptquartier. Sie waren benommen, einerseits erleichtert, noch am Leben zu sein, andererseits gelähmt vor Angst vor dem, was sie erwartete.

An jenem Abend wurden sie zu dem großen roten Backsteinbau in der Stadtmitte gebracht, der festungsgleichen Haftanstalt namens Graupe. Du bist vielleicht mal aus dienstlichen Gründen dort gewesen, Großvater, aber ich bin mir sicher, dass du, Großmutter, nie einen Grund hattest, dich diesem Ort zu nähern. Für meine sechzehnjährige Mutter und die nur zwei Jahre ältere Renate muss es entsetzlich gewesen sein, dort eingesperrt zu werden. Meine Mutter sagt, sie kann sich immer noch an den Augenblick erinnern, in dem sie in eine winzige Zelle gesteckt wurden und hörten, wie sich die Schlüssel im Schloss hinter ihnen drehten. Wenige Tage später wurden sie in eine Zelle verlegt, die ausschließlich Jüdinnen vorbehalten war. Ursprünglich war die zur Belegung eincr Person gebaut worden. Das Gefängnis war überfüllt, man befand sich im Krieg, und sie waren nun zu viert darin. Es gab ein Bett und drei Matratzen, die jeden Morgen beiseitegeräumt werden mussten. Für die Notdurft stand in der Zellenecke ein Eimer – der »Kübel«. Essen gab es kaum, und zum ersten Mal erlebte meine Mutter

wahren Hunger. Es stank, und die Zeit zog sich ganz fürchterlich.
Durch ein winziges Fenster ganz oben in einer Zellenwand konnte
man die Turmuhr des Gefängnisses sehen. Meine Mutter kletterte
hundert Mal am Tag da hoch, um auf die Uhr zu schauen.

Zu ihrer eigenen Überraschung gewöhnten sich meine Mutter
und Renate an das stark reglementierte Leben im Gefängnis. Der
Mensch kann sich an fast alles gewöhnen, wie die beiden bewiesen.
Sie teilten sich die Zelle mit einer älteren tschechischen Dame, und
bald stieß auch noch Hanne-Rose dazu, ein Mädchen aus dem
Waisenhaus, dessen einziges Verbrechen darin bestand, dort ein
Zimmer mit Anita und Renate geteilt zu haben. Die Gestapo hielt
sie für eine Komplizin. Zu ihrer großen Erleichterung wurden
meine Mutter und ihre Schwester nicht voneinander getrennt. Sie
durften die Zelle teilen, und das Band zwischen ihnen wurde immer
stärker.

Das gefürchtete Verhör durch die Gestapo fand nie statt. Zwar
wurden ihnen ein paar Fragen gestellt, aber die Beamten der Ge-
heimpolizei interessierten sich anscheinend mehr für den Verbleib
des einen Koffers, der im Zug nach Paris geblieben war, als für die
Einzelheiten des fehlgeschlagenen Fluchtplans. Erstaunlicherweise wurde meiner Mutter der Koffer nach mehreren Monaten
wieder ausgehändigt. Ganz Europa befand sich im Krieg, aber die
Gestapo hatte den Koffer ausfindig gemacht, der aus Versehen im
Zug nach Paris geblieben war, und ihn seiner Eigentümerin zu-
geführt.

In den nächsten Monaten also gewöhnten sich eure Töchter an
Hungerschmerz und die stumpfe Langeweile im Gefängnis. Irgendwann gab man ihnen etwas zu tun, aber sie mussten dafür in ihrer
Zelle bleiben, um die Mithäftlinge nicht »anzustecken«. Sie wurden
angewiesen, Spielzeugsoldaten anzumalen, eine sehr mühselige
Arbeit, aber immerhin erforderte sie Konzentration, und das half
dabei, die Stunden und Tage totzuschlagen. Das Mädchen, das

ihnen die Soldaten brachte und sie wieder abholte, wurde so etwas wie eine Freundin. Sie war die einzige Verbindung zur Außenwelt und schmuggelte hin und wieder etwas Brot in die Zelle, manchmal einen Zettel mit ein paar aufmunternden Zeilen oder gar ein Stück von dem Kuchen, den ihre Mutter gebacken hatte. Diese Gesten bedeuteten euren Töchtern sehr viel.

Großvater, du hättest sicher von den Spannungen gewusst, die zwischen den deutschen Justizbehörden und dem Machtapparat der Nazis herrschten. Die deutsche Justiz erhielt weiter den Anschein aufrecht, unabhängig zu sein. Irgendwann wurde entschieden, dass Anita und Renate nicht mehr in den Verantwortungsbereich der Gestapo fielen und dass ihnen wegen »Urkundenfälschung, Feindesbeihilfe und Fluchtversuch« der Prozess gemacht werden sollte. Ab September 1942 gingen einige Monate ins Land, bevor die Verhandlungen im Juni 1943 begannen. Renate erinnert sich gut an diese Zeit und hat erzählt, dass außer ihnen beiden noch zwei weitere Häftlinge vor Gericht gestellt wurden: Ruth, die ebenfalls am Bahnhof festgenommen worden war, und Hanne-Rose aus dem Waisenhaus. Das Ganze war natürlich, wie dir mehr als klar gewesen wäre, Großvater, eine große Farce. Der Verteidiger glänzte durch Abwesenheit. Er muss gewusst haben, dass die Verteidigung zweier jüdischer Mädchen und deren Komplizinnen seiner Karriere nicht guttun würde.

Ruth und Hanne-Rose wurden freigesprochen und aus der Haft entlassen. Aber auch das war Augenwischerei, denn kaum verließen die beiden das Gefängnis, wurden sie als Jüdinnen von der Gestapo festgesetzt und nach Auschwitz geschickt. Beide kamen dort zu Tode, und meine Mutter macht sich heute noch Vorwürfe, weil es ihr »Vergehen« war, das zu dem Tod der beiden geführt hatte. Ruths Mann Werner wurde ebenfalls nach Auschwitz geschickt, wo er tat, was er konnte, um so viele jüdische Häftlinge wie möglich zu retten. Er selbst überlebte, und es ist ein kleiner Trost, dass in

Yad Vashem, der Holocaust-Gedenkstätte in Jerusalem, zu seinem Gedächtnis ein Baum gepflanzt wurde und sein Name auf der Liste der Gerechten unter den Völkern *verzeichnet ist.*

Meine Mutter wurde zu achtzehn Monaten Haft verurteilt. Renate, die Ältere, wurde als Drahtzieherin des Fluchtplans betrachtet und zu dreieinhalb Jahren Arbeitslager verurteilt. Das waren natürlich erschreckende Strafen, aber sowohl meine Mutter als auch Renate kannten die Geschichten über die Gaskammern in Auschwitz und waren erleichtert, weil ihre Haftstrafen sie einstweilig vor den Konzentrationslagern bewahrten. Vielleicht, trösteten sie einander, war der Krieg bis zum Ende ihrer Strafen vorbei.

Aber ihre Erleichterung währte nicht lange. Als sie in die Graupe zurückkehrten, wurde Renate eröffnet, dass sie ihre Haftstrafe in einem anderen Gefängnis in Jauer verbüßen sollte. Und so endet auch dieser Brief mit einem schmerzhaften Abschied. Renate packte ihre spärlichen Sachen. Sie umarmte ihre Schwester, die beiden lagen sich lange in den Armen, Tränen liefen ihnen über die Wangen. Wie üblich im Gefängnis, musste alles »schnell, schnell« gehen. Sie wurden von zwei Wachen auseinandergerissen, und Renate wurde abgeführt.

Ich kann mir nicht vorstellen, was in den beiden vorgegangen sein muss. Nachdem sie so viel gemeinsam durchgemacht hatten, jetzt auf einmal ohne die Unterstützung, Ermutigung und Liebe dazustehen, die die jeweils andere ihnen gegeben hatte, muss niederschmetternd gewesen sein. Sie waren sich sicher, dass sie sich nie wiedersehen würden.

Und wieder kann ich an dieser Stelle nicht weiterschreiben.

In Liebe,

Maya

Als ich in Heathrow landete, ging es mir schlecht, ich war verwirrt und ich schämte mich. Ich hatte keine Koffer dabei, nur etwas Handgepäck und das, was ich am Leib trug. Meine Mutter holte mich ab. Sie hatte sich einige Jahre zuvor den *Families Anonymous* angeschlossen, einer Organisation, die Eltern von drogensüchtigen Kindern beriet. Sie hatte das als eine große Hilfe empfunden und viele andere Eltern und andere Angehörige in ähnlichen Situationen kennengelernt. Sie hatte erfahren, dass Drogensucht Menschen jeglicher Herkunft treffen konnte, Reich wie Arm, aus allen Schichten. Sie hatte während meiner Abwesenheit ihre Hausaufgaben gemacht und meine Rehabilitation geplant. Als ich die Ankunftshalle des Flughafens betrat, begrüßten wir uns kurz, und ich war zutiefst erleichtert, sie zu sehen. Sie erklärte, dass sie mich nicht mit zu sich nach Hause nehmen könne. Mein Vater wäre restlos schockiert und empört gewesen, mich so zu sehen. Und ich hätte sein empfindliches Gleichgewicht gestört. Stattdessen brachte sie mich zu meinem Bruder in Crystal Palace, wo ich auch vor meiner Ausreise nach Jamaika gewesen war. Raphael, Libby und ihre drei kleinen Kinder bereiteten mir einen Empfang, wie ich ihn mir für meine Rückkehr kaum zu erhoffen gewagt hatte.

Am nächsten Morgen holte meine Mutter mich mit dem Auto ab. Wir fuhren eine ganze Weile, aus London hinaus und durch Wiltshire in Südengland. Die Straßen wurden immer schmaler, bis wir uns über typische englische Landstraßen mit hohen Hecken zu beiden Seiten durch wogende Hügel und pittoreske Dörfer schlängelten. Schließlich erreichten wir East Knoyle, einen winzigen Weiler, der von einem prachtvollen Gebäude namens

Clouds House dominiert wurde. Anfang des 20. Jahrhunderts trafen sich dort an den Wochenenden Künstler und Politiker und feierten Landhauspartys, im Zeitalter Eduards VII. zogen sich die Londoner Reichen und Berühmten gerne dorthin zurück, um unter sich zu sein. Es war nicht einfach nur vornehm, es war durch und durch britisch. Inmitten idyllischer, wunderschöner Landschaft war Clouds House auf den ersten Blick beeindruckend. Seit den früher 1980er Jahren befindet sich in den Räumlichkeiten ein Rehabilitationszentrum für Drogen- und Alkoholkranke. Es gelangte zu trauriger Berühmtheit, als weltbekannte Rockstars, Schauspieler und Angehörige der Aristokratie sich dort hatten behandeln lassen, aber davon wusste ich zu dem Zeitpunkt nichts. Meine Mutter hatte Clouds House für mich und meinen Entzug ausgesucht. Sie dachte, ich würde da reinpassen. Ich hatte keine Ahnung, was mich erwartete.

Kaum hatten wir das riesige Portal durchschritten, wurden meine Mutter und ich gebeten, in einem ziemlich kargen Wartezimmer Platz zu nehmen. Ich war enorm erleichtert, dort zu sein. Mit jedem Neuankömmling wurde ein ausführliches Aufnahmegespräch geführt, und als ich aufgerufen wurde, musste meine Mutter gehen. Ich war so mit der Frage beschäftigt, was als Nächstes passieren würde, dass ich mich kaum von ihr verabschiedete; aber ich weiß, dass sie mich nun in guten Händen hoffte. Im Rahmen des Aufnahmegesprächs musste ich meine gesamte Drogenkarriere erzählen. Dann fand eine Leibesvisitation statt, und alles, was ich dabeihatte, wurde sehr genau untersucht. Es gab eine lange Liste von Dingen, die man nicht mit nach Clouds House bringen durfte, unter anderem alles, was auch nur im Entferntesten als Stimulanzmittel dienen könnte, etwa Mundwasser und Parfum, Aftershave und Nagellackentferner. Suchtkranke sind nicht wählerisch, wenn die Entzugserscheinungen einsetzen. Bücher, Zeitungen, Zeitschriften, Walkman waren ebenfalls verboten. Nichts sollte einen von dem primären Anliegen des Aufenthalts ablenken. Es folgte eine ärztliche Untersuchung, auf deren Grundlage entschieden wurde, welche Art der Entgiftung am geeignetsten erschien. Nach dieser ziemlich langen Prozedur wurde einem ein Zimmer oder ein Schlafsaal zugewiesen. An der Stelle endete das schicke Landhaus, und die moderne Klinik begann.

Die ersten beiden Nächte verbrachte ich direkt neben dem Schwesternzimmer, das war ganz normal bei neuen Patienten, damit man sie im Auge behalten konnte. Schon bald wurde ich in meinen Schlafsaal mit sechs Betten verlegt. Privatsphäre gab es nicht, und das war genau der Punkt. Wir alle waren unter konstanter Beobachtung. Die Therapie setzte auf eine Gemeinschaft, in der alles gemeinsam gemacht wurde. So etwas hatte ich noch nie erlebt, und es ging eine unglaubliche Intensität davon aus, eine Atmosphäre der Entschlossenheit, die mich sehr beeindruckte. Aber es war von Anfang an klar, dass das kein Ferienlager war und dass wir alle aus einem Grund da waren: Wir wollten unser Leben retten. Mir gefiel die Atmosphäre dort die meiste Zeit, mit der Strenge und Ordnung fühlte ich mich wohl. Nachdem mein Leben so lange so chaotisch gewesen war, genoss ich es regelrecht, gesagt zu bekommen, was ich zu tun hatte. Ich war wirklich erleichtert und froh, dort zu sein. Es kam gar nicht so selten vor, dass sich Patienten der Behandlung entzogen, aber ich war nicht im Entferntesten daran interessiert abzuhauen.

Der Tag begann um 6.30 Uhr und war gut gefüllt. Wir waren 80 bis 100 Patienten, aufgeteilt in Gruppen. Jeder hatte eine bestimmte Aufgabe, die sogenannte therapeutische Pflicht – der eine musste morgens die Weckglocke betätigen, der andere das Geschirr spülen und wieder ein anderer einen bestimmten Raum saubermachen. Wir alle trugen etwas zum Betrieb und zur Instandhaltung des Hauses bei. Wir standen früh auf, frühstückten gemeinsam und gingen dann in unsere Therapiegruppen, in denen auch viel geschrieben wurde. Clouds House folgte den Leitgedanken der Anonymen Alkoholiker, insbesondere dem Minnesota-Modell. Dieses basiert auf dem Prinzip der totalen Abstinenz, und zwar nicht nur von der Droge, von der man abhängig ist. Jegliche stimmungsverändernden Substanzen waren verboten, einschließlich Kaffee und Zucker. Die Methode orientiert sich am Zwölf-Schritte-Programm der Anonymen Alkoholiker, ausgearbeitet in den USA von einem Arzt und einem Handelsvertreter, die die Selbsthilfeorganisation in den 1930er Jahren gründeten.

Die beiden Gründer der AA werden innerhalb der Organisation »Dr. Bob« und »Bill W.« genannt. Sie waren beide chronische Alkoholiker, die mehrfach versucht hatten, dem Alkohol zu entsagen, aber nie eine wirksame Lösung gefunden hatten, bis sie sich kennenlernten. Sie waren so in ihr Gespräch vertieft gewesen, bis spät in die Nacht – und stellten irgendwann erstaunt fest, dass sie schon seit Stunden kein Verlangen nach einem Drink verspürt hatten, obwohl sie doch auch über Alkohol gesprochen hatten. Beiden Männern war klar, dass etwas sehr Bedeutsames zwischen ihnen passiert war, und sie wollten andere Alkoholiker daran teilhaben lassen. Sie stürzten sich mit großem, fast schon religiösem Eifer darauf, die Botschaft ihrer Heilung zu verbreiten. Sie wussten, wo sie zahlreiche Leidensgenossen finden konnten. Es dauerte nicht lange, bis sich in ganz Amerika Gruppen bildeten, die sich regelmäßig trafen, und schon bald wurde ein richtiger Verein daraus. Die Gründer erkannten die Notwendigkeit einer bestimmten Struktur bei den Treffen und entwickelten darum die Zwölf Schritte oder die Zwölf Traditionen der Anonymen Alkoholiker, die zur Grundlage von nachhaltiger Sucht- und Abstinenzbehandlung weltweit geworden sind. Sie glaubten – und Millionen anderer glauben das auch –, dass man sich nur dann auf Dauer von seiner Sucht befreien kann, wenn man vollkommen abstinent ist, alle zwölf Schritte durchläuft und regelmäßig an den Treffen teilnimmt.

Die wichtigste, wertvollste Erkenntnis der beiden Männer an jenem Abend war, wie sehr ein Alkoholiker einem anderen dabei helfen konnte, abstinent zu werden. Die Zwölf Schritte wurden im Laufe der Zeit von vielen anderen mit Alkoholismus, Drogenmissbrauch und diversen anderen Abhängigkeiten befassten Organisationen adaptiert. Die meisten Suchtkranken sind bei ihrer Ankunft in den Behandlungszentren völlig am Ende, viele leben am Rand der Gesellschaft. Darum ist gerade die Anfangsphase der Suchtbehandlung sehr stark durchstrukturiert. Wer nach Clouds House kam, wurde erst wieder von dort entlassen, wenn er die ersten fünf Schritte abgeschlossen hatte. Der erste und alles entscheidende Schritt besteht darin, zu erkennen, dass man seiner Abhängigkeit gegenüber machtlos ist und dass man sein Leben nicht mehr im Griff hat, mit anderen Worten, dass die Abhängigkeit einen besiegt hat. Manche finden diesen Schritt den schwierigsten von allen. Mir dagegen war sonnenklar, dass ich meiner Sucht vollkommen machtlos gegenüberstand und dass die Drogen selbstverständlich stärker waren als ich. Dafür gab es schließlich jede Menge Beweise, es fiel mir darum nicht schwer, das einzugestehen.

Kaum war die körperliche Entgiftung in Clouds House überstanden, sollte jeder seine Lebensgeschichte aufschreiben. Das war Teil der Selbstreflexion. Dann mussten wir unsere Geschichte den anderen vorlesen. Alles geht in der Gruppe vor sich, die sich aus Patienten in unterschiedlichen Genesungsphasen zusammensetzt. Meine Gruppe hieß Akron, nach der Stadt in Ohio, in der das allererste AA-Treffen stattfand. Es gab auch Einzeltherapiesitzungen, aber der Schwerpunkt lag auf Gruppengesprächen. Anfangs stellte ich in meiner Gruppe eine ziemlich geschwätzige Ergänzung dar, und ich muss wohl auch etwas gestört haben, offenbar konnte ich nicht gut zuhören. Ich musste mich dann genauso vorstellen wie alle anderen auch, der Reihe nach: »Ich heiße Maya, und ich bin süchtig.« Allerdings wurde mir demütigenderweise aufgetragen, stets noch ein paar zusätzliche Worte anzuhängen: »Ich heiße Maya, und ich bin süchtig. Ich muss lernen zuzuhören, und ich muss zuhören, um zu lernen.«

Wenn eine Gruppensitzung auf dem Plan stand, versammelten wir uns zur verabredeten Zeit und setzten uns in einen Kreis, manchmal bis zu sechzehn Patienten. Jeden Tag gab es drei bis vier unterschiedliche Gruppensitzungen, Therapiegruppen, Gruppen, die sich auf die Schritte konzentrierten, und Lebensgeschichtengruppen. Während wir auf unsere Betreuer warteten – fast alles Leute, die selbst die Zwölf Schritte durchlaufen hatten –, herrschte stets ehrfürchtiges Schweigen. Dieser Kreis aus so unterschiedlichen Menschen, viele von ihnen durchaus das, was man »privilegiert« nennt, wurde mucksmäuschenstill und sehr aufmerksam. Ich hatte beschlossen, nicht weiter aufzufallen und auf keinen Fall für Unruhe zu sorgen. Offenbar hatte ich mich ziemlich schnell von meiner jüngsten Lebensphase mit Peter in Jamaika distanziert. Sie kam in meiner Lebensgeschichte gar nicht vor, was eigentlich erstaunlich war, schließlich hatte ich Jamaika erst zwei Wochen zuvor verlassen. Ich schrieb meine Geschichte auf, und ich glaube, ich erwähnte Peter kein einziges Mal. Eine derartige Ausklammerung bestimmter Umstände ist als totale Abgrenzung vom Trauma zu verstehen. Diese Phase meines Lebens war einfach zu krude, zu beschämend und zu furchterregend gewesen, als dass ich davon hätte erzählen wollen. Die näheren Umstände meines Abstiegs zu erläutern und in einen Kontext einzuordnen war die notwendige Antwort auf mein zerstörtes Innenleben. Der Feind war in mir, er war keine äußere, bose Kraft wie die, die meine Mutter überlebt hatte. Das machte das Ganze für mich schwieriger und für meine Mutter umso schockierender. Es war unmöglich, der Tatsache ins Auge zu sehen, dass ich keinen Wert auf mein Leben legte, obwohl mein gesamtes Verhalten in den letzten Jahren Beweis genug dafür gewesen war. Im Rückblick weiß ich gar nicht, wie sehr das Auslassen bestimmter Teile meiner Geschichte bewusst geschah. Peter zu verschweigen und diese Phase meines Lebens aus meiner Geschichte zu tilgen, war zu dem Zeitpunkt überlebensnotwendig. Aber eine erfolgreiche Überlebensstrategie für die Zukunft konnte es wohl kaum sein.

Wenn man seine Lebensgeschichte fertig vorgelesen hatte, mussten alle anderen Kommentare dazu aufschreiben, wie sie einen wahrgenommen haben und was sie von der Geschichte halten. Diese Kommentare anderer Patienten wurden bei einem späteren Gruppentreffen vorgelesen. Ständig wurde man mit etwas Neuem konfrontiert. Ständig musste man sich konzentrieren, ständig musste man nachdenken, und zwar nicht nur über sich selbst, was schrecklich gewesen wäre, sondern auch über andere, und man musste sie und ihre Fortschritte beurteilen. Dennoch, es tat gut, dass die Tage so voll waren und man ununterbrochen unter Beobachtung stand. Und jeden Abend galt es einen Bogen auszufüllen und die wichtigen Ereignisse des Tages aufzulisten.

Als ich in Clouds House ankam, hatte ich im Wartezimmer einen hochgewachsenen Mann wahrgenommen. Er war eine auffällige Erscheinung und zog mein Interesse auf sich. In den Folgetagen sah ich ihn immer wieder, und ich wurde neugierig. Er war noch keiner Gruppe zugeteilt worden, weil es ihm noch nicht gut genug ging, darum sah ich ihn nur in der Nähe des Schwesternzimmers. Als er sich erhob, war er noch größer, als ich erwartet hatte, ein riesiger Kerl von fast zwei Metern. Ich erfuhr, dass er extrem krank war und seine Entgiftung ganz besonders kompliziert. Während meines Aufenthaltes in Clouds House wurde er zwei Mal ins Krankenhaus eingeliefert, weil man in der Entzugsklinik nicht gerüstet war für seine Probleme. Ich erfuhr, dass er Barney hieß, drogensüchtig war und Unmengen von Heroin konsumierte. Im Laufe der Zeit kam ich dahinter, dass er sich das Heroin an den unmöglichsten Stellen spritzte. Er war bereits in mehreren Entzugskliniken gewesen und jetzt in Clouds House gelandet, weil ihn keine andere Einrichtung mehr aufnehmen wollte. Er war am Ende. Gründe genug, ihn nicht attraktiv zu finden, aber ich hatte ihn schon bald ins Herz geschlossen. Ihm zu helfen wurde zu meiner persönlichen Mission in Clouds House.

Liebesbeziehungen sind in solchen Behandlungszentren strikt verboten, und das aus gutem Grund. Die Menschen dort sind extrem labil. Es wäre unsinnig, eine Abhängigkeit durch eine andere zu ersetzen. Aber natürlich kam das unter den Patienten trotzdem vor, und wenn die Mitarbeiter von Clouds House dahinterkamen, wurde man bestraft. Obwohl ich das alles wusste, konzentrierte ich mich schon bald nur noch auf die Herausforderung, Barney zu retten, und verlor meine eigene Genesung aus dem Blick. Es dauerte nicht lange und ich war süchtig nach diesem total kaputten Typen.

Mein Aufenthalt in Clouds House dauerte an. Ich verbrachte Weihnachten dort. Niemand kam zu Besuch. Der Rhythmus des Hauses bekam mir gut, und meine neue Identität einer Suchtkranken in Behandlung gab meinem Leben einen Sinn und einen Rahmen. Ich war gerne in Behandlung. Mir gefiel das mich umgebende Gemeinschaftsgefühl, und ich fühlte mich sicher. Das war eine neue Erfahrung für mich, denn ich hatte mich seit der Grundschule nicht mehr als Teil einer Gemeinschaft empfunden. Und ich hoffte, bei den anderen beliebt zu sein. Früher hatte ich oft durch Worte Eindruck bei Leuten schinden können, aber in Clouds House war das nicht so einfach, und ich wurde auch regelmäßig vorgeführt, wenn ich dummes Zeug geredet hatte. Das gefiel mir natürlich überhaupt nicht, aber mir wurde gesagt, es sei gut für mich, und ich bin mir sicher, das stimmte.

Die Aussicht, dass Drogen fortan in meinem Leben keine Rolle mehr spielen sollten, beflügelte mich, aber was die Hausregeln betraf, rebellierte ich immer mehr. Im Laufe der Wochen entwickelte sich meine Beziehung zu Barney. Seine Entgiftung gestaltete sich schwierig. Er hatte regelmäßig Anfälle und wurde ins Krankenhaus gebracht. Er war so kaputt, dass er schon seit Jahren an keiner Beziehung mehr hatte festhalten können. Er war anders als alle anderen, denen ich je begegnet war. Er war sehr britisch, hatte Privatschulen besucht, stammte aber aus einer dysfunktionalen Familie. Sein Vater, ein strammer Militär, hatte ihn verstoßen. Seine Mutter litt am Korsakow-Syndrom, einer Alkoholdemenz, die zu einem Totalverlust ihres Gedächtnisses führte. Sie lebte in einem Pflegeheim in London und erkannte nicht einmal mehr ihren eigenen Sohn. Barney war ein zauberhafter Mann, den die Drogen kaputtgemacht hatten, und auf mich wirkte er wie ein völlig zerstörter James Bond.

Ich habe keine Ahnung, was ich an Barney so anziehend fand, er war eigentlich nicht mein Typ, aber mit Vernunft hatte das wohl auch nicht viel zu tun. Ich vermute, dass ich mich zu ihm hingezogen fühlte, weil er noch kaputter war als ich selbst. Ich dachte, ich könnte dabei helfen, ihn zu heilen. Womit ich mich wiederum von mir selbst ablenkte. Immerhin hatte ich gerade erst meinen Ehemann in Jamaika verlassen und diesen Teil meines Lebens einfach ausgeblendet. Dadurch dass ich Barney half, half ich mir selbst dabei, weiterzumachen und mich nicht mit dem Chaos zu befassen, das hinter mir lag. Das Personal in Clouds House tat sein Bestes, damit sich zwischen uns nichts Engeres entwickelte. Vergeblich.

Barneys Behandlung dauerte länger als meine. Ich arbeitete mich durch die ersten der Zwölf Schritte. Das Programm ist häufig dafür kritisiert worden, dass es ein christlich inspirierter religiöser Prozess sei. Dies ist aber vor allem der US-amerikanischen Kultur geschuldet sowie den seinerzeit verbreiteten evangelikalen Bewegungen. Tatsächlich geht es um die Vorstellung von einer größeren Macht, die sich auf unterschiedliche Weise manifestieren kann, um zur Genesung beizutragen. Der wesentliche Ansatz des Zwölf-Schritte-Programms ist, die Drogen, die zum Zentrum der eigenen Existenz geworden sind, durch etwas anderes zu ersetzen. Was das ist, entscheidet jeder selbst. Für viele, und so auch für mich, wurde die Gruppe zu der größeren Macht, zu der Instanz, die weiser war als ich allein und die nur mein Bestes wollte. Besonderes Gewicht wurde auf die Schritte vier und fünf gelegt. In Schritt vier nimmt man eine gründliche und furchtlose Inventur seiner selbst vor. In Clouds House hieß das unter anderem, dass man eine Liste über alles anfertigte, was man in seinem Leben falsch gemacht hatte. Diese Liste ist bei vielen Leuten ganz schön lang.

Noch wichtiger war dann aber Schritt fünf, in dem man sich selbst und einem anderen Menschen gegenüber sein Fehlverhalten eingesteht. Clouds House lud dafür einen Priester oder einen anderen ordinierten Menschen ein, der einem die Beichte abnehmen konnte – denn das war es ja eigentlich. Ich beichtete einer Nonne. Ich mochte die Frau, und ich zog den Schritt so ehrlich durch, wie es mir möglich war. Ich habe auf jeden Fall Dinge weggelassen, aber trotzdem bedeutete dieser Schritt mir viel. Ich habe nicht versucht, ihn zu trivialisieren, im Gegenteil, für mich war das mit Ehrfurcht verbunden, man sollte gereinigt daraus hervorgehen, gewissermaßen neugeboren. Vielleicht funktioniert das bei anderen, aber ich war eigentlich vor allem erleichtert und hatte das Gefühl, mich durchgemogelt zu haben.

Nach acht Wochen und dem Abschluss von Schritt fünf war es für mich Zeit, Clouds House zu verlassen. Ich war sehr traurig darüber. Mich der Realität zu stellen, war nicht gerade eine verlockende Vorstellung. Alle Patienten, die Clouds House nach abgeschlossener Behandlung verließen, wurden mit einem Zeremoniell verabschiedet. Jeder sagte mir etwas Nettes, wies mich aber auch auf meine Schwächen hin. Diese Schwächen oder Bereiche, die besonderer Aufmerksamkeit bedurften, wurden auch in meinem Nachbetreuungsplan notiert, einem Dokument, das von mir selbst und einem Betreuer unterschrieben wurde. Mir wurde geraten, täglich an Treffen der Narcotics Anonymous teilzunehmen, mich einer Nachsorgegruppe am damaligen Chemical Dependency Centre anzuschließen und mich individuell betreuen zu lassen. Das waren wahrscheinlich Standardempfehlungen. In meinem Plan stand zusätzlich, ich solle mindestens ein Jahr lang möglichst keine romantischen Beziehungen eingehen. Ich hielt mich an alle Empfehlungen bis auf die letzte.

Mein Abschied von Clouds House war sehr bewegend. Ich hatte das Gefühl, jede Menge Freunde zurückzulassen, hielt dann aber außer zu Barney zu kaum jemandem Kontakt. Körperlich war ich deutlich robuster und geistig zumindest etwas stabiler als das Wrack, als das ich acht Wochen zuvor dort angekommen war.

Ein Schlüsselaspekt der ganzen Suchtbehandlung ist das sogenannte Familienprogramm. Das sieht vor, dass die Angehörigen des Patienten zu Besuch kommen und auch dem Personal begegnen, aber nicht nur, um über den Verlauf der Behandlung zu sprechen, sondern auch, um Überlegungen für die Zukunft anzustellen und dazu, wie der erfolgreiche Beginn nach der Entlassung weitergeführt werden kann. Trotz der langen Anfahrt kam meine Mutter zwei Mal zu diesen Gesprächen. Mein Vater kam nur einmal, und auch das nur sehr ungern. Er fühlte sich in der Klinikatmosphäre nicht wohl. Den Angehörigen wurden ein paar der Dinge erzählt, die man in der Gruppe gebeichtet hatte. Als ich Clouds House verließ, hatte ich kein Zuhause, in das ich zurückkehren konnte, überhaupt hatte ich kein Dach über dem Kopf. Ich durfte wieder bei meinem Bruder Raphael, seiner Frau Libby und ihren drei kleinen Kindern unterkommen. Ich mochte sie alle sehr und fühlte mich bei ihnen durchaus ein bisschen zu Hause.

Als ich in Clouds House ankam, hatte ich einen schwarzen Aktenkoffer bei mir. Er sah wahnsinnig offiziell aus, mit Zahlenschlössern, und ich hatte ihn schon ziemlich lange. Ich hatte ihn mit mir herumgetragen, als ich kriminell unterwegs war, weil ich dachte, damit würde ich respektabel aussehen. Normalerweise wurde in Clouds House alles gründlich überprüft, aber seltsamerweise hatte nie jemand einen Blick in diesen Koffer geworfen. In ihm befand sich alles, wofür in Clouds House kein Platz gewesen war. Drogen und gestohlene Scheckhefte aus der schlechten alten Zeit. Erschrocken warf ich die Drogen weg. Ich brauchte sie nicht mehr. Die Scheckhefte hob ich auf, für alle Fälle. Doch als ich Clouds House hinter mir gelassen hatte, konnte ich sie nicht mehr benutzen. Ein einziges Mal habe ich es versucht, und das reichte schon, mir wurde klar, ich könnte nicht zurück. Clean bekam ich es beim bloßen Gedanken daran mit der Angst zu tun. Wunderbar. Das lag alles hinter mir.

Mein Bruder war nicht oft zu Hause. Er war viel auf Konzertreisen unterwegs. Aufgrund der drei kleinen Kinder war Libby ungleich mehr präsent. Wir wurden enge Freundinnen. Langsam bekam ich mein Leben wieder auf die Reihe. Zwar hatte die Familie ein Au-pair, aber auch ich passte manchmal auf die Kinder auf und half bei der Hausarbeit. Eine Rückkehr nach Jamaika kam nicht in Frage. Peter hatte gesagt, dass er nicht mehr mit mir zusammen sein wollte, und es wäre ohnehin verrückt gewesen, zu einem Leben an der Seite eines Süchtigen zurückzukehren.

Ein paar Wochen nach meiner Entlassung verließ auch Barney Clouds House und zog in eine betreute Wohnung in Weymouth an der englischen Südküste. Ich besuchte ihn dort regelmäßig, was die Erlaubnis seiner Therapeuten und seiner Gruppe erforderte. Wir einigten uns auf zwei Besuche im Monat und eine Übernachtung außerhalb. Ich nahm mir ein Zimmer in einer kleinen Pension ganz in der Nähe, und so entwickelte sich unsere Beziehung. Ich hatte noch nie erlebt, ganz normal von einem Mann umworben zu werden, die Einschränkungen und offene Einmischung in unsere Treffen kamen mir daher nicht weiter seltsam vor. Das lief einige Monate so, und unsere Beziehung schien an Tiefe zu gewinnen. Ich versuchte derweil, in London eine Bleibe und einen Job zu finden. Ich bereitete die Grundlage für ein neues Leben mit Barney. Ich zog bei Raphael und Libby aus und mietete ganz in der Nähe eine Wohnung in Selhurst. Dann zog Barney bei mir ein.

Seit dem Ende meiner Entziehungskur hatte ich immer nur sehr einfache Jobs übernommen, Putzen, Babysitten und so weiter. Es ist nie leicht, nach einer längeren Pause wieder ins Arbeitsleben einzusteigen, und es ist noch viel schwieriger, wenn man keinen vernünftigen Lebenslauf vorweisen kann und in der jüngeren Vergangenheit keinerlei Berufserfahrung gesammelt hat. Immerhin, ich wusste, dass ich eine Arbeit finden wollte, bei der ich Menschen helfen konnte, und so durchforstete ich die Zeitungen auf der Suche nach Jobs, die sich danach anhörten. Ich hatte mir im Laufe der Jahre eine gewisse Lebenserfahrung sowie Qualifikationen angeeignet, mit denen ich durchaus für Jobs, die mich ansprachen, hätte in Frage kommen können, aber ich wusste, ich würde mich bei einer Bewerbung sehr ins Zeug legen müssen. Eines Tages sah ich eine Anzeige für eine Stelle auf der Drogenstation des National Temperance Hospital, das damals zu einem der großen Londoner Ausbildungskrankenhäuser, dem University College Hospital, gehörte. Man wollte dort ein innovatives Frauensuchtprogramm aufbauen, eine Tagesklinik für weibliche Abhängige mit Kindern, die hochgradig HIV-/Aidsgefährdet waren, was in den späten 1980er Jahren ein ziemlich großes Thema war. Da ich als Kinderkrankenschwester bereits Erfahrung mit der Arbeit mit Kindern gesammelt hatte, und weil ich ein paar Jahre zuvor einen Grundkurs für Seelsorge absolviert hatte, wagte ich einen Versuch und bewarb mich. Ich wurde zum Gespräch eingeladen, und ich ging entschlossen und motiviert hin. Man stellte mir keine einzige Frage zu meiner Zeit im Drogensumpf, und ich erzählte auch nicht davon. Es war ziemlich leicht, Teile meiner Vergangenheit zu verschweigen. Den Fragen zu den Lücken in meinem Lebenslauf konnte ich damals viel leichter ausweichen, als es heute möglich wäre. Ich muss einen guten Eindruck gemacht haben, denn man bot mir den Job tatsächlich an. Ein echter Wendepunkt in meinem Leben.

Wenn ich jetzt zurückblicke, finde ich es ziemlich bemerkenswert, dass es, als ich Teil dieses großen Suchtteams mitten in London wurde und anfing mit labilen Menschen zu arbeiten, noch nicht einmal ein Jahr her war, seit ich selbst aus einer Entzugsklinik entlassen worden war. Damals gab es ein paar wenige nicht medizinisch geschulte Mitarbeiter, die Zugang zu den sogenannten »Scripts« hatten, den detaillierten Therapieplänen und Verschreibungen für die Drogenabhängigen, die auf eine Patientin individuell zugeschnitten waren. Zu diesen Mitarbeitern gehörte ich. Die Aufnahme eines Drogensüchtigen in eine ambulante Praxisbehandlung brachte jede Menge Papierkram und auszufüllende Formulare mit sich, und so saß ich da und stellte die Rezepte aus für Methadon, einen Wirkstoff, der beim Heroinentzug zum Einsatz kommt und der die Entzugserscheinungen dämpft, sowie für Diazepam, ein Schlafmittel zur Beruhigung. Die Methadon-Dosis wurde Woche für Woche reduziert, bis die Patientinnen drogenfrei waren. Die Verantwortlichen auf der Station hatten keine Ahnung, dass ich kein Jahr zuvor noch selbst süchtig gewesen war, man hätte mich sonst ganz sicher nicht mit dieser Aufgabe betraut. Das Spezialistenteam legte zunehmend Wert auf meine Einschätzungen, und ich wurde gebeten, an den interdisziplinären Sitzungen teilzunehmen, bei denen die Fortschritte der einzelnen Patientinnen besprochen wurden. Auf einmal saß ich neben altgedienten Klinikmitarbeitern und ging mit ihnen die Behandlungspläne durch. Ich bin froh, sagen zu können, dass ich mich kein einziges Mal an den Ersatzdrogen vergriffen habe. Ich glaube, ich fühlte mich nicht einmal versucht. Ich sah die Drogenabhängigkeit aus einer anderen, neuen Perspektive. Ich bin mir ziemlich sicher, dass jemand wie ich heutzutage niemals einen solchen Job bekommen würde. Aber damals klappte es, und plötzlich hatte ich eine verantwortungsvolle Aufgabe und half anderen jungen Menschen dabei, von ihrer Drogensucht loszukommen.

Die Mittel für meine Stelle auf der Frauenstation wurden von einer Organisation zur Verfügung gestellt, und da es sich um ein Pilotprojekt handelte, waren die Mittel auf einen bestimmten Zeitraum begrenzt. Früher oder später würden die Gelder versiegen. Es sah ganz danach aus, dass meine Stelle wieder gestrichen würde, wenn es so weit war. Doch mir gelang es, das Krankenhauspersonal davon zu überzeugen, mich zu behalten, und ich formulierte selbst meine neue Stellenbeschreibung. Ich arbeitete weiter daran mit, Süchtigen zu helfen.

Barney und ich lebten zusammen in Südlondon. Er fand mehrere Jobs als Fahrer und machte seine Sache gut. Mein Bruder heuerte Barney an, um ihn und seine Kollegen zu Konzerten im ganzen Land zu fahren. Raphael mochte ihn sehr und hielt ihn für zuverlässig. Barney wurde praktisch ein Teil der Familie und brachte Raphaels jüngstem Kind Cricket bei. Ich hatte den Kontakt zu meinen Eltern wiederhergestellt, alles schien prima zu laufen und sah danach aus, dass wir uns ein ganz normales Leben zusammen aufbauten.

Der erste Hinweis darauf, dass etwas nicht stimmte, war, dass etwas fehlte. Ich kam eines Tages nach Hause und konnte einen teuren Ring nicht mehr finden, den meine Tante Renate mir geschenkt hatte. Ich suchte ihn überall, aber er war weg. Langsam begriff ich, was los war. Und ich hatte das Gefühl, mich im freien Fall zu befinden, alles war wie in Zeitlupe, um mich herum wirbelten kleine Hinweise, aber diese vernünftig zu erfassen und zu verstehen schmerzte einfach zu sehr. Wenn Süchtige einen Rückfall erleiden, fangen sie nicht wieder ganz von vorne an, sondern machen da weiter, wo sie aufgehört hatten. Und genau das passierte mit Barney. Er hatte wieder angefangen, sich Heroin zu spritzen. Eines Tages erzählte mir jemand bei der Arbeit, dass man ihn in der Nähe des Piccadilly Circus gesehen hatte, beim Drogenkauf. Man erzählte es mir, um mich zu warnen. Nach allem, was wir gemeinsam durchgemacht hatten, stand ich wieder am selben Punkt wie vorher.

Wieder führte ich ein Doppelleben. Morgens ging ich zur Arbeit und kümmerte mich um Drogensüchtige und half ihnen dabei, clean zu werden. Und abends ging ich nach Hause und lebte mit einem Drogensüchtigen. Barney kam mit der Enge eines normalen Lebens einfach nicht zurecht. Sein Heroinrückfall veränderte seine Persönlichkeit. Der ruhige, freundliche, humorvolle Typ, zu dem er in meinen Augen geworden war, wurde plötzlich wahnsinnig und gefährlich. Wieder war ich mit jemandem zusammen, vor dem ich Angst hatte.

Barneys Abstieg ging rasend schnell. Er bestritt jeden einzelnen Rückfall, was natürlich gelogen war. Er hatte das, was man Absencen nennt, kleine, drogenbedingte epileptische Anfälle. Das waren keine totalen Zusammenbrüche, er verharrte einfach nur, bekam einen leeren Blick und regte sich nicht mehr. Manchmal dauerte das nur wenige Sekunden. Manchmal aber auch länger. Diese Anfälle sind neurologischer Natur, und der Betroffene verliert für eine Weile das Bewusstsein. Die Heroinsucht zerstörte Barney. Es war schrecklich, die Abszesse an seinem Körper zu sehen, wo er sich gespritzt hatte.

Wenn Barney gut drauf war, kam er mit allen zurecht. Zwei Mal hat er Weihnachten mit uns gefeiert. Wenn wir meine Familie zu uns einluden, hat er immer seine Spezialität zubereitet, ein Curry. Er war handwerklich wahnsinnig geschickt und hat sich oft bei meinen Eltern nützlich gemacht. Meine Mutter besitzt heute noch ein Regal, das er mal für ihre Mikrowelle angebracht hat. Wenn er clean war, war er liebevoll und zugewandt. Eine Art »Kriegsversehrter« und magerer tragischer Held. Aber Tatsache war, dass er seine Sucht nie ganz überwinden konnte.

Während Barney immer weiter abrutschte, bot man mir an, mich am Chemical Dependency Centre, das mit Clouds House und anderen Entzugskliniken zusammenarbeitete, zur Suchtberaterin weiterzubilden. Ich hatte in der Welt der Behandlung von Suchtkranken immer mehr Erfolg und machte mir zusehends einen Namen. Der neue Job brachte große Verantwortung mit sich. Ich konnte nichts mehr verstecken, sowohl das Berufs- als auch das Privatleben aller Angestellten wurden genau durchleuchtet. Ich stand unter immensem Druck. Man wusste, dass ich mit Barney zusammenlebte, und es dauerte nicht lange, bis man dahinterkam, was los war. Man sagte mir, ich müsse mich entscheiden. Man werde mich nicht weiter in diesem Bereich beschäftigen, wenn ich mit einem Konsumenten zusammenlebte. Und so zog ich aus der gemeinsamen Wohnung aus und wieder bei Raphael und Libby ein. Der Aufruhr, den das verursachte, war nichts Neues, aber dieses Mal war ich clean und zurechnungsfähig. Ich hatte eine neue Wohnung gekauft, zog aber nie dort ein und verkaufte sie einige Zeit später mit Verlust.

Barney zog bald aus unserer gemieteten Wohnung aus, er sagte, er könnte dort nicht ohne mich leben. Von da an wohnte er in seinem Auto. Er parkte häufig vor Raphaels und Libbys Haus. Stundenlang, manchmal über Nacht. Er bedrohte niemanden, schließlich war er kein gewalttätiger Mensch, aber angenehm war das nicht – nicht für die Familie meines Bruders, und auch nicht für mich. Die Kinder verstörte es, ihren alten Freund, einen Erwachsenen, so zu sehen. Barney schickte mir Briefe und Blumen, während er sich selbst zugrunde richtete. Es war schrecklich und beängstigend, das zu sehen. Und er sorgte dafür, dass ich mich verantwortlich fühlte. In gewisser Weise war ich das wohl auch. Ich hatte ihn dazu bewegt, Dinge zu tun und ein Leben zu führen, zu dem er schlicht nicht imstande war. In gewisser Hinsicht hatte ich Schuld.

Irgendwann machte ich ein paar Tage Urlaub und besuchte meine Tante Renate, die damals in Südfrankreich lebte. Ich hatte schon seit Jahren keinen Urlaub mehr gemacht. Ich genoss die Zeit mit ihr sehr. Sie hatte mich schon immer gut verstanden. Während meiner Abwesenheit verkaufte Barney alles, was in unserer Wohnung nicht niet- und nagelfest war, um an Geld für Heroin zu kommen. Meine Mutter kam dahinter und rief mich an. Ich weiß nicht, was sie sich vorstellte, was ich dagegen tun sollte, schließlich war ich hunderte Kilometer entfernt. Nicht einmal wenige Tage konnte ich der Situation zu Hause entfliehen.

Als ich zurückkam, war es mit Barneys Gesundheit noch weiter bergab gegangen. Die Anfälle kamen immer häufiger, er verbrachte viel Zeit im Krankenhaus. Jedes Mal, wenn er von dort entlassen wurde, brach er nach wenigen Tagen erneut zusammen und wurde wieder eingeliefert. Sein Leben spielte sich zwischen verschiedenen Krankenhäusern und seinem Auto ab. Es war entsetzlich, Zeugin dieses Hin und Her zu sein. Ich hatte Angst und fühlte mich machtlos, jeden Tag fürchtete ich, weitere Hiobsbotschaften zu erhalten. Wenn man selbst clean ist, kann man es nur schwer aushalten, dabei zuzusehen, wie ein anderer sich mit Drogen zugrunde richtet. Man weiß selbst, wie das ist, und doch ist man irgendwie sauer, dass es manche Leute trotz der Hilfsangebote, die es gibt, nicht schaffen. Und damit richten sie nicht nur sich selbst zugrunde, sondern sie traumatisieren ihr gesamtes Umfeld.

Nachdem das einige Wochen so gelaufen war, verabredeten Barney und ich uns für ein letztes Treffen. Er benahm sich tadellos und war ehrlich, was seinen Zustand anging. Ich weiß noch, wie er sagte: »Ich muss dich loslassen, weil ich dich sonst mit mir in den Abgrund reiße.« Von da an parkte er nicht mehr vor dem Haus. Er schickte mir nichts mehr. Er jagte mir nicht mehr nach. Zwar machte ich mir Sorgen um ihn, aber wenigstens hatte ich keine Angst mehr vor dem, was er als Nächstes tun würde. Barney war eine wirklich tragische Figur. Jeder einzelne in meiner Familie hatte schöne Erinnerungen an ihn, zumindest aus den letzten Wochen, bevor er rückfällig wurde. Meine Beziehung zu ihm war nun beendet. Ich hatte das Gefühl, neu anfangen zu können.

5
Jüdisches Leben

Liebe Großeltern,

ich weiß, dass eure jüdische Herkunft für euch nicht von großer Bedeutung war, dass sie weniger wichtig war als eure Identität als Deutsche. Meine Mutter hat mir erzählt, dass ihr an Feiertagen hin und wieder in Breslau in die Synagoge gegangen seid, dass dies in eurem Leben aber nicht viel Raum einnahm. Ihr dachtet, nicht religiös zu sein sei eine Möglichkeit, in der deutschen Gesellschaft Akzeptanz zu finden, nicht aufzufallen, und dass es der beste Weg zur Assimilation sei. Und Großvater, du dachtest, du würdest akzeptiert, nachdem du im Ersten Weltkrieg Seite an Seite mit den Deutschen im Schützengraben gekämpft hattest.

Ihr habt eure Töchter als deutsche Staatsbürgerinnen erzogen, habt ihnen die Liebe zur deutschen Literatur, Poesie und natürlich Musik beigebracht, statt sie jüdische Religion zu lehren.

Ich kann das gut verstehen, und ich glaube, das alles wog einfach viel schwerer als die plötzlichen politischen Veränderungen in eurem geliebten Heimatland. Eure Werte waren durchdrungen von Würde und dem festen Glauben an Menschlichkeit und Kultur. Wie hättet ihr je vorhersehen sollen, dass es Hitler gelingen würde, die Menschen derart aufzupeitschen und einen solchen Hass zu schüren? Heute erzählen uns die Historiker, dass der Antisemitismus nie ganz verschwunden war, dass er in der deutschen Gesellschaft unterschwellig stets vorhanden war. Doch dass Hitler in den 1920er und 1930er Jahren den Juden alle Schuld an sämtlichen Problemen des Deutschen Reichs gab, war wahnwitzig. Umso erschreckender, dass so viele Deutsche auf ihn hörten und ihm seine perverse Propaganda abkauften – sowie die Mär, dass die Juden das deutsche Volk 1918 verraten hätten und daher an der Niederlage Schuld seien; und dass jüdische Banken ein Komplott geschmiedet hätten, um das deutsche Volk arm zu halten, nachdem die Große Depression über die gesamte westliche Welt hinweggefegt war und Folgen für jeden einzelnen Menschen in allen industrialisierten Ländern gehabt hatte. Das Schlimmste von allem war, dass die Nazis die Juden als einen Krebs bezeichneten, einen Virus im Volkskörper, der zerstört werden musste, so wie ein Arzt den Krebs abtöten würde, damit er nicht das gesunde Leben um sich herum gefährdet. Die Nazis verkündeten ganz offen, dass sie Deutschland judenfrei machen wollten. Wenn ihre Führer das bei Versammlungen sagten, jubelte das Volk, und alle versuchten eifrigst, sich beim Ausstrecken des rechten Arms zum Hitlergruß zu übertreffen. Dass diese Überzeugungen so breite Zustimmung fanden, muss für euch beide, die ihr die Welt mit großer Vernunft betrachtet habt, ein Schock gewesen sein. Meine Mutter sagt, ihr habt diesen ganzen Unsinn für eine vorübergehende Verirrung gehalten, für etwas, was bald wieder der Normalität Platz machen würde. Leider solltet ihr das aber nicht mehr erleben.

So viele Jahre später empfinde ich es als meine Pflicht, eine Mitzfa, euch zu erzählen, wie das Leben eurer Töchter weiterging, nachdem man sie voneinander getrennt hatte. Renate wurde in das Zuchthaus in Jauer verbracht, wo verurteilte Schwerverbrecher langjährige Haftstrafen verbüßten und wo viele bereits seit über zwanzig Jahren einsaßen. Renate war seit vielen Jahren die erste Jüdin, die in diese Haftanstalt geschickt wurde. Die Behörden beschlossen, sie von den anderen zu isolieren. Sie bekam eine Einzelzelle, was *ihr nach der Enge in der Graupe zunächst luxuriös erschien. Aber sie durfte keinen Kontakt zu den anderen Häftlingen haben, durfte nicht mit ihnen essen, nicht mit ihnen Sport treiben, nicht einmal mit ihnen reden. Diese Isolation war schrecklich. Sie vermisste ihre Schwester. Sie waren einander so eng verbunden, die Trennung muss unerträglich gewesen sein. Aber in jenen extremen Zeiten musste auch das Unerträgliche ertragen werden. Hin und wieder waren andere Gefangene so freundlich, ihr durch die Zellentür ein paar aufmunternde Worte zuzuflüstern, und einige der Langzeit-insassen, die das Essen brachten, gaben ihr mal eine Kartoffel mehr, wenn die Aufseherinnen gerade nicht hinsahen. Es weckt Hoffnung in mir, dass hier und da Mitgefühl gezeigt wurde. Diese Zeichen von Mitmenschlichkeit bedeuten schon im normalen Leben sehr viel, und ich kann mir vorstellen, wie wichtig sie für die arme Renate in der einsamen Gefangenschaft waren. Ich hoffe, dass auch ihr in euren letzten Wochen kleine Momente der Menschlichkeit und des Mitgefühls erleben durftet.*

Renate wurde aufgetragen, alte Armeestrümpfe aufzuribbeln und neu zu stricken, wozu sie aber wenig Talent zeigte, weshalb sie dann Einkaufsnetze knüpfen sollte, ganz allein in ihrer Zelle. Sie widmete sich dieser Aufgabe mit großer Konzentration, um die Angst in Schach zu halten und stets beschäftigt zu sein. Sie machte ihre Sache so gut und schnell, dass eine der anderen Arbeiterinnen sie ermahnte, langsamer zu machen, weil ihnen bereits erzählt wurde, dass das Judenmädel doppelt so viele Netze produzierte wie die anderen! Ich bezweifle, dass sie das bremste. Ihr seht also, die Werte, die ihr eurer Tochter vermittelt hattet, halfen ihr unter diesen schrecklichen Umständen dabei zu überleben.

Selbst in der abgeschlossenen Welt des Zuchthauses in Jauer machten Gerüchte blitzschnell die Runde. Einmal wurde Renate mit heftigen Zahnschmerzen auf die Krankenstation des Gefäng-nisses geschickt. Sie traf auf eine Gefangene, die gerade von

Auschwitz nach Jauer zurückgebracht worden war, um verhört zu werden. Diese Frau bestätigte, dass Auschwitz genau so entsetzlich war, wie man gerüchteweise hörte. Dass es eine Tötungsfabrik war, nichts weniger. Die arme Renate muss furchtbare Angst gehabt haben. Wenige Tage später wurde sie in die Verwaltung gerufen. Dort überreichte ihr ein Mann in dunklem Ledermantel, ziemlich sicher von der Gestapo, ein Dokument, das sie unterschreiben musste. Es war der offizielle Überstellungsbefehl nach Auschwitz. Wenige Tage später wurde sie verlegt.

Meine Mutter blieb in der Graupe in Breslau. Sie hat mir erzählt, wie sehr sie ihre Schwester vermisste. Selbst in den dunkelsten Zeiten hatten sie sich immer noch mal einen Witz erzählt. Humor ist eine Lasker'sche Eigenschaft, die überlebt hat. Solange Renate und sie zusammen waren, hatten sie über die Zeiten vor Mariannes Ausreise reden können, als noch alle drei Schwestern in der Breslauer Wohnung lebten. Sie hatten einander aufrichten und Kraft geben können. Das war jetzt vorbei, und es sah ganz so aus, als würden sie einander nie wiedersehen.

Meiner Mutter kamen Gerüchte zu Ohren, dass sie nicht ihre komplette Haftstrafe in der Graupe absitzen würde. Die Gefängnisse waren so überfüllt, dass die letzten jüdischen Häftlinge in Konzentrationslager gebracht wurden, um Platz zu schaffen. Das Lager, um das sich alle Gerüchte drehten, war Auschwitz. Der Name allein reichte aus, um Angst und Schrecken zu verbreiten, nachdem durchgesickert war, es gäbe an jenem gottverlassenen Ort Gaskammern und Massenermordungen.

Heute gesteht meine Mutter ein, dass sie wahnsinnige Angst hatte vor dem, was mit ihr passieren würde, dass sie fürchtete, wie Ungeziefer vernichtet zu werden. Aber irgendwie schaffte sie es, trotz der sie ständig begleitenden Angst, weiterzumachen. Sie war erst siebzehn, aber sie war bereits robust genug, ihr Schicksal anzunehmen, und das ist eurer Erziehung zu verdanken. In ihrer Zelle gab es eine Bibel, die sie eifrig las, lange Passagen lernte sie sogar auswendig. Das gab ihr Kraft, und so wirkte sie auf die anderen stets furchtlos und würdevoll, auch wenn sie große Angst hatte. Ich bin überzeugt, das half ihr auch dabei, sich selbst in größter Gefahr nicht kleinkriegen zu lassen. Es verlieh ihr eine Art Rüstung, die sie bis heute schützt.

Am 24. November 1943, als ihre Deportation nach Auschwitz und damit ihr sicherer Tod unmittelbar bevorstanden, schrieb meine Mutter aus dem Gefängnis das, was sie für den letzten Brief ihres Lebens hielt. Vier Tage später, am 28. November, brachte Renate im Zuchthaus Jauer ihre letzten Wünsche zu Papier. Beide richteten ihren Brief an einen alten Freund in Breslau, an den auch ihr euch sicher noch erinnern könnt: Herrn Hadda, Anitas Handarbeitslehrer in der Schule. Er und seine Familie waren die Letzten, die euren Töchtern noch halfen, wo sie konnten, bevor sie nach Auschwitz deportiert wurden, und sie setzten sich selbst damit allergrößter Gefahr aus. Herr Hadda war ein mutiger, rechtschaffener Nicht-Jude. Keine von euren Töchtern ahnte etwas von dieser vermeintlich letzten Korrespondenz der anderen. Und nun sind diese beiden Briefe vor Kurzem nach sechsundsiebzig Jahren wie durch ein Wunder wieder aufgetaucht und konnten in das Familienarchiv aufgenommen werden. Jedes einzelne Wort in diesen Briefen zeugt abermals von dem erstaunlichen Mut und der großen Würde eurer Töchter.

Und dann kam der Tag, an dem Anita für eine medizinische Untersuchung aus der Zelle geholt wurde. Sie musste lachen. Dem Gestapo-Arzt sagte sie: »Wieso machen Sie sich überhaupt die Mühe, mich zu untersuchen, wenn Sie genauso gut wie ich wissen, wohin ich fahre?« Darauf hatte der Arzt keine Antwort. Aber meiner Mutter half es, ihren Trotz zum Ausdruck zu bringen. Dann wurde sie gezwungen, ein Dokument zu unterschreiben, dem zufolge sie sich »freiwillig« nach Auschwitz verlegen ließ.

Zwei Tage später verließ sie das Gefängnis, das ihr anfangs so schrecklich vorgekommen war, an das sie sich aber mit der Zeit gewöhnt hatte und in dem sie sich inzwischen fast schon sicher fühlte. Wieder wurde sie zum Bahnhof gebracht, zu dem Ort, an dem sie ein Jahr zuvor festgenommen worden war, und zusammen mit anderen jüdischen Gefangenen in einen speziellen Waggon mit Gefängniszellen gesteckt. Der Zug setzte sich Richtung Osten in Bewegung.

Für die allermeisten Menschen waren diese Transporte nach Auschwitz die Hölle. Sie wurden ohne Wasser und Nahrung in Viehwaggons gepfercht, die sich zu langen Zügen aneinandergereiht tagelang durch Osteuropa schlängelten. Wer erschöpft oder verhungert zusammenbrach, sank einfach zu Boden, was für alle anderen einen Vorteil bedeutete, weil so mehr Platz für sie war. Die unmenschlichen Qualen jener endlosen Reisen sind umfangreich dokumentiert, und die meisten dieser armen verfolgten Menschen empfanden die Ankunft in Birkenau, einem Teil des Gesamtkomplexes des Lagers Auschwitz, als große Erleichterung.

Doch dann ging es an die Selektion. SS-Wachen schrien »Schnell, schnell, raus, raus« und stießen die Neuankömmlinge aus dem Zug in die meist bittere Kälte. Sie mussten sich in einer Reihe aufstellen, und am Ende dieser Reihe entschieden die SS-Wachen, oft in Begleitung eines sogenannten »Arztes«, wer nach links gehen sollte und wer nach rechts. Wer alt war oder sehr jung, wer gebrechlich oder schwach wirkte, und auch Mütter mit Säuglingen waren die Ersten, die selektiert und direkt in die Gaskammern geschickt wurden. Sie wurden binnen weniger Stunden nach ihrer Ankunft ermordet. Wer gesund und arbeitstüchtig aussah, wurde in eine andere Richtung in das Lager geschickt, wo ihn Tage voller harter Arbeit, Hunger und Erschöpfung erwarteten, die die meisten nicht lange überlebten. Es ist schrecklich, euch das so zu schreiben, aber ihr habt ein Recht zu wissen, was euren Töchtern widerfahren ist.

Der Gefängniszug meiner Mutter erreichte Birkenau spät in der Nacht. Dass meine Mutter als verurteilte Verbrecherin ankam, rettete ihr ironischerweise das Leben. Sie hatte dadurch einen anderen Status als ein unbescholtener Bürger, der nur des einen Verbrechens schuldig war – nämlich, Jude zu sein. Sie wurde als Karteihäftling *klassifiziert* und konnte nicht direkt nach ihrer Ankunft in die Gaskammer geschickt werden, weil die Möglichkeit bestand, dass sie noch einmal vor Gericht erscheinen musste. Aber all das wusste sie in dem Moment natürlich nicht. Was sie für ein Glück gehabt hatte, erschloss sich ihr erst später, als sie Zeugin dessen wurde, was mit den meisten Menschen geschah, wenn sie aus dem Zug ausstiegen.

Ihr allererster Eindruck von Auschwitz war der einer finsteren Hölle mit bellenden Hunden und Wachen. Sie wurde zu einer Baracke gebracht. Am nächsten Morgen wurden sie und die anderen Neuankömmlinge zu einem anderen Block geführt, wo alle das Auschwitzer Ritual der Demütigung und Enthumanisierung über sich ergehen lassen mussten. Meine Mutter musste sich nackt ausziehen, ihr Schädel wurde geschoren, und die Zahl 69 388 wurde ihr auf den linken Arm tätowiert. Das war eine schmerzhafte Angelegenheit, die Nadel des Tätowiergeräts war dick, stumpf und ganz sicher noch nie gereinigt worden. Der Arm meiner Mutter blutete, und sie weiß noch, wie er hinterher anschwoll. Aber sie war vor Angst wie betäubt. Der gesamte Vorgang war dazu gedacht, die Häftlinge nicht nur ihrer Würde, sondern auch ihrer Individualität zu berauben, sie auf namenlose Unpersonen zu reduzieren, auf Nummern. Es funktionierte. Meine Mutter sagte, sie habe sich am Ende dieser Einführung wie ein Niemand gefühlt.

Das Mädchen, das meine Mutter durch diese Prozedur schleuste, war natürlich ebenfalls ein Häftling und lechzte wie alle anderen nach Neuigkeiten von der Welt da draußen. Sie fragte meine Mutter, was sie über den Verlauf des Krieges wisse und wie lange er ihrer

Ansicht nach noch dauern würde. Meine Mutter antwortete ihr mit ihrem spärlichen Wissen. Als das Mädchen die Schuhe meiner Mutter sah, fragte es, ob es sie haben könne, da man sie meiner Mutter ohnehin abnehmen würde. Meine Mutter zog sie aus und gab sie dem Mädchen. Sie hatte diese Schuhe geliebt; dass sie sie weggab, zeigt, wie groß ihre Hoffnungslosigkeit in dem Augenblick gewesen sein muss. Liebe Großeltern, ihr könnt euch bestimmt noch an diese Schuhe erinnern. Sie waren aus Schweinsleder, ihr hattet sie eurer jüngsten Tochter geschenkt. Eines Tages hatte meine Mutter sie mit Tinte ruiniert. Ihr wart damals sehr böse auf sie – zu Zeiten, als ihr euch noch den Luxus leisten konntet, euch über völlig normale Dinge zu ärgern. Die Schuhe waren nur zu retten gewesen, indem sie schwarz gefärbt wurden. Weil sie ihr dann aber viel zu duster daherkamen, peppte meine Mutter sie mit roten Schnürsenkeln mit Bommeln auf. So waren ihre Schuhe einzigartig geworden.

Etwa eine Woche später kam Renate in Auschwitz an. Auch sie musste die Kleider ablegen, sich den Schädel rasieren und eine Nummer auf den Arm tätowieren lassen. Während dieses Vorgangs der Entmenschlichung bemerkte sie ein Paar Schuhe, das noch immer dort stand, wo meine Mutter es abgestellt hatte. Renate fragte, wo die Schuhe herkämen, und erfuhr von dem Mädchen, das sie abfertigte, sie hätten einer Jugendlichen gehört, die vor ein paar Tagen angekommen sei. Renate erklärte, dass das ihre Schwester sei. Vollkommen überwältigt, stürzte das Mädchen hinaus zu meiner Mutter und berichtete, ihre Schwester sei gerade im Lager angekommen. Meine Mutter begleitete sie zum Aufnahmegebäude, wo Renate auf sie wartete.

Diesen Brief schließe ich nicht mit einem Abschied, sondern mit einem Wiedersehen. Inmitten der Trostlosigkeit von Birkenau war ein Wunder geschehen. Eure Töchter fanden einander wieder, und die Schuhe mit den knallroten Schnürsenkeln wurden zu einem Symbol der Hoffnung. Beide schöpften Kraft und neuen Mut. In der düsteren Kälte von Auschwitz hatten sie plötzlich einen Grund zu überleben. Furchtbare Zeiten lagen vor ihnen. Aber wenigstens hatten sie einander, gegenseitig spendeten sie sich Liebe und Trost.

In Liebe,
Maya

Einige Wochen nach meiner Trennung von Barney traf ich mich mit einer alten Freundin. Wir kannten uns seit vielen Jahren. Ich erzählte ihr unter anderem vom Ende meiner Beziehung mit Barney und erwähnte eher beiläufig, wenn ich mich je wieder mit einem Mann zusammentäte, müsste es ein Jude sein. Das war nichts, was ich mir bereits länger überlegt hatte, jedenfalls nicht bewusst. Nach einer Weile kam meine Freundin, die mit Religion nicht viel am Hut hatte und kein Mitglied einer jüdischen Gemeinde in London war, mit einem Partnervorschlag. Es handelte sich um *Shidduch*, die jüdische Tradition, potentielle Ehepartner zusammenzuführen! Ihr damaliger Vorgesetzter war ein jüdischer Geschäftsmann, dessen jüngerer Bruder David, soweit sie wusste, ebenfalls auf Partnersuche war. Sie fragte mich, ob sie den Kontakt zwischen uns herstellen sollte. »Ja, bitte!«

Wenige Tage später rief David an, und wir verabredeten uns. Unser Rendezvous begann vor dem Victoria Palace Theatre mitten in London. Als ich mich näherte, sah ich einen gutaussehenden Mann, der in Jeans und Chucks gegen ein schickes silbernes Auto gelehnt wartete. Er wirkte sehr entspannt. Der erste Eindruck enttäuschte mich nicht. Wir gingen in einem griechischen Lokal in der Nähe essen. Nach zwei, drei Stunden wusste ich, dass ich diesen Mann heiraten würde. Ich war fest entschlossen.

Der Abend verging wie im Flug, wir hatten jede Menge Gesprächsstoff, auch ohne dass ich ihm lückenlos von meinem Leben berichtete. Mir war klar, dass gewisse Auslassungen zu diesem Zeitpunkt nötig waren, wenn ich die Sache nicht bereits im Keim ersticken wollte. Umgekehrt erfuhr auch ich an jenem

Abend nicht viel über seinen Hintergrund. David fuhr mich nach Crystal Palace, wo ich immer noch bei meinem Bruder wohnte. Schon bald wurde mir bewusst, wie wenig ich mich mit den Date-Gepflogenheiten auskannte. Bei mir war immer alles Knall auf Fall gegangen. Als wir vor dem Haus hielten, dachte ich, wir würden zumindest eine Runde knutschen. Wie sollte ich denn sonst herausfinden, ob er auf mich stand? Aber von Knutschen keine Spur, nur ein Küsschen auf die Wange, als ich ausstieg. Das überraschte mich. Ich war einunddreißig und hatte wohl noch nie ein »ganz normales« erstes Date gehabt. Hinterher war ich extrem verunsichert. Ob er mich wohl wiedersehen wollte? Ob er sich wieder melden würde? Nach einer gefühlten Ewigkeit – tatsächlich waren es nur ein paar Tage – rief er an und wir verabredeten uns ein zweites Mal.

Wir lernten uns besser kennen, und ich erfuhr, dass David Fotograf war und in West Hampstead, einem angesagten Londoner Stadtteil, eine große Druckerei betrieb. Er hatte mehrere Bücher geschrieben und veröffentlicht, Liebhaberstücke mit Bildern von amerikanischen Lastern und Bussen. Er war das jüngste von drei Kindern, hatte einen Bruder und eine Schwester. Ich war sehr beeindruckt von seinem Lebensstil und seinem Erfolg. David wurde jedes Jahr eingeladen, bei einem ganz besonderen Truckertreffen irgendwo außerhalb Londons auf dem Land als Preisrichter zu agieren. Nach ein paar weiteren Verabredungen fragte er mich, ob ich ihn zum nächsten Treffen ein paar Wochen später begleiten wollte. Ausgesprochen gerne sagte ich zu. Es fand an einem Wochenende statt und erforderte eine Hotelübernachtung. Als wir losfuhren, hatte ich keine Ahnung, ob David ein Doppel- oder zwei Einzelzimmer gebucht hatte. Ich hatte vorausschauenderweise angemessene Unterwäsche gekauft. Als wir ankamen, wurde mir ein VIP-Schlüsselband ausgehändigt, das ich um den Hals tragen sollte. Mir kam es vor, als seien mir die Kronjuwelen überreicht worden. War ich jetzt endlich ein sehr wichtiger Mensch? Je weiter der Tag fortschritt, desto mehr machte ich mir Gedanken über die nächtlichen Arrangements. David begab sich an die Rezeption des Hotels, und während ich in der Lobby wartete, hatte ich immer noch keine Ahnung, was er vorhatte. Zu meiner Erleichterung hatte er ein Doppelzimmer gebucht, und wir verbrachten unsere erste gemeinsame Nacht.

David hatte mir erzählt, dass er Sohn eines Rabbis war, Dr. Louis Jacobs. Der Name sagte mir damals nichts, aber mir wurde bewusst, dass die jüdische Identität David sehr wichtig war. Gleichzeitig schien klar, dass seine Beziehung zum Judentum schwierig war. Schon bald erzählte ich meinen Eltern von David, denen sein Nachname genauso wenig sagte wie mir, da sie keinerlei Verbindung zur jüdischen Gemeinde in London pflegten. Als sie jedoch einigen Freunden von der überraschenden Wende in meinem Leben berichteten und den Namen meines neuen Freundes erwähnten, staunten meine Eltern angesichts der Reaktionen. Sie erfuhren, dass Davids Vater als einer der größten jüdischen Denker des Jahrhunderts galt. Er hatte zahllose Bücher über alle möglichen Aspekte des Judentums geschrieben. Er war eine unter Juden hochverehrte Persönlichkeit, ein prominenter Theologe, der als der nächste Oberrabbiner Großbritanniens gehandelt wurde. Ich war inmitten jüdischen Hochadels gelandet.

Allerdings musste ich im Laufe der Zeit feststellen, dass Davids Vater eine kontroverse Persönlichkeit war. In den späten 1950er Jahren hatte er ein Buch mit dem Titel *We Have Reason to Believe* geschrieben, mit dem er versuchte, mittels seiner wissenschaftlichen Arbeit das orthodoxe Judentum mit moderneren Ansichten zu den heiligen Schriften zu versöhnen. Er argumentierte, die Tora sei nicht buchstäblich von Gott geschrieben und Moses übergeben worden, obwohl das damals noch ein zentraler Punkt des jüdischen Glaubens war. Seine Ansichten wurden von den orthodoxen Juden als Ketzerei betrachtet, und das Beth Din, das Rabbinatsgericht, ächtete ihn. In den 1960er Jahren sollte er eigentlich die Leitung des führenden jüdischen Seminars, des Jews' College in London, übernehmen, doch dann torpedierte der amtierende Oberrabbiner seine Berufung. Viele Wissenschaftler und andere Anhänger unterstützten Dr. Jacobs, und die Kluft zwischen Fundamentalisten und Modernisierern drohte das Judentum in Großbritannien zu spalten. Der Streit nahm ein solches Ausmaß an, dass sogar über die jüdischen Grenzen hinaus auch in den Mainstream-Medien darüber berichtet wurde. David, der damals ein junger Teenager war, konnte sich nirgends verstecken und war sehr verstört davon, dass das Leben der Familie Jacobs komplett auf den Kopf gestellt wurde. Dr. Jacobs wurde aus dem orthodoxen Judentum ausgeschlossen, er wurde buchstäblich exkommuniziert. Einige seiner Unterstützer erwarben ein Gebäude an der Abbey Road in St John's Wood, das zu seiner Synagoge wurde, heute bekannt als New London Synagogue. Eine neue Organisation entstand, assoziiert mit der Masorti-Bewegung und angeführt von Rabbi Jacobs, und im Zuge der Gründung dieser modernen orthodoxen Gemeinschaft wurden mehrere neue Synagogen eröffnet. In einer Umfrage, die der *Jewish Chronicle* 2005 durchführte, wurde Louis Jacobs zum »bedeutendsten britischen Juden« der letzten Jahrhunderte gewählt. Mir ist und bleibt es ein Rätsel, wieso selbst Juden untereinander sich immer wieder gegenseitig verfolgen. Dass orthodoxe Juden gerade mal zwanzig Jahre nach dem Holocaust andere Juden verfolgten, sie aus ihren Häusern und Synagogen vertrieben und sie aus diversen größeren jüdischen Organisationen ausschlossen, birgt eine entsetzliche Ironie, die mich heute noch schaudern lässt. Vielleicht war das der Punkt, an dem zwischen David und mir die engste Verbindung bestand.

Im Laufe der Zeit erfuhr ich immer mehr über David und seine

Familie. Aber je mehr ich über ihn erfuhr, desto mehr Einblick gewann er auch in meinen Hintergrund und in ein Leben, das sich eklatant von seinem unterschied. David war von meiner Geschichte entsetzt, wenn auch auf sehr beherrschte Weise, und konnte sie einfach nicht verstehen, dabei tat er wirklich sein Bestes. Ich war zwar mittlerweile seit zwei Jahren clean und half im Rahmen meiner Arbeit für den Staatlichen Gesundheitsdienst anderen Suchtkranken, einen Weg aus der Abhängigkeit zu finden, doch David irritierte meine Vergangenheit dennoch. Wie komplex seine Beziehung zu seinem Vater und seiner jüdischen Identität war, wurde deutlich, als immer mehr Dinge auf den Tisch kamen. Eines Abends, nachdem mir die Stimmung zwischen uns bereits angespannt vorgekommen war, erklärte David mir ziemlich förmlich, dass er mit seinem Vater sprechen müsse, um herauszufinden, ob mir all das, was ich früher getan hatte, nach den Gesetzen der Tora vergeben werden konnte. Er musste herausfinden, ob es sich überhaupt für ihn schickte, mit einer Jüdin zusammen zu sein, die ein derart ausschweifendes Leben geführt hatte – und sich langfristig an sie zu binden. Das wühlte mich natürlich auf, ich war erschüttert. Ich weiß noch, dass ich meine Mutter anrief und ihr erzählte, ich hätte das Gefühl, meine Vergangenheit würde mich einholen und dass ich sie offenbar nicht hinter mir lassen und einfach eine gute Jüdin sein konnte. Besonders mitfühlend zeigte meine Mutter sich nicht, sie sagte etwas wie: »Was hattest du denn erwartet?«

Ich musste ungefähr eine Woche auf mein Urteil warten. Am Ende hieß es, Davids Vater habe verkündet, die Sünden meiner Vergangenheit könnten mir vergeben werden. Die Erleichterung war groß, und David und ich trafen uns wieder. Erst dann erfuhr ich, dass David einmal eine längere Beziehung zu einer Katholikin gehabt hatte. Das war offenbar ein viel größeres Problem gewesen als sein Verhältnis zu einer ehemaligen Drogenabhängigen. Der

Vater hatte seinem Sohn damals klargemacht, er müsse sich zwischen seinem Glauben und seiner Freundin entscheiden. Darüber hinaus hätte eine Eheschließung mit einer Katholikin offenbar eine solche Schande über die Familie gebracht, dass Davids Vater sein Rabbi-Amt hätte niederlegen müssen. Es war eine Folge dieser Traumata, dass David ein ausgeprägtes Pflichtbewusstsein hatte, er wollte immer »das Richtige tun«. Seine Reaktion auf meine Vergangenheit hätte mir eine Warnung sein sollen, dass David das Leben als ein simples Konstrukt aus Richtig und Falsch verstand, in dem alles schwarz oder weiß war. Es gab keine Grauzonen. Obwohl er selbst einige Jahre in einer »Grauzone« gelebt und sehr gelitten hatte, wurde ihm nicht begreiflich, dass wir beide, jeder auf seine Weise, traumatisiert waren. Je mehr Wahrheit ans Licht kam, desto mehr schrumpfte das Vertrauen zwischen uns. Er sah sich selbst als den Guten und mich als die Böse. Wenn es ihm möglich gewesen wäre, etwas von sich selbst in mir zu erkennen, wie ich manches von mir in ihm erkannte, dann hätten wir vielleicht eine Chance gehabt. Eines Tages, als wir im Holland Park spazieren gingen, pflückte ich einen Lavendelzweig. David war entsetzt. Seine Reaktion zeigte, dass er mich für eine Vandalin hielt, die keinen Respekt vor Regeln hatte. Ich schätze, da hat er nicht ganz unrecht. Trotz alledem führten wir unsere Beziehung weiter und beschlossen, sämtliche Warnungen in den Wind zu schlagen.

Nachdem diese Phase des Zweifels überwunden war, genoss ich vor allem, wie wahnsinnig gerne wir Zeit miteinander verbrachten – zumindest solange ich nicht eine meiner Launen hatte. David sagte mir mal, es würde Riesenspaß machen, mich auszuführen, weil ich so dankbar für alles sei. Ich war vorher noch nie von irgendjemandem irgendwohin ausgeführt worden, darum bereitete mir praktisch alles, was wir gemeinsam unternahmen, große Freude. Ich war noch nie auf so konventionelle

Art umworben worden und fand die damit verbundenen Rituale ganz bezaubernd.

Dann kam der Tag, an dem ich seine Eltern kennenlernen sollte. Sie lebten in einem großen, freistehenden Haus in Nordlondon, und David wollte sie mir am Sabbat vorstellen, dem Tag der Ruhe, an einem Samstagnachmittag. Das war im Juni 1989, und sie feierten das Wochenfest Schawuot, zu dem es offenbar gehörte, jede Menge Frischkäse zu essen. Das passte mir hervorragend! Die Sonne schien, und wir saßen in ihrem wunderbaren Garten. Es war das erste Mal, dass ich einem Rabbi und seiner Frau begegnete. Ich fand die Angelegenheit ziemlich nervenaufreibend. Ich wusste, dass ich da war, um begutachtet zu werden. Keine Ahnung, was die beiden sich vorgestellt hatten, denn vermutlich waren sie zuvor noch nie einer netten Jüdin begegnet, die in ihrem früheren Leben drogenabhängig gewesen war, und schon gar keiner, die womöglich bald ihren Familiennamen tragen würde. Die Begegnung verlief sehr positiv. Rabbi Jacobs erwies sich als ein ganz bezaubernder Herr, ausgesprochen sympathisch und warmherzig und überhaupt nicht ehrfurchtgebietend oder streng, wie ich es von einem theologischen Denker erwartet hätte. Er sprühte vor Humor und Herzlichkeit. Und auch seine Frau Sophie, von allen bei ihrem jiddischen Name Shula gerufen, war reizend. Sie war der Inbegriff einer hingebungsvollen jüdischen Mutter und ausgesprochen großzügig. Als das Eis erst gebrochen war, zeigte sie sich aufgeschlossen. Am Ende des Tages hatte ich weniger das Gefühl, ein Fremdkörper zu sein als ein Bestandteil dieser Familie – zu meiner Erleichterung und natürlich auch zu Davids.

Unsere Beziehung entwickelte sich schnell weiter, und ich wurde in diverse jüdische Rituale eingeführt. Mir war das alles völlig neu, und ich fand es toll. Ich ging wirklich gerne in die Synagoge. Die New London Synagogue war zwar führend in der modernen orthodoxen Welt, aber immer noch ganz schön konservativ. Männer und Frauen saßen getrennt. Mir gefiel es, oben auf der den Frauen vorbehaltenen Empore zu sitzen und auf die unten versammelten Männer hinabzublicken. Ich empfand es auf seltsame Weise fast schon als erotisch, dass man getrennt sitzen musste. Weil ich nicht in dieses Leben hineingeboren worden war und als Kind nie in die Synagoge gegangen war, begegnete ich dem allem ganz unbedarft und als Erwachsene. Es war, als würde ich in eine neue Welt eingeladen. In der Synagoge fühlte ich mich sicher und geborgen. Willkommen und erwünscht.

Wenn ich jetzt darüber nachdenke, dann hatte dieses Gefühl von Zugehörigkeit paradoxerweise etwas damit zu tun, anständig und respektabel und Teil einer etablierten und hoch angesehenen Gemeinschaft zu sein. Es kam mir vor, als könnte ich die Freundlichkeit und Güte, die ich empfing, annehmen und als würde ich endlich irgendwo dazugehören. Das funktionierte in der frühen Phase der Idealisierung sehr gut, aber so, wie die meisten großen Leidenschaften sich irgendwann erschöpfen, sollte auch mein Platz in dieser Gemeinschaft nicht von Dauer sein.

Ich zog einige Aufmerksamkeit auf mich, weil ich zusammen mit dem berühmten Rabbi und seinem Sohn in der Synagoge erschien. Viele Menschen beäugten und begutachteten mich. Die meisten hießen mich herzlich willkommen. David war bei allen ausgesprochen beliebt. »Was für ein toller Mann«, hörte man immer wieder. Wir waren beide in den Dreißigern, David ein paar Jahre älter als ich, und viele freuten sich, ihn mit einer Partnerin zu sehen. Manche waren aber auch misstrauisch und wussten nicht recht, was sie von mir halten sollten. Ich für meinen Teil fühlte mich in dieser durchorganisierten und ritualisierten Welt pudelwohl.

Die nächste Prüfung bestand darin, dass die beiden Elternpaare sich kennenlernen sollten. Meine Eltern waren beide seit ihrer Kindheit praktisch nicht mehr in einem jüdischen Gottesdienst gewesen oder hatten auch nur eine einzige Synagoge jemals betreten. Als Kinder hatte man sie in Breslau ab und zu mal an hohen Feiertagen mitgenommen. Das war bereits über fünfundvierzig Jahre her. Unsere Eltern begegneten sich zum ersten Mal im Haus des Rabbis, und ich konnte spüren, wie unwohl mein Vater sich fühlte. Er trug eine seltsam auf dem Hinterkopf platzierte Kippa. Ich hatte ihn vorher noch nie so gesehen. Zu jenem Zeitpunkt war die Geschichte meiner Mutter den Jacobs bereits grundsätzlich bekannt, und es schien eine Sache des Stolzes zu sein, dass diese beiden Familien miteinander verschmolzen. Ich erfuhr, dass die Juden in Großbritannien, die vom Holocaust damals kaum etwas erfahren hatten, sehr davon beeindruckt waren, dass meine Mutter die Todeslager überlebt hatte. Stolz empfing man die, die den Horror der Verfolgung durch die Nazis durchlitten hatten. In den späten 1980er Jahren gab es unter den Juden in Großbritannien fast schon so etwas wie ein Kastensystem, und die aschkenasischen Überlebenden des Holocaust standen darin ganz oben. Meine Eltern wurden von der Familie Jacobs herzlich aufgenommen. Ich hätte mir gar keine Sorgen machen müssen.

Ganz besonderen Gefallen fand ich an den Ritualen, die der jüdische Kalender mit sich brachte. Ich fand es gut, dass jemand anderes mir sagte, was ich tun sollte, und mir gefiel die Bedeutung all dieser Rituale. Ich hatte das Gefühl, dass sie alle von großer Wichtigkeit waren, aber das Gefühl war kein spirituelles. Ich war stolz auf das, was ich tat, weil es sich um althergebrachte Traditionen handelte. David und sein Vater brachten mir die Tradition der Brachot bei, der Segens- und Dankessprüche, die man täglich mehrmals aussprach, und es beeindruckte mich sehr, dass das jüdische Volk bereits seit Jahrhunderten diese Rituale vollzog und dieselben Worte sprach. Ich empfand dadurch aber keine größere Nähe zu Gott. Ich war lediglich überzeugt, zum ersten

Mal etwas Gutes in unsere Familie zu tragen. Vielleicht war das praktizierte Judentum meine Heimat, und endlich bereitete ich meinen Eltern Freude, endlich waren sie mit mir zufrieden. Im Jiddischen heißt das *nachas*, ich hatte das Gefühl, meiner Familie *nachas* zu bringen. Meine Eltern hatten sich die meiste Zeit meines Lebens für mich geschämt, aber jetzt konnten sie stolz auf mich sein, ich brachte mehr Gutes als Schlechtes hervor. Und ich liebte die jüdischen Traditionen. Sie boten mir ein neues, solides, positives Gerüst.

Meine Eltern und ich wurden zum Sederabend zu den Jacobs nach Hause eingeladen, um den Beginn des Pessach mit ihnen zu verbringen, ein großes Familienfest, mit dem die Befreiung der Israeliten von der Sklaverei in Ägypten gefeiert wird und der von Moses geführte Auszug in die Freiheit. Für meine Eltern war es das erste Pessachfest seit ihrer Kindheit und Jugend in Breslau. Im Vorfeld wird in jüdischen Haushalten wahnsinnig viel vorbereitet, unter anderem wird alles entfernt, was auch nur annäherungsweise gesäuertes Brot (Chametz) ist. Es kommt nagelneues Geschirr, Besteck und Kochgeschirr zum Einsatz, um sicherzugehen, dass nichts verunreinigt ist. Für mich war es das erste Pessachfest, und ich sollte es mit dieser höchst prominenten jüdischen Familie feiern. Zum Essen saßen um die zwanzig Leute am Tisch. Shula führte in der Küche das Regiment. Das Essen am Sederabend ist symbolträchtig und wichtig, es gibt ungesäuertes Brot (Matzen), verschiedene Bitterkräuter, eine markhaltige Lammkeule (Seroa), eine gemischte Speise aus Honig, Äpfeln und Zimt (Charosset) und ein festliches Mahl, den Abschluss bilden jüdische Gebete. Der Tisch ist mit feinstem Porzellan und Besteck gedeckt. Der Ablauf des Abends ist genau festgelegt und muss strikt eingehalten werden, es werden Segen ausgesprochen, es wird gebetet, man wäscht sich die Hände, rezitiert Texte und trinkt Wein. Das Ganze dauert ziemlich lange, denn es wird die gesamte Geschichte des Exodus aus Ägypten, die Haggada, vorgelesen, und sowohl Kinder als auch Erwachsene werden ermuntert, sich einzubringen und Fragen zu stellen. Es dauert sehr lange, bis man etwas zu essen bekommt, für mich an jenem Abend eine gefühlte Ewigkeit, in jedem Fall aber mindestens zwei Stunden nachdem wir alle am Tisch Platz genommen hatten. Meine Mutter musste sich mehrfach entschuldigen, um draußen zu rauchen. Ich hätte sie nur zu gerne begleitet, aber ich wusste mich ja zu benehmen! Ich weiß, dass meine Eltern stolz und verwirrt zugleich waren, von mir zu einem solchen Fest mitgenommen zu werden. Wenn ich zurückdenke, kann ich mich noch gut daran erinnern, wie aufgeregt ich in dieser Lebensphase war, als ich meine jüdischen Wurzeln entdeckte und so herzlich von dieser wunderbaren Familie aufgenommen wurde.

Nach einigen Monaten fragte David, ob ich zu ihm nach Hampstead ziehen wollte, was ich sofort bejahte. Ich war selig. Nach weiteren sechs, sieben Monaten, wann immer sich die Gelegenheit bot, bewunderte ich in seinem Beisein möglichst nebenbei Verlobungsringe und kommentierte wenig subtil, was wohl als Nächstes anstünde. Schließlich gingen wir gemeinsam zum Juwelier und sahen uns Ringe an. Einer davon gefiel uns beiden. Zwei Monate später, wir waren am Wochenende zu Hause, sagte er, ich sollte doch mal in den einen Schrank im Schlafzimmer schauen, vielleicht würde ich dort etwas finden. Tatsächlich fand ich eine Schmuckschachtel. Reichlich aufgeregt öffnete ich sie, fand den Ring und war natürlich begeistert. Wir verkündeten unsere Verlobung, und alle freuten sich für uns. Es war eine Riesensache mit offizieller Bekanntgabe in der *Times* und in allen jüdischen Zeitungen. Dass der jüngste Sohn von Rabbi Louis Jacobs heiratete, war eine wichtige Nachricht. Wir mussten nur noch die Bestätigung abwarten, dass meine Scheidung von Peter rechtskräftig war.

Die Hochzeit selbst fand dann am 1. April 1990 statt. In Großbritannien traditionell der Tag der Aprilscherze, aber nur bis
mittags, und wir haben am Nachmittag geheiratet! Die ganze Angelegenheit war immens, wir hatten um die vierhundert Gäste. Ich
glaube nicht, dass ich mehr als zwanzig davon kannte. Wir heirateten in Louis' Synagoge. Davids Vater las die bewegende Ansprache,
zwei weitere Rabbis gingen ihm zur Hand. Alles war wahnsinnig
förmlich und traditionell, genauso, wie ich es mir gewünscht hatte.
Wir wurden unter der *Chuppa*, dem Traubaldachin, getraut, die
das Zuhause symbolisierte, das wir gemeinsam aufbauen würden.
Der Ring, den ich unter der *Chuppa* bekam, war nicht der eigentliche Ring, sondern ein schlichter Metallreif, wie es Brauch war,
und er wurde mir bei der Zeremonie an den Zeigefinger gesteckt.
Dann kam der Segen und danach der symbolische Akt, bei dem der
Bräutigam Glas zertritt. In dem Augenblick rufen alle »Mazel tov«,
herzlichen Glückwunsch. Wir unterschrieben unsere Ketubba,
den jüdischen Ehevertrag, und gleich darauf die standesamtli-
chen Papiere, damit alles seine Ordnung hatte.

Ich war begeistert von alldem. Der arme David dagegen war
die gesamte Zeremonie hindurch bange und nervös. Für ihn war
das Ganze eine Tortur, für mich ein Fest. Zum Empfang, der im
Anschluss an die Zeremonie auf dem Gelände des Londoner Zoos
stattfand, kamen dann noch mehr Menschen. Der Tag hätte in
keinem krasseren Unterschied stehen können zu dem meiner
ersten Eheschließung im Standesamt von Brixton. Ich genoss
jede Sekunde. Alle freuten sich wahnsinnig für uns. Als David sich
endlich etwas entspannte, konnte er sich auch freuen. Mein Vater
hielt eine Rede über mich, die freundlich, positiv und stellenweise
sogar lustig war. Es war ein vielversprechender Anfang.

Ich war lediglich etwas in Sorge gewesen, dass Barney vielleicht
aufkreuzen und mir eine Szene machen würde. Ich steigerte mich
in die Vorstellung hinein, dass er wie eine Gestalt aus meinem frü-

heren Leben auftauchen und einen dunklen Schatten auf meinen Hochzeitstag werfen würde. Ich beschrieb den Platzanweisern, wie er aussah. Er war so groß und dünn, dass er leicht zu erkennen war. Ich gab ihnen strikte Anweisung, ihn auf keinen Fall hereinzulassen, falls er auftauchte. Aber ich hätte mir gar keine Sorgen machen müssen. Von Barney war an dem Tag keine Spur.

Zwei Monate nach der Hochzeit, in jenem Sommer 1990, gegen vier Uhr nachmittags, ging bei der Arbeit ein Anruf ein. Jemand fragte nach Maya Wallfisch, was nicht mein allseits bekannter Ehename war. Ich hatte ein ungutes Gefühl. Eine Frauenstimme erklärte, sie habe mir eine traurige Mitteilung zu machen. Barney sei tot. Ich werde sie wohl gefragt haben, was passiert ist. Sie erzählte, er habe sich das Leben genommen. Mit einer massiven Überdosis. Die Frau berichtete, ich sei der letzte Mensch gewesen, von dem er gesprochen habe, und er habe gesagt, wie viel ich ihm bedeutet hätte. Das zu hören, war schwer. Meine Erinnerung setzt in diesem Moment aus.

Später erfuhr ich, dass die Frau, die mich angerufen hatte, Barney in einer anderen Entzugsklinik kennengelernt hatte. Auch zu ihr hatte er eine Beziehung gehabt. Ich fand es sehr anständig von ihr, mich ausfindig zu machen, aber sie sagte, Barney hätte das so gewollt.

Barneys Selbstmord machte mir sehr zu schaffen, ich war traurig und verstört. Ich wusste nicht, wie ich es David sagen sollte. Als ich es dann tat, bot er mir an, mich zur Beerdigung zu begleiten, aber das hätte ich unpassend gefunden. Ich dachte, das sei etwas, was ich allein durchstehen musste. Barneys Beerdigung war die erste, an der ich je teilnahm. Es waren ziemlich viele Trauergäste da. Barney war beliebt gewesen. Viele Menschen mochten ihn. Aber ich kannte keinen einzigen der anderen Gäste und wusste nicht einmal, wo ich stehen sollte. Ich kann mich erinnern, dass sich der Sarg in einem altmodischen Leichenwagen näherte. Barneys Vater und Bruder waren leicht zu erkennen, ich ging auf sie zu und sprach mit ihnen, aber nur kurz.

Es war das tragische Ende eines tragischen Lebens. Ich vermute, meine emotionale Verwirrung lag zum Teil darin begründet, dass ich mich irgendwie mitschuldig fühlte an seinem Tod. Ich hatte ihm ein Leben angeboten, das zu führen er nicht in der Lage gewesen war. Als ich Clouds House verließ, wollte ich Achtbarkeit, eine Wohnung und einen guten Job. Sich etwas neu aufzubauen, ist ein wesentlicher Bestandteil der jüdischen Geschichte. Der arme Barney war dazu nicht im Stande gewesen ... Und damit fühlte ich mich schuldig an seinem Tod. Dass der so kurz nach meiner glücklichen Heirat mit David eintrat, sollte mich noch lange verfolgen.

Die Laskers: meine Großeltern mit ihren drei Töchtern Renate (links),
Marianne (Mitte) und Anita (rechts), Breslau 1929

Die drei Schwestern: Anita, Marianne und Renate, Breslau 1932

Meine Mutter (links)
neben Tante Renate,
Breslau 1929

Tante Marianne, meine Mutter und Tante Renate, Breslau 1929

Meine Großmutter, 1931

Mein Großvater, 1933

Tante Renate (links) mit meiner
Mutter, Breslau 1933

Tante Renates Einschulung,
Breslau 1930

Harry Goldschmidt, ein Freund der Familie, mit Marianne (links),
Renato und Anita, Breslau 1928

Meine Großeltern mit
Renate (links), Anita und
Marianne, Breslau 1931

Im Skiurlaub in der
Tschechoslowakei,
1935

Mein Großvater mit Renate,
Breslau 1930

Mein Großvater mit
Renate (links), Marianne
und Anita, Breslau 1931

Meine Mutter als Indianer verkleidet,
Breslau 1930

Meine Mutter füttert Tante
Marianne, Breslau 1932

Meine Mutter im elterlichen Schlafzimmer, Breslau 1939

Meine Mutter (obere Reihe, dritte von links) in der Weinholdschule, Breslau 1931

Meine Mutter auf dem Rad, Breslau 1935

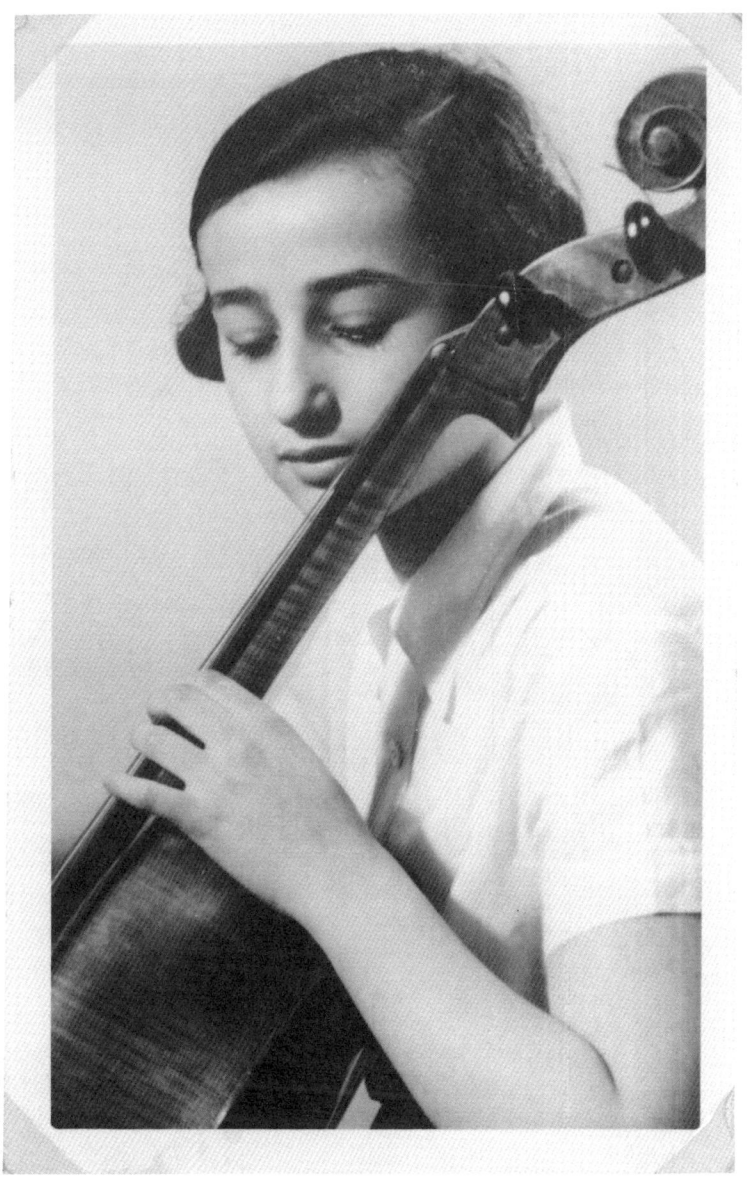

Meine Mutter am Cello, Breslau 1938

Meine Großeltern mit
Renate (links) und Anita
beim Strandurlaub in
Nidden, 1936

Mein Groß-
vater in Nidden,
1936

Die Laskers bei
Kaffee und Kuchen,
Breslau 1930

Marianne
vor der Kanzlei
des Großvaters,
Breslau 1938

Meine
Großeltern mit
ihren Töchtern
zu Hause in der
Kaiser-Wilhelm-
Straße 69,
Breslau 1938

Meine Mutter (rechts)
mit Tante Marianne,
Breslau 1939

In Bergen-Belsen nach der Befreiung, meine Mutter vorne links, 1945

In Bergen-Belsen nach der Befreiung, meine Mutter mit Freundin Helene und Tante Renate (rechts), 1945

Meine Eltern, London 1950

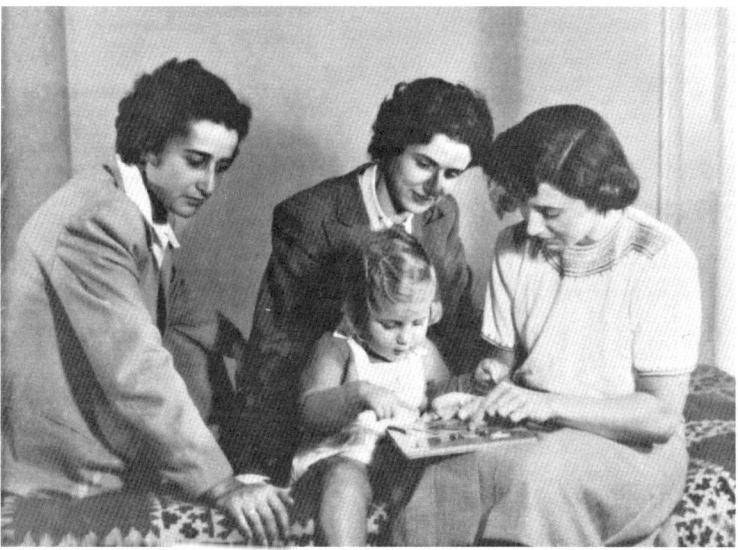

Die drei Schwestern: Anita (links), Renate und Marianne mit ihrer Tochter
Michal, London 1951

Die Lasker-Wallfischs: meine Eltern, mein Bruder Raphael und ich

6
Mutterschaft

Liebe Großeltern,

in den letzten Briefen habe ich euch das Grauen geschildert, dem Anita und Renate ausgesetzt waren, nachdem sie euch zum letzten Mal gesehen hatten und ihr alle für immer auseinandergerissen wurdet. Nun möchte ich von eurer ältesten Tochter Marianne erzählen, nach der ich benannt wurde, und vom außergewöhnlichen Verlauf ihres Lebens.

In ihrem letzten Brief im Frühjahr 1942, kurz vor eurer Deportation, erzählte sie euch von ihrem Leben in England. Sie hatte einen Kindertransport aus Deutschland begleitet, dessen Ziel eigentlich Palästina war, blieb aber in England stecken, als der Krieg ausbrach. Die Kinder- und Jugend-Aliyah, die Organisation, die den Transport organisiert hatte und der Marianne angehörte, übernahm ein halb verfallenes Landhaus namens Bydown House in Norddevon, und dort blieb Marianne eine Weile, unterrichtete die Kleinen und schulte ihr eigenes handwerkliches Geschick als Tischlerin. Dann zog sie nach London, wo sie sowohl in der Jugendbewegung als auch in jüdischen Organisationen aktiv war. Nach einem Jahr schloss sie sich einer Gruppe von Pionieren an, die für Bauern in der näheren Umgebung arbeiteten, und bereitete sich auf ein Leben in einem Kibbuz vor. Die Tage waren lang und die Arbeit hart, aber sie liebte ihre Tätigkeit auf dem Land und schien sich mühelos der englischen Umgebung anzupassen. Ich glaube, dass sie sich lebendig fühlte. Marianne führte das zupackende, praktische Leben, nach dem sie sich gesehnt hatte.

Während ich diesen Brief schreibe, bin ich fortgesetzt beeindruckt von der Haltung eurer drei Mädchen, die in so jungem Alter genau wussten, was sie wollten. Marianne pflügte, säte, erntete, mähte und deckte Reetdächer. Zweifellos betrachtete sie all das als Vorbereitung für den Aufbau einer neuen Gesellschaft in Palästina. Denn genau das war es, wonach sie strebte.

Nachdem ihr festgenommen und weggeschafft worden wart und Mariannes Schwestern eingesperrt wurden, verlor eure Große jeglichen Kontakt zur Familie. Ich kann mir vorstellen, dass sie instinktiv wusste, was euch beiden zugestoßen war. Wahrscheinlich arrangierte sie sich im Stillen mit der Trauer. Aber sie hatte keine Ahnung, was mit ihren kleinen Schwestern passiert war, ob sie überhaupt noch lebten. Die Hoffnung darauf war gering und in gewisser Hinsicht gefährlich. Wie viel Verlust und Verzweiflung kann ein Mensch ertragen? Vermutlich ging sie davon aus, dass ihre ganze Familie ermordet worden war.

Von der britischen Presse und der BBC war nicht viel über das Schicksal der Juden in Europa zu erfahren. Hin und wieder gab es mal einen Artikel oder eine Radiosendung dazu, aber die brachten lediglich Meldungen von Juden, die im gesamten von den Nazis besetzten Europa zusammengetrieben, verhaftet und in Lager »irgendwo im Osten« abtransportiert wurden. In den letzten Kriegsjahren war ziemlich klar, dass sich Massenermordungen abspielen mussten, aber selbst in Großbritannien gab es nicht viele, die den Nazis die Ungeheuerlichkeit zutrauten, Abertausende Menschen zu vergasen und anschließend zu verbrennen. Ein Völkermord? Man fragte sich, wie ein zivilisiertes, kultiviertes Volk, das Größen wie Beethoven und Goethe hervorgebracht hatte, derartige Barbareien begehen könnte. Sicher hat das, was man so hörte, Marianne verwirrt, und sie wusste nicht, was sie glauben sollte. Aber ich vermute, dass sie in ihren dunkelsten Stunden das Schlimmste befürchtete. Dass sie sich vorstellte, die letzte und einzige Überlebende der Familie zu sein, die in der Kaiser-Wilhelm-Straße ein so glückliches Leben geführt hatte. Ich glaube, sie hatte jegliche Hoffnung verloren, ihre Schwestern je wiederzusehen.

Den Rest des Krieges war Marianne für verschiedene jüdische Organisationen in Großbritannien tätig. Manchmal arbeitete sie in einem Büro, aber meistens draußen an der frischen Luft. Sie spezialisierte sich auf das wunderbare Handwerk der Reetdachdeckerei, für das sie ein besonderes Talent zu haben schien. In ganz England führte sie Reparaturarbeiten durch, und ich stelle mir vor, dass sie inmitten des nur aus Männern bestehenden Dachdeckertrupps ziemlich fehlplatziert wirkte. Ich wette, so manchem Landbewohner fielen die Augen aus dem Kopf, wenn die Arbeiter kamen und sich unter ihnen eine schöne junge Frau befand.

Gegen Ende des Krieges lernte Marianne Albin Rolf Adlerstein kennen und lieben, die beiden heirateten 1944. Albins Wunsch, nach Palästina zu gehen, war nicht ganz so ausgeprägt wie Mariannes, doch weil sie nicht von ihrem Ziel ablassen wollte, erklärte er sich bereit, mitzugehen, wenn die Zeit gekommen war.

Dann, ganz kurz vor Ende des Krieges, geschah noch ein Wunder. Eine Nachbarin erzählte Marianne, sie hätte gerade im Radio ein Interview mit einer Lagerüberlebenden namens Anita Lasker gehört. Marianne eilte sofort zur BBC und konnte die Leute dort überreden, ihr das Interview noch einmal vorzuspielen. Zuerst erkannte sie Anitas Stimme nicht, aber nachdem sie die Aufnahme ein paar Mal gehört hatte, war sie sich sicher. Anita sprach von sich und ihrer Schwester – sie waren also beide am Leben! Was muss Marianne empfunden haben, als sie diese Stimme nach fast sechs Jahren zum ersten Mal wieder hörte! Darüber habe ich viel nachgedacht, und allein das Nachdenken über diese Gefühle fand ich schon überwältigend. Anita und Renate lebten und waren zusammen! Sie taumelte vor Freude.

Praktisch veranlagt, wie Marianne war, schrieb sie einen Brief und adressierte ihn einfach nur mit »Anita Lasker, Bergen-Belsen«. Ob er wohl ankommen würde? Der Krieg war noch nicht vorbei. In Deutschland gab es keine Post. Marianne brachte den Brief über das britische Militär auf den Weg, und tatsächlich erreichte er meine Mutter. Sie hat mir das Glücksgefühl beschrieben, als sie nach so vielen Jahren wieder von ihrer Schwester hörte.

Eure Töchter schrieben sich fortan Briefe, die sie über britische Soldaten zwischen Deutschland und Großbritannien hin- und herschickten. In diesen Briefen kommt auf berührende Weise die große Freude darüber zum Ausdruck, sich am Leben zu wissen, und meine Mutter bewahrt diese Schriftstücke bis heute auf.

Im Laufe der folgenden Monate versuchten Renate und meine Mutter, eine Ausreisegenehmigung nach Großbritannien zu erwirken, sie wollten zu Marianne. Doch sie waren als »Displaced Persons«, als DPs, eingestuft, zusammen mit Millionen anderer heimatlos gewordener Menschen in Europa, und die Behörden kamen mit der Bearbeitung der Anträge überhaupt nicht nach.

Während sie warteten, bot sich Marianne die Gelegenheit, sich ihren Traum zu erfüllen und nach Palästina auszureisen. Derartige Genehmigungen waren nur schwer zu bekommen, denn selbst zu diesem Zeitpunkt, als das Mitgefühl eigentlich über allem hätte stehen müssen, gestatteten die Briten nur wenigen die Übersiedelung nach Palästina. Marianne wusste, wenn sie die Chance ergriff, würde sie nicht in England sein, wenn – und falls – ihre Schwestern endlich dort ankamen. Renate und Anita bestanden darauf, dass sie ihren Traum wahr machte und ausreiste.

Marianne und ihr Mann nahmen den Zug nach Marseille und von dort ein von der Jewish Agency gemietetes Schiff nach Haifa. Auf den Unterdecks drängten sich Migranten, die direkt aus Flüchtlingslagern kamen und buchstäblich nichts hatten. Sie müssen ein erbärmlicher Anblick gewesen sein. Im Vergleich dazu ging es Marianne und Albin recht gut, man bot ihnen einen Platz auf dem Oberdeck an, der fast so komfortabel war wie eine Kabine. Doch Marianne lehnte ab, sie bestand darauf, die Überfahrt zusammen mit den anderen Flüchtlingen zu verbringen und ihnen zu helfen, sich zu organisieren. Damals wurden Schiffe ziemlich häufig von der Royal Navy abgefangen und – wenn sie illegale Migranten an Bord hatten – nach Zypern umgeleitet. Doch sie kamen durch, und das Schiff gelangte heil nach Haifa.

Marianne und ihr Mann Albin begannen, sich ein ganz neues Leben aufzubauen. Im November wurden sie im wahrsten Sinne des Wortes zu Pionieren, indem sie sich am Aufbau des Kibbuz HaMa'apil beteiligten, das zentral zwischen Tel Aviv und Haifa liegt. Ich bin schon oft da gewesen. Das Leben im Kibbuz erfüllte alle Träume und Ideale Mariannes. Sie sprach bereits hebräisch und lernte schnell Arabisch, um mit ihren palästinensischen Nachbarn sprechen zu können. Sie arbeitete im Kuhstall, melkte die große Herde von Hand, konzentrierte sich aber vor allem auf den von ihr gewählten Tischlerberuf und half beim Errichten der Häuser. In ihrer Freizeit fertigte sie Möbel sowie Rutschen und Schaukeln für die Kinder des Kibbuz. Marianne fühlte sich in ihrem neuen Leben »ganz«.

Die politischen Entwicklungen erlebten Marianne und die gesamte zionistische Gemeinschaft in Palästina als rasant. Großbritannien verwaltete Palästina im Namen des Völkerbundes, der dem Land das Mandat erteilt hatte, die Entwicklung eines jüdischen Nationalstaates zu leiten. Die Gewalt in dem verwalteten Gebiet nahm zu, und Großbritannien verkündete 1947, es werde sich zurückziehen und es den neu gegründeten Vereinten Nationen überlassen, ob das Land den palästinensisch-arabischen Einwohnern oder den zionistischen Siedlern übergeben werden wollte. Die UN beschloss, das Land aufzuteilen und einen arabischen und einen jüdischen Staat *zu gründen. Diese Entscheidung traf auf großen Widerstand, und es kam zu noch größerer Gewalt. Die Briten bereiteten ihren Rückzug vor und wollten mit alldem nichts zu tun haben. Nachdem um Mitternacht das britische Mandat in Palästina endete, rief der Leiter der Jewish Agency, David Ben Gurion, am 15. Mai 1948 den Staat Israel aus. Binnen Stunden erkannten die damaligen Großmächte – die USA und die Sowjetunion – die Existenz des neuen Staates an. Doch die arabischen Nachbarn tobten, weil man – so ihre Ansicht – ihnen ihr Land gestohlen hatte. Mehrere arabische Länder fielen in Israel ein. Der erste von einer ganzen Reihe von Kriegen begann.*

Marianne und Albin waren überglücklich, als 1947 ihre Tochter Michal geboren wurde. Ich habe viele Fotos von diesem Mädchen gesehen, wie es glücklich in den Gärten des Kibbuz spielt. Michal ist euer erstes Enkelkind. 1952 herrschte große Aufregung, als die beiden auch noch einen Sohn bekamen, Amir, euer zweites Enkelkind. Die Bedingungen in den Krankenhäusern in Israel seinerzeit waren recht primitiv, und binnen achtundvierzig Stunden nach Amirs Geburt starb Marianne im Alter von nur einunddreißig Jahren.

Liebe Großeltern, es ist eine der großen Tragödien unserer Familie, dass Marianne, der es gelungen war, dem Holocaust zu entkommen, und die die Kriegsjahre in relativer Sicherheit in England verbrachte, so jung im Kindbett verstarb. Ihr Tod löste in ihrer Großfamilie in Israel und bei ihren Schwestern in Großbritannien tiefe Trauer aus. Für meine Mutter wurde Marianne zum Idol. Durch ihre Briefe und die Erinnerungen ihrer Lieben wird das Gedächtnis an Marianne und ihr Leben bewahrt und in Ehren gehalten.

Es tut mir leid, euch derart Trauriges über eure älteste Tochter berichten zu müssen.

In Liebe,

Maya

Unsere Flitterwochen waren ein ziemlicher Reinfall. Nach dem Empfang fuhren David und ich nach Birmingham, von wo wir am nächsten Tag nach Limassol auf Zypern flogen. David wollte am liebsten alle Mahlzeiten im Hotel einnehmen, da er das für das Sicherste hielt. Ich dagegen fühlte mich gefangen. Ich wollte unbedingt in eine romantische Taverne gehen, und schließlich gab David nach. Ich kann mich noch gut an die Atmosphäre dort erinnern, an die Lebendigkeit, die in krassem Gegensatz stand zu dem modernen Hotel, in dem wir wohnten. Doch schon nach ein paar Stunden plagte uns beide eine üble Lebensmittelvergiftung. Nicht besonders romantisch. Unsere Mägen rebellierten auf das Heftigste, und wir waren die meiste Zeit krank. Ich habe nicht eine glückliche Erinnerung an diese Woche. Als der Rückflug anstand, war ich so schwach, dass ich nicht sicher war, ob ich es überhaupt an Bord der Maschine schaffen würde. Tatsächlich war das eine Reaktion auf das abrupte Nachlassen der monatelangen Anspannung, die der Hochzeit vorausgegangen war – eine massive Antiklimax.

Kurz nach unserer Rückkehr verbrachten wir den Sederabend bei Davids Eltern. Es war mein erstes Pessachfest als angeheiratete Jacobs und das zweite überhaupt in meinem Leben. Inzwischen waren mir die Rituale meines jüdischen Lebens deutlich vertrauter. Ich schätzte die Traditionen weiterhin sehr und war froh, Teil einer für mich neuen Gemeinschaft zu sein. An diesem Punkt in meinem Leben nahm ich mich selbst stark als Rückkehrerin wahr und empfand großen Stolz, obwohl ich streng genommen ja nicht zu etwas zurückkehrte, das früher Teil meines Lebens gewesen wäre. Aber ich kehrte zu etwas zurück, das vor vielen Jahren ein kleiner Teil des Lebens meiner Eltern gewesen war.

Am Anfang unserer Ehe lebten David und ich in Davids Wohnung in Hampstead. Er verdiente mit seiner Fotografie und seiner Druckerei gutes Geld. Ich arbeitete an verschiedenen Entzugskliniken in London und entwickelte mich fachlich wie persönlich weiter. Ich fand das alles hochinteressant und angenehm herausfordernd. Was unsere Beziehung anging, so bemerkte ich schon bald, in welchem Ausmaß David meinte, mich kontrollieren zu müssen. Meine Vergangenheit verstörte und beängstigte ihn, insbesondere das, was er als sorglosen Lebenswandel bezeichnete. Er war wild entschlossen, auf keinen Fall zuzulassen, dass ich je wieder zu einem solchen Verhalten zurückkehrte, geschweige denn einen Rückfall erlitt. Wir waren gerade mal ein paar Wochen verheiratet, da überreichte er mir eine glänzende Geschenktüte, in der ein Scheckheft für ein Konto steckte, das er in unser beider Namen eingerichtet hatte. Er betrachtete das als Geschenk. Für mich waren es Ketten. Er verlangte von mir, alle anderen Konten zu schließen und sämtliche Kreditkarten abzugeben. Er wollte, dass wir nur noch ein gemeinsames Konto hatten, um genauestens mitverfolgen zu können, wie viel Geld ich ausgab. Je mehr Widerstand ich leistete, desto mehr wollte er mich kontrollieren. Jeden Monat überreichte ich David meinen Gehaltsscheck, er zahlte ihn auf das Konto ein – und es war mit meiner Freiheit vorbei. Jeden Freitag überreichte er mir sechzig Pfund, mein Taschengeld für die kommende Woche. Ich kann mich nicht erinnern, dass wir das je besprochen, geschweige denn, dass ich dieser Regelung zugestimmt hätte. Es war stets dasselbe, jeden Freitag bekam ich drei Zwanzig-Pfund-Scheine. Keine Diskussion. So und nicht anders wollte er es haben.

Aus dem Gefühl, von meinem Mann kontrolliert zu werden, und meinem Versuch, mich dagegen zu wehren, entwickelte sich die zentrale Dynamik unserer Beziehung. Es dauerte eine Weile, bis ich eine Strategie entwickelt hatte. Letztendlich tat ich das, was so viele Ehefrauen im Laufe der Jahrhunderte getan haben: Er beschnitt meine persönliche Freiheit – ich beschnitt unsere sexuellen Aktivitäten. Ich protestierte, indem ich mich der Ehe im Bett entzog. Ich trat in Sex-Streik. Und so lief unsere etwas merkwürdige Ehe dann weiter. Nach außen waren wir ein glückliches Paar, aber zwischen uns herrschte ständig Spannung und Konflikt. Wir waren keine glücklichen Frischvermählten.

Im Rahmen meiner Weiterbildung zur Suchtberaterin musste ich ein zweimonatiges Praktikum in Clouds House absolvieren. Es war seltsam, an den Ort zurückzukehren, der mir das Leben gerettet hatte. Jeden Sonntagabend fuhr ich nach Wiltshire, jeden Freitagabend kam ich zurück nach London. In diesen Wochen begann David, sich nach einem Haus für uns umzusehen. An den Wochenenden verbrachte ich viel Zeit damit, Häuser zu besichtigen, die er bereits gesehen und für geeignet befunden hatte. Als er schließlich in Muswell Hill ein Haus fand, das auch mir zusagte, kauften wir es und zogen ein. Wir schienen immer noch eine konventionelle und normale Beziehung zu führen.

David brachte jeden Freitagabend den *Jewish Chronicle* mit nach Hause. Eines Tages, es war 1992, entdeckte ich darin eine kleine Anzeige, mit der nach Menschen gesucht wurde, deren Eltern den Holocaust überlebt hatten. Sie sollten zu einem Gespräch kommen, und es sollte für die Dauer von einem Jahr eine neue psychotherapeutische Gruppe gegründet werden. Ich bewarb mich sofort. Jedes einzelne Wort in dieser kurzen Anzeige brachte etwas in mir zum Klingen. Es war das erste Mal, dass mir eine solche Gelegenheit begegnete, das erste Mal, dass ich im Zusammenhang mit dem Holocaust den Begriff »zweite Generation« hörte. Ich weiß noch, wie erleichtert ich auf die Erkenntnis reagierte, dass es andere Menschen wie mich gab und dass ich vielleicht endlich einen Kontext und eine Sprache finden würde, die sich eigneten, um gemeinsam mit anderen anzufangen, die Last unserer Erfahrungen zu begreifen. Ich war fünfunddreißig.

Im ersten Jahr in unserem neuen Haus starb mein Vater. Etwa zwei Jahre zuvor hatte er mehrere kleine Schlaganfälle erlitten, mit der tragischen Folge, dass er nicht mehr Klavier spielen und auftreten konnte. Er entwickelte eine schwere Depression, und ich glaube, er verlor jeden Lebenswillen. Im November 1993 musste er wieder ins Krankenhaus, um sich ein paar Behandlungen zu unterziehen. David und ich waren auf dem Nachhauseweg am Krankenhaus vorbeigekommen, und ich sagte, ich wollte eben schnell reingehen und meinen Vater kurz besuchen, doch David sagte, er sei zu müde, und so ließen wir es bleiben. Meine Mutter war an jenem Nachmittag bei meinem Vater gewesen, musste abends aber zur Orchesterprobe. In den frühen Morgenstunden erreichte meine Mutter ein Anruf vom Krankenhaus: Sie solle so schnell wie möglich kommen, mein Vater sei nach einem Herzversagen auf die Intensivstation verlegt worden. Meine Mutter rief Raphael und mich an, und wir alle rasten zum Krankenhaus. Wir warteten im Empfangsbereich, bis mein Bruder da war, dann gingen wir zu meinem Vater. Er war wenige Minuten zuvor verstorben. Die Geräte, mit denen man versucht hatte, ihn wiederzubeleben, waren noch an seinen Körper angeschlossen. Das einzige Geräusch war das Piepen des Herzmonitors.

Meiner Ansicht nach ist es ein Ding der Unmöglichkeit, sich auf den Tod vorzubereiten und auf die tiefen Emotionen, die mit Macht von ihm entfesselt werden.

Wir standen um Vaters Intensivbett herum, als eine Krankenschwester hinzukam und mit uns redete. Ich bekam kein Wort mit von dem, was sie sagte. Sie machte nur ihre Arbeit, aber ich fand, in dieser schmerzhaften und zutiefst intimen Situation war einfach kein Platz für sie. Ich bat sie zu gehen. Der Tod meines

Vaters war natürlich für jeden von uns traumatisch. Raphael war vollkommen aufgelöst. Angesichts der Tatsache, dass es drei Uhr morgens war und er ohnehin nichts tun konnte, fuhr er wieder nach Hause und ließ meine Mutter und mich im Krankenhaus zurück. Meine Mutter wirkte, als habe man sie abgeschaltet. Ich konnte nicht mehr zu ihr durchdringen. Das war ihre Art, mit großem emotionalem Schmerz umzugehen. Keiner von uns hatte damit gerechnet, dass mein Vater im Krankenhaus sterben würde. Für den Tod gibt es keine Generalprobe, und nichts kann einen auf das enorm körperliche Ereignis vorbereiten und auf das Gefühl, ins Bodenlose zu fallen, und obwohl niemand auf der Welt dem Tod entgehen kann, ist er uns unfassbar fern, bis wir ihn selbst erleben. Meine Mutter hatte täglich mit dem Tod zu tun gehabt. In den Lagern war das normal gewesen. Überleben war die Ausnahme gewesen. Wie lebt man, umgeben von Leichen? Das ist der Stoff, aus dem Albträume gemacht sind.

Während wir bei meinem Vater saßen, wirkte meine Mutter vollkommen verloren. Ich ahnte, dass sie an all ihre bisher erlittenen Verluste dachte, an den ihrer Eltern und anderer Menschen, die ihr etwas bedeutet hatten, deren Tod aber niemand bezeugen konnte, und die nie richtig beerdigt worden waren. Mein Vater verkörperte die Endgültigkeit des Todes, er machte sie greifbar. Mich erwischte das alles kalt. Ich stürzte in einen Zustand totaler Verwirrung und Orientierungslosigkeit. Das ist das Echo des generationenübergreifenden Traumas, das mein gesamtes Leben überschattet hat. Als Kinder verlassen wir uns darauf, dass unsere Eltern uns dabei helfen, die Welt zu verstehen, in uns und um uns herum. In meiner Kindheit blieb das aus, und es lähmte mich in meiner Fähigkeit, über meine emotionalen und psychologischen Erfahrungen nachzudenken und sie zu verarbeiten, sowie das, was mich in diesem Augenblick am meisten beschäftigte, zu strukturieren. Natürlich hat es meine Welt und die Art von Beziehungen, zu denen ich mich wiederholt hingezogen fühlte, geprägt. Einen Großteil meines Lebens wurde mir eine Angst eingeflößt, die zwar unangenehm war, aber dennoch mein Normalzustand.

Mein Verlust war mit dem meiner Mutter natürlich überhaupt nicht zu vergleichen. Er verblasste neben ihrem. Irgendwo wusste ich das, und doch brauchte ich meine Mutter jetzt ganz besonders. Es waren ihre stets verleugnete Angst und der Verlust, die sich, so glaube ich, in mir abgelagert hatten. Ich wurde zur Wunde der Familie, die nichterklärte Vergangenheit steckte in mir, die Verwirrungen, die sich in all meinen Verirrungen manifestierten. Am schmerzhaftesten war vielleicht, dass es mich weiter von dem entfernte, was ich in Wirklichkeit am allermeisten brauchte.

Mein Verhältnis zu meinem Vater war über so viele Jahre enorm schwierig gewesen, und ich hatte mich nie richtig mit ihm ausgesöhnt. Er freute sich, dass ich David heiratete, und reagierte zufrieden, wenn auch etwas verblüfft, auf die Verbindung mit der Familie Jacobs. Leider war unsere Beziehung aber nie wirklich entspannt gewesen, und auch jetzt herrschte noch eine gewisse Anspannung. Ich stand an seinem Totenbett und war so unendlich traurig über seinen Verlust, und weil wir einander nie richtig gekannt hatten, dachte ich, wir hätten einander im Stich gelassen. Meine Mutter verließ die Intensivstation, aber ich wollte noch eine Weile mit meinem Vater allein sein und blieb. Jetzt, da er tot war, musste ich mit niemandem mehr um seine Aufmerksamkeit buhlen. Ich bin sicher, ich sagte ihm all das, was ich zu seinen Lebzeiten nicht hatte in Worte fassen können. Ich versicherte ihn meiner Liebe. Gegen vier Uhr morgens fuhr ich zu meiner Mutter.

Eine enorme Geschäftigkeit brach aus. Meinem Bruder gelang es, bei der BBC jemanden zu erreichen, sodass Radio 3 bereits um sieben Uhr morgens vom Tod meines Vaters berichtete. Unsere Privatangelegenheit war nun öffentlich. Dann kümmerte sich Raphael um seine Familie und half seinen Kindern, mit der Trauer um den innig geliebten Großvater umzugehen. Wenn ich jetzt an diese Zeit zurückdenke, glaube ich, dass meine Mutter unter Schock stand. Und ich, ich saß da, schaute zu und zitterte.

Mein Vater hatte keinerlei Anweisungen dazu hinterlassen, wie seine Beerdigung ablaufen sollte, das war ein Thema gewesen, über das in unserer Familie nie geredet wurde. Wir wussten nur, dass er nicht der jüdischen Tradition entsprechend binnen vierundzwanzig Stunden bestattet werden wollte. David hat uns in allen praktischen Angelegenheiten wunderbar unterstützt und dafür gesorgt, dass ein jüdischer Bestatter den Leichnam im Krankenhaus abholte. Und obwohl die Beerdigung keine religiöse Angelegenheit werden sollte, war es mir wichtig, dass das Kaddisch gesprochen würde, ein Ritual, das stets von einem Rabbi vollzogen wurde. Ich weiß noch, wie ich einmal nach Hause kam und laut heulte, ja fast schon schrie. David verstörte das, vielleicht auch deshalb, weil ich die Erste von uns beiden war, die einen Elternteil verlor. Er unterstützte mich, soweit er konnte, er zeigte großes Verständnis, aber ich glaube nicht, dass er wirklich begriff, wie schlimm das für mich war.

David war ein Organisationstalent und half bei den Vorbereitungen für die Beerdigung, die eine Mischung aus traditionellem englischem Begräbnis und jüdischen Ritualen war. Und natürlich gab es Musik. Mir lag viel daran, dass die Zeremonie einige traditionelle jüdische Elemente enthielt. Sie fand im Hoop Lane Crematorium in Golders Green, Nordlondon, statt. Ich wollte, dass in dem Moment, in dem der Sarg sich unseren Blicken entzog, nur noch die Lieblingsblumen meines Vaters zu sehen waren. Und so lag ein wunderschönes Gebinde aus weißen Freesien auf dem Sargdeckel. Ich wollte auch einen Brief an meinen Vater auf den Sarg legen. Es hatte etwas sehr Sinnbildhaftes, dass ich erst nach dem Tod meines Vaters in der Lage war, meinen Wunsch nach einer Verbindung zu ihm und danach, als seine einzige

Tochter einen Platz zu haben, irgendwie zum Ausdruck zu bringen. Weil mein Vater eingeäschert wurde, konnte mein Schwiegervater an seiner Bestattung nicht teilnehmen, denn orthodoxe Rabbis dürfen keinen Einäscherungen beiwohnen. Er hatte aber ein paar hebräische Texte vorbereitet, die David während der Zeremonie verlas. Ein reformierter Rabbiner sprach das Kaddisch, das mir so wichtig gewesen war. Ich finde es erstaunlich, wie sich gewisse »Gesetze« innerhalb der jüdischen Tradition halten, die doch eher trennen als vereinen. Ich bin überzeugt, dass mein Schwiegervater Louis im Geiste bei uns war. Er wusste besser als jeder andere, was es bedeutete, verurteilt zu werden, und er hätte niemals gewollt, dass die Bestattung meines Vaters in irgendeiner Weise Gegenstand übler Nachrede wurde.

Es kamen viele Leute zur Beerdigung. Und doch fühlte ich mich allein. Natürlich kannten alle Trauergäste meine Mutter. Sie wollte lieber in ihrem eigenen Auto fahren statt im Leichenwagen. Ich schloss mich ihr an. Ihr Stoizismus war bemerkenswert. Kurz bevor der Gottesdienst begann, spazierte sie eine Runde durch die wunderschönen Gärten rund um das Krematorium, mir war klar, dass sie ein paar Minuten für sich brauchte. Jeder kannte Raphael, den berühmten Cellisten, und man wusste auch, wer Libby war. Und die beiden waren natürlich vollauf damit beschäftigt, ihre drei Kinder zu trösten. Weil ich der Familie so lange entfremdet gewesen war, wussten viele Trauergäste schlicht nicht, wer ich war. In mehreren Kondolenzschreiben, die ich später erhielt, stand: »Es tut mir wirklich sehr leid, aber mir war auf der Beerdigung gar nicht klar, dass du das warst.« Ich fühlte mich mutterseelenallein.

Wir verzichteten auf das Schiwa-Sitzen, einen jüdischen, sieben Tage dauernden Trauerbrauch. Nach der Einäscherung versammelten wir uns alle bei meiner Mutter. Ich werde nie vergessen, wie eine alte Freundin der Familie, Tilda, neben mir saß und einfach nur meine Hand hielt und so meine Trauer anerkannte. Ihre Zugewandtheit bedeutete mir viel. Meine Mutter erlebte ich als unerreichbar während jener ersten qualvollen Tage, in denen alles so aussieht wie bisher, in Wirklichkeit aber vollkommen verändert ist.

Ich habe zu früh wieder angefangen zu arbeiten, ich stand noch unter Schock. Meine Körpertemperatur sank, ich fror die ganze Zeit. Ich schleppte ständig eine Wärmflasche mit mir herum, von einer Therapiegruppensitzung zur nächsten.

Wenn ein Elternteil stirbt, wird man sich normalerweise der eigenen Sterblichkeit und dem Stellenwert der Familie bewusst. Als der Trauernebel sich lichtete, bemerkte ich ständig Mütter mit Kindern im Einkaufszentrum oder Mütter, die Kinderwagen durch die Straßen schoben. Sie sahen alle so gefestigt aus, so in ihrer Identität als Mutter ruhend, und mich sprach das auf einmal an. Ich entwickelte den dringenden Wunsch, Teil dieses »Clubs« zu werden. Doch solange ich im Sex-Streik war, bestand nicht viel Hoffnung für mich, Mutter zu werden.

David war mit dem sexuellen Teil unserer Beziehung natürlich höchst unzufrieden. Er wünschte sich nichts mehr, als dass ich ihm eine liebende jüdische Ehefrau wäre. Das war auch keineswegs übertrieben. Aber auch ich wünschte mir von ihm Dinge, die zu geben er nicht imstande war. Der jüdische Ehevertrag ist ziemlich detailliert in seinen Anweisungen, und eine der Vorschriften lautet, dass der Ehemann seine Frau »beschützt und unterstützt« und er ihr »alles zur Verfügung stellt, was nötig ist, wie es sich für einen jüdischen Ehemann geziemt«. Und von mir wurde verlangt, für den Rest meines Lebens meinem Mann gegenüber »alle weiteren Pflichten zu übernehmen, die das religiöse Gesetz vorschreibt«. Tatsache war, dass wir beide unseren Verpflichtungen und unserer Verantwortung gegenüber dem anderen als Mann und Frau nicht gerecht wurden.

Nach dem Tod meines Vaters legte ich eine Sexstreik-Pause ein. Ich wünschte mir nichts sehnlicher als ein Kind, und obwohl David nicht ganz mit mir einer Meinung war, gab er nach, und wir versuchten es. Und es klappte nicht – wobei man sagen muss, dass es die Wahrscheinlichkeit einer Empfängnis nicht gerade erhöhte, dass wir nur einmal im Monat miteinander schliefen. Wie die meisten ungewollt kinderlosen Paare suchten wir uns Rat, nahmen Kontakt zu Fertilitätsmedizinern auf und fingen an, uns auf eine künstliche Befruchtung vorzubereiten. Doch kurz bevor wir mit der Behandlung begannen, wurde ich wie durch ein Wunder schwanger. Ich war außer mir vor Freude. Auch David freute sich. Meine Mutter und meine Schwiegereltern freuten sich für uns. Alle freuten sich, und im März 1995 sollte unser Kind geboren werden. Ich war sechsunddreißig, was damals für eine Erstgebärende ziemlich alt war, und wurde darum als Risiko-schwangerschaft eingestuft. Aber abgesehen von den üblichen Ängsten, die eine Frau in der Schwangerschaft so hat, entwickelte sich alles ganz normal. Im Rückblick muss ich sagen, fand ich es richtig schön, schwanger zu sein. Ich arbeitete, bis ich im siebten Monat war.

Unser Kind kam dann drei Wochen vor dem errechneten Termin. Ich hatte eine Grippe gehabt und war ziemlich schwach. Eines späten Nachmittags waren wir gerade in der Tiefkühl-abteilung im Supermarkt um die Ecke einkaufen, als mir plötz-lich nass und warm zwischen den Beinen wurde und ich verstand, dass meine Fruchtblase geplatzt sein musste. David befand sich einen Gang weiter, ich flüsterte ihm zu. Erst wollte er mir nicht glauben, weil es ja noch Wochen zu früh war, und meinte, ich wür-de mich irren. Ich versuchte es erneut und zeigte auf die Pfütze am Boden. Da begriff er es! Wir eilten nach Hause und riefen im Krankenhaus an. Man sagte uns, wir sollten sofort kommen. Da wir eine Fruchtbarkeitsbehandlung angestrebt hatten, waren wir für die Geburt bereits am Hammersmith Hospital registriert, das damals führend auf dem Gebiet war. Allerdings befand sich die Klinik etwa zehn Meilen von uns entfernt in Nordlondon. Mitten im dicksten Berufsverkehr fuhren wir also quer durch die Hauptstadt. Praktisch jede Ampel war rot, und es kam uns vor, als sei halb London vor uns auf den Straßen unterwegs. David ist stets ein besonnener Autofahrer gewesen, und er ließ sich auch jetzt nicht im Geringsten von der Dringlichkeit der Situation aus der Ruhe bringen. Ganz langsam steuerte er uns durch den dichten Verkehr und verwandelte die Fahrt für mich in eine nicht enden wollende Qual. Als wir endlich am Krankenhaus ankamen, bestand David darauf, auf dem hoffnungslos überfüllten Parkplatz Runde um Runde zu drehen, bis er eine Lücke gefunden hatte. Als wir endlich den Haupteingang erreichten, war ich bereits reichlich verzweifelt.

Dankenswerterweise tauchte von irgendwoher ein Rollstuhl auf, und man brachte uns schnell zur Entbindungsstation. Ich wurde untersucht, und da der Muttermund sich geöffnet hatte, war klar, dass die Geburt bereits im Gange war. Ich wurde in einen Nebenraum gebracht und an alle möglichen Monitore angeschlossen. Ich hatte Hunger und war erschöpft von der Fahrt zum Krankenhaus. Vielleicht lag es daran, dass die Geburt so langsam voranschritt. Am späten Abend war immer noch kein Baby in Sicht. Es würde eine lange Nacht werden.

Die ganze Zeit hörte ich andere Frauen auf der Station stöhnen und schreien. Gegen fünf oder sechs Uhr morgens bat ich zum ersten Mal um einen Kaiserschnitt, ich wollte die Sache hinter mich bringen. Aber dieser Bitte wollte man nicht nachkommen. Ich hatte zu dem Zeitpunkt keine Ahnung, woher ich noch die Kraft nehmen sollte, ein Baby aus mir herauszupressen. Nach einer halben Ewigkeit untersuchte mich ein Geburtshelfer, der eine Zangengeburt empfahl, weil mein Muttermund nicht richtig mitarbeitete. Man setzte mir eine PDA und traf die nötigen Vorbereitungen. Damit die Zange weit genug in die Gebärmutter vordringen konnte, musste chirurgisch eingegriffen werden. Schließlich wies man mich an, zu pressen. Ich wandte schier unmenschliche Kräfte auf. Nach etwa 45 Minuten schob die letzte Presswehe das Kind hervor. Gegen sieben Uhr kam mein Sohn auf die Welt.

Man brachte ihn schnell in die andere Ecke des Raumes, wo er gewogen und in Tücher gewickelt wurde. Er wurde mir nicht auf die Brust gelegt, wir konnten uns nicht Haut an Haut spüren und eine erste Verbindung aufbauen. Ich war ziemlich konfus, aber ich weiß noch, dass ich ängstlich fragte, ob alles in Ordnung sei, und dass man mir sagte, alles sei in allerbester Ordnung. Ich sah quer durch das Zimmer zu meinem Sohn und kann mich noch an seine winzigen, geweiteten Augen erinnern, aus denen er alles beobachtete.

Binnen kürzester Zeit war das Zimmer auf einmal voller Menschen, einschließlich Ärzten und Hebammen. Sie standen am Fußende meines Bettes und untersuchten mich. Ich hatte keine Ahnung, was vor sich ging, aber mir war klar, dass etwas nicht stimmte. Die Ärzte wurden immer hektischer, immer mehr Menschen tauchten an meinem Bett auf. Ich glaube, man spritzte mir etwas, und kurz darauf ließ die alarmierte Unruhe nach. Als ich schließlich zusammen mit meinem Sohn aus dem Kreißsaal geschoben wurde und mich noch einmal umdrehte, sah ich ein Schlachtfeld. Überall war Blut. Ich hatte keine Ahnung, was passiert war, erlitt aber einen Schock.

Auf der Wochenstation war ich von Müttern und ihren Partnern umgeben, alle wirkten wahnsinnig glücklich und zufrieden. Alle schienen genau zu wissen, was sie taten. Dann ließ die Wirkung der PDA nach, und die Nachwirkungen der Geburt erwischten mich mit voller Wucht. Ich hörte mich selbst schreien und unkontrollierte Laute hervorbringen. Mir war, als würde man mit heißen Schüreisen in mir herumstochern, die Schmerzen waren barbarisch. David machte sich große Sorgen, konnte aber nichts tun. Eine Krankenschwester sagte, sie könne mir, solange kein Arzt da gewesen sei, lediglich Paracetamol geben. Und dann, endlich, wurde mir etwas verabreicht, das wie ein Wundermittel wirkte. Die Schmerzen ließen nach, aber ich war so verwirrt von dem, was da mit mir passierte, dass ich nichts anderes mehr mitbekam.

Stunden vergingen, und ich wurde zusehends schwächer, als würde ich sterben. Ich weiß noch, wie ich dachte: »So fühlt es sich also an, wenn man stirbt.« Ich driftete immer weiter ab. Meine Mutter kam und geriet außer sich. Kein Wunder, schließlich war ihre große Schwester im Wochenbett gestorben. Doch dieses Mal spitzte sich die Situation nicht weiter zu.

Mein Sohn lag neben mir in einer Plastikwiege, aber ich hatte keine Kraft, mich um ihn zu kümmern. Es muss spät am Nachmittag gewesen sein, als endlich der Arzt vorbeikam und mich darüber informierte, dass ich nach der Geburt ungewöhnlich stark geblutet hatte und dass es bei der Bluttransfusion zu Verzögerungen komme, weil die benötigte Blutgruppe nicht in ausreichender Menge zur Verfügung stehe. Das war das Erste, was ich zu den Vorgängen direkt im Anschluss an die Geburt erfuhr.

Später am Abend, vierundzwanzig Stunden nach unserer Ankunft im Krankenhaus, wurde ich an zwei Tropfe, links und rechts, angeschlossen, und die Bluttransfusion begann. Ich wollte, dass eine der Schwestern nach meinem Sohn sah, weil ich selbst das nicht konnte. Am nächsten Tag kam meine Mutter und kümmerte sich rührend um mich. Ich wollte in ein anderes Krankenhaus verlegt werden. Den Wunsch erfüllte man mir nicht, ich musste über eine Woche im Hammersmith Hospital bleiben und wurde immer niedergeschlagener. Ich sah so viele Frauen mit ihren Babys das Krankenhaus verlassen. Ich sollte mich nur langsam erholen.

Als ich schließlich entlassen wurde, hatte mich die postnatale Depression bereits fest im Griff. Ich war kraftlos. So hatte ich mir mein neues Leben als Mutter nicht vorgestellt. Die freudige Erregung, mit der ich gehofft hatte mit meinem Kind nach Hause zu kommen, wurde von totaler Erschöpfung überlagert. Meine Mutter wohnte eine Weile bei uns, wie Mütter das häufig tun. Ihre Unterstützung tat mir gut. Sowohl meine als auch Davids Familie war ganz aus dem Häuschen. Mein wunderbarer Junge war zwar drei Wochen zu früh geboren, aber heil und gesund, wenn auch mit 2778 Gramm ziemlich klein. Wir beschlossen, ihn Abraham zu nennen. Davids Vater fragte, ob wir uns da sicher seien, da Abraham für einen jüdischen Jungen ein sehr großer Name sei. Ich blieb dabei. Mein Sohn würde ein Abraham sein. Ich weiß noch, wie ich ihn ansah und kaum fassen konnte, dass er aus mir gekommen war. Ganz gleich, wie niedergeschlagen ich war, meine tiefe Liebe zu ihm ließ nie nach. Es sollte Monate dauern, bis ich mich von der traumatischen Geburt erholt hatte.

Der Tradition entsprechend wurde Abraham zehn Tage nach seiner Geburt beschnitten. Ein Mohel genannter Mann kam ins Haus, um das Ritual durchzuführen. Da die Zeremonie stets morgens stattfinden muss, waren um neun bereits zahlreiche Gäste versammelt, Davids Familie und Freunde. Meine Mutter und ich warteten gespannt im Schlafzimmer, während Abraham nach unten gebracht wurde, wo die Gebete und Segenssprüche aufgesagt wurden und die Zeremonie stattfand. Es ist nicht üblich, dass die Mutter des Jungen zugegen ist. Meiner Mutter und mir war dieses Ritual gänzlich fremd, und wir waren vereint in unserer Bestürzung angesichts der Vorgänge. Nach einer halben Ewigkeit wurde Abraham mir zurückgebracht, er war bandagiert und weinte. Die Beschneidung wird ohne Betäubung vorgenommen.

Weitere seltsame Rituale folgten. Das *Pidjon ha-Ben* ist ein Ritus, bei dem der Vater des erstgeborenen Sohnes diesen Jungen auslöst. In der jüdischen Tradition gehörte der Erstgeborene zur Priesterklasse, und bei diesem Ritual überreicht der Vater seinen Sohn zunächst dem Rabbi und kauft ihn dann symbolisch mit ein paar Münzen zurück. Diese Zeremonie muss am einunddreißigsten Tag nach der Geburt stattfinden. David und sein Vater legten großen Wert auf diese Tradition, und so wurde der Ritus durchgeführt.

Ich hatte mich viele Monate auf das Leben gefreut, das mir meine neue Rolle als Mutter eröffnen würde. Ich hatte mir vorgestellt, wie ich endlich ein Teil der jüdischen Mütter-Community würde, die Hühnersuppe kochte, sich im Brent-Cross-Einkaufszentrum traf und über die Windelpreise klagte. Aber all das flog mir nicht einfach so zu. Meine Mutter war mir während der ersten Monate eine große Hilfe, und wie alle anderen war sie schon bald absolut vernarrt in Abraham. Er war ein so entzückender kleiner Junge, dass wildfremde Menschen auf der Straße stehen blieben und mir sagten, was für ein hübsches Baby er sei. Ich liebte ihn von ganzem Herzen, daran bestand kein Zweifel, und ich tat alles für ihn. Aber irgendwie konnte ich mich nicht richtig freuen, und dessen schämte ich mich. Mir war klar, dass das überhaupt nichts mit meinem Kind zu tun hatte, sondern ausschließlich mit mir selbst.

7
Auschwitz

Liebe Großeltern,

die Geschichte von meiner Mutter, die inmitten der Hölle von Auschwitz aufgrund eines Paars ungewöhnlicher Schuhe ihrer Schwester wiederbegegnete, erfüllt mich mit großer Freude.

Und selbst in dieser Hölle konnten sich offenbar sogar mehrere Wunder zutragen. Während der »Lagerinitiation« im Aufnahmeblock unterhielt meine Mutter sich mit dem Mädchen, das sie um die Schuhe gebeten hatte. Das Mädchen fragte Mutter, was sie vor dem Krieg gemacht hatte. Anita erzählte ihr, dass sie Cello studiert hatte, was meiner Mutter in Anbetracht der Umstände, in denen sie sich befand, ziemlich belanglos erschien. Jedenfalls hatte sie ganz sicher nicht mit der folgenden Reaktion gerechnet: »Das ist ja fantastisch! Du wirst gerettet werden!« Das Mädchen nahm meine Mutter bei der Hand, zog sie beiseite und sagte: »Bleib hier stehen und warte.« Der mit Menschen gefüllte Block leerte sich zusehends. Meine Mutter stand da, nackt, mit rasiertem Kopf und frisch tätowiert, und wusste nicht, worauf sie wartete. Eine Weile dachte sie, sie befände sich in einer Gaskammer und würde jetzt sterben. Was in einem Menschen vor sich gehen muss, der jede Minute mit seiner sicheren Ermordung rechnet, entzieht sich restlos meiner Vorstellungskraft.

Dann kam eine gutaussehende Frau in Kamelhaarmantel und mit Kopftuch herein. Zuerst dachte meine Mutter, sie sei von der Gestapo oder eine Aufseherin, weil sie für eine Gefangene viel zu elegant gekleidet war. Doch die Dame stellte sich ihr vor, eigentlich fast zu förmlich in Anbetracht der Umstände: »Ich bin Alma Rosé.« Sie befragte meine Mutter zu ihrem Cellospiel, wollte wissen, wo sie gespielt hatte, bei wem sie studiert hatte und so weiter. Mutter sagt, die Begegnung sei ihr wie ein Traum vorgekommen. In ihren vielen Albträumen zu Auschwitz hatte sie sich nie vorgestellt, sich dort einmal mit jemandem über Cellomusik zu unterhalten. Alma Rosé wiederholte, was das Mädchen zuvor bereits gesagt hatte: »Du wirst gerettet werden.« Sie erklärte auch, dass Mutter zunächst in Quarantäne musste. Dann verschwand sie auf genauso rätselhafte Weise, wie sie aufgetaucht war.

Der Quarantäneblock war eine Hölle für sich. Wie die Ölsardinen lagen die Menschen auf den Holzböden riesiger Etagenbetten. Ständig riefen die SS-Wächter alle zum Appell in die eisige Kälte. Manchmal für Stunden. Keiner durfte sich rühren. Wer es doch tat, wurde geschlagen. Diesen armen, an Durchfall leidenden Menschen lief nach stundenlangem Strammstehen buchstäblich die Scheiße die Beine herunter.

Meine Mutter hatte Glück, denn nach wenigen Tagen im Quarantäneblock erschien ein SS-Offizier und rief, »die Cellistin« solle mitkommen. Er brachte meine Mutter zu einem Gebäude, von dem sie später erfuhr, dass es der Musik-Block war. Dort sah sie Alma Rosé wieder. Sie war die Leiterin des ausschließlich aus Frauen bestehenden Lagerorchesters und bat meine Mutter, ihr etwas auf dem Cello vorzuspielen. Offenbar sollte das ihre Aufnahmeprüfung sein. Eine Orchesteraufnahmeprüfung in Auschwitz?

Zwei Jahre lang hatte meine Mutter kein Cello gesehen, geschweige denn in der Hand gehabt. Sie bat um ein paar Minuten, in denen sie sich mit dem Instrument vertraut machen konnte. Dann spielte sie den langsamen Satz aus dem Boccherini-Konzert. Mir kommen die Tränen, während ich das hier schreibe und mir vorstelle, wie sich der Geist meiner Mutter über das sie umgebende Grauen erhob.

In Auschwitz gab es also ein Frauenorchester, oder vielmehr eine Kapelle, und dort benötigte man dringend ein Bassinstrument, da in der ungewöhnlichen Zusammenstellung von Musikerinnen kein einziges vertreten war. Das Orchester bestand ausschließlich aus Sopran-Instrumenten – Geigen, Mandolinen, Gitarren, Flöten und zwei Akkordeons. Zusammen mit den anderen Musikerinnen spielte meine Mutter den Marche Militaire von Schubert. Alma war begeistert. Meine Mutter wurde aufgenommen.

Sie wurde ordnungsgemäß zu den anderen Mitgliedern des Orchesters in den Musik-Block verlegt. Dort wurde sie Teil einer Gemeinschaft von Frauen, die manchmal das bisschen, was sie hatten, mit den anderen teilten. Das bedeutete, dass meine Mutter hin und wieder Brot gegen Zigaretten eintauschen und endlich wieder rauchen konnte, eine ihr sehr liebe Angewohnheit, die sie seither nicht abgelegt hat. Vor allem aber genoss meine Mutter es nach so vielen Monaten, in denen sie allein in einer Zelle eingesperrt gewesen war, mit Menschen zu reden. Sie schloss schon bald Freundschaften, die lange halten sollten. Das Cellospiel half ihr, eine Verbindung zu ihrem früheren Leben herzustellen, und ermöglichte es ihr, der Hölle, in der sie sich befand, immer wieder für eine kostbare Weile zu entfliehen. Selbstverständlich sollte ihr schon bald aufgehen, dass sie auch nur innerhalb klarer Grenzen floh. Sie befand sich weiterhin inmitten einer Todesfabrik, und kein einziger Häftling sollte je vergessen, wie nah sie alle dem Tod gewesen waren. Das geringste Vergehen oder einfach nur eine Laune der SS-Leute konnte jederzeit das Ende bedeuten. Jede von ihnen konnte abgezogen und in die Gaskammer geschickt werden. Es bestand keine Hoffnung, diesem Schicksal zu entgehen. Der Schornstein war der einzige Weg, über den man das Lager verlassen konnte.

Es mag seltsam anmuten, dass die SS an einem so grauenhaften Ort wie Auschwitz-Birkenau ein Orchester unterhielt. Aber es half, den Anschein zu wecken und zu wahren, es gehe in dem Lager zivilisiert zu. Zu den täglichen Pflichten des Orchesters gehörte es, morgens am Haupttor zu spielen, wenn Tausende Häftlinge sich auf den Weg in die Fabriken der Umgebung machten. Da wurden Märsche gespielt, damit die Kolonnen im Gleichschritt marschieren konnten. Außerdem spielte das Orchester jeden Abend an derselben Stelle, wenn die armen Gefangenen sich völlig erschöpft ins Lager zurückschleppten. Sie spielten jeden Tag, bei jedem Wetter, in der eisigen Kälte des Winters, bei strömendem Regen im Frühjahr und Herbst. Hin und wieder, meist an einem Sonntagnachmittag, riefen die höherrangigen SS-Männer das Orchester für Privatkonzerte zu sich. Es half diesen Monstern, sich von den Strapazen zu erholen, die es mit sich brachte, ständig entscheiden zu müssen, wer leben und wer sterben sollte. Es half ihnen, sich für kultiviert zu halten. Meine Mutter hat berichtet, dass sie den SS-Größen nie in die Augen sah, wenn sie für sie spielte. Sie konzentrierte sich ausschließlich auf ihr Instrument und blendete komplett aus, für wen sie spielte.

Die Leiterin des Orchesters war eine bemerkenswerte Frau. Alma war die Nichte von Gustav Mahler, und ihr Vater war Arnold Rosé, der berühmte Geiger und langjährige Leiter der Wiener Philharmoniker. Alma war selbst eine erstklassige Geigerin, und sie leitete das Orchester mit eiserner Disziplin. Sie erwartete von dieser bunten Truppe von Amateurmusikerinnen musikalische Höchstleistungen auf dem Niveau, mit dem sie aufgewachsen war. Sie genoss großen Respekt und Bewunderung bei allen Orchestermitgliedern, und selbst die SS schien ihre Rolle im Lager anzuerkennen. Sie ließ das Orchester immer und immer wieder proben, und das höchste Lob, das ihr je über die Lippen kam, war: »Das wäre gut genug für meinen Vater gewesen.« Aus heutiger Sicht mag es absurd vorkommen, dass Alma in der Arbeit mit dem Orchester einen derartigen

Perfektionismus an den Tag legte, während um sie herum weiter massenweise Menschen ermordet wurden, aber ich glaube, das es diese Besessenheit war, die ihr und den anderen Musikerinnen half, nicht den Mut zu verlieren. Ein Teil des Orchesters zu sein, bedeutete, eine Identität zu haben und einem Zweck zu dienen. Meine Mutter spricht oft davon, wie wichtig das für sie war. Nachdem man ihr alles andere genommen hatte und sie selbst nur noch eine Nummer war, rettete ihr die Mitgliedschaft im Orchester ohne Frage das Leben. Fortan war Mutter »die Cellistin«, und das half ihr, selbst die unerträglichsten Zustände zu ertragen.

In Birkenau grassierte der Typhus, und auch meine Mutter fing sich den schrecklichen, von Läusen übertragenen Virus ein. Sie wurde in den Krankenbau verlegt. Von dort kehrte nur selten jemand zurück, weil die SS auch unter den Schwächsten wiederholt Selektionen durchführte. Wenn jemand des Todes war oder dem Krankenbau über Gebühr zur Last fiel, wurde er »selektiert« und direkt in die Gaskammer geschickt. Meine Mutter war sehr geschwächt und hatte Fieber, aber sie kann sich erinnern, wie ein SS-Mann am Fußende ihres Etagenbettes stand. Sie war so krank, dass sie es nicht vermocht hätte, für die Untersuchung aufzustehen. Jemand informierte den SS-Mann, das dies »die Cellistin« sei, und er ging weiter.

Sobald es meiner Mutter möglich war, kehrte sie in den Musik-Block zurück, aber sie war noch äußerst schwach und spielte darum nicht so gut, wie Alma es von ihr erwartete. Alma war erbost und ließ meine Mutter zur Strafe eine Woche lang im Block die Fußböden schrubben. Meine Mutter war wütend und fand die Strafe ungerecht. Aber im Rückblick, sagt sie oft, haben die hohen Ansprüche, die Alma an sie alle und ihre Leistungen stellte, ihnen das Leben gerettet und sie alle von viel schrecklicheren Dingen abgelenkt. Das Streben nach Höchstleistungen half ihnen dabei, nicht den Verstand zu verlieren, weiter an ihren vertrauten Werten festzuhalten und nicht zuletzt: zu überleben.

Mutter war also gerade erst Mitglied des Lager-Orchesters geworden, als Renate in Birkenau ankam. Doch mit Renate ging es steil bergab. Sie bekam üble Eiterwunden an den Beinen und wurde körperlich zusehends schwächer. Dann befiel sie auch noch der Typhus, und ihr Zustand verschlechterte sich weiter. Meine Mutter hat gesagt, es sei entsetzlich gewesen, sie so zu sehen und dabei so hilflos zu sein. Aber irgendwie überstand sie das alles, was ganz sicher ihrem starken Willen und ihrer enormen Widerstandskraft zuzuschreiben war.

Als Renate aus dem Krankenbau zurückkehrte, beschloss meine Mutter, ein Wagnis einzugehen. Sie suchte die Kommandantin der weiblichen Häftlinge, Frau Mandel, auf und bat sie ganz direkt, ihre Schwester als Läuferin anzustellen, als Lagerbotin. Die Position als Läuferin brachte eine Reihe von Privilegien mit sich, unter anderem etwas größere Essensrationen und die Verlegung in einen besseren Block. Mutter rechnete damit, von Frau Mandel ignoriert oder bestraft zu werden, aber sie wusste, dass die Mandel eine große Anhängerin des Orchesters war und darum wohl kaum die einzige Cellistin im ganzen Lager für ihre Unverfrorenheit in die Gaskammer schicken würde. Mutters Chuzpe, die Kommandantin direkt anzusprechen, zahlte sich aus – Renate wurde trotz ihres schlechten Gesundheitszustands als Botin eingesetzt. Langsam kam sie wieder zu Kräften. Ihr seht also, liebe Großeltern, dass die Musik, mit der ihr eure Kinder schon so früh vertraut gemacht habt, und die Tatsache, dass Mutter eine so hingebungsvolle Cellistin war, euren beiden Töchtern half, durchzuhalten.

Das Leben in Auschwitz-Birkenau ging weiter. Eure Töchter erinnern sich an die körperlichen Schmerzen, die ihnen der Hunger verursachte, und an die ständige Angst vor dem, was als Nächstes passieren würde, vergleichbar mit einem dumpfen, nie nachlassenden Schmerz. Sie waren umgeben von Dreck und Abwässern und dem allgegenwärtigen, dicken gelben Auschwitz-Matsch. Der

Gestank verbrannter Leichen stand in der Luft. Ich weiß nicht, wie der Mensch in der Lage ist, so etwas zu überleben, es muss Dantes Inferno geglichen haben. Inmitten dieser Hölle, glaube ich, zehrten eure Töchter unglaublich von dem, was ihr ihnen beigebracht hattet. Das Leben, das sie geführt hatten, bevor sich die Dunkelheit auf alles legte, trug sie durch diese schlimme Zeit. Sie haben euch so viel zu verdanken.

Innerhalb des Musik-Blocks gab es mehrere Abteilungen, die Gefangenen waren nach Nationalität und nach jüdisch und arisch aufgeteilt, aber meine Mutter kann sich erinnern, dass alle einander halfen, wo sie konnten. Die gegenseitige Unterstützung unter den weiblichen Häftlingen war stets groß. Sie beobachteten einander genau, und wenn eine Mitgefangene anfing zu verzweifeln, taten sie alles, um sie wiederaufzubauen. Die Wärme und die Freundschaft unter den Frauen zeugten von einer schwer vorstellbaren Würde, und meine Mutter erinnert sich gut an die ausgesprochen positive Atmosphäre im Orchester. Die Aussicht für die meisten Häftlinge in Auschwitz war ihr schreckliches Ende in einer der Gaskammern. Das vollkommene Aufgehen in der Musik, ganz gleich, von wie kurzer Dauer, war eine höchst willkommene Alternative zum ständigen Warten auf die eigene Ermordung.

Alma Rosé starb im April 1944. Wie genau sie zu Tode kam, ob sie vielleicht sogar vergiftet wurde, hat sich nie geklärt, aber meine Mutter war überzeugt, dass Alma Meningitis hatte. Damit stand die Zukunft des gesamten Orchesters plötzlich in Frage. Alma war die treibende musikalische Kraft und die Vermittlerin zwischen den Häftlingen und der SS gewesen. Die Musikerinnen hatten gewisse Privilegien, doch nun ging meiner Mutter auf, dass sie nur deshalb noch lebten, weil die SS wollte, dass sie für sie spielten. Wenn die SS-Männer das Interesse an ihnen verlören, wäre das das Ende. Das Orchester spielte weiter jeden Morgen und Abend am

Lagertor und bekam eine neue Leitung, erreichte aber nie wieder das Niveau, auf das Alma es gehoben hatte.

Im Oktober 1944 war es dann schließlich so weit. Die Mitglieder des Orchesters sollten sich in einer Reihe aufstellen. Die Arierinnen wurden zur einen Seite geschickt, die Jüdinnen zur anderen. Das konnte nur eins heißen. Ihr Aufschub war beendet, sie würden ihre letzte Reise in die Gaskammer antreten. Doch stattdessen teilte man ihnen mit, sie würden mit dem Zug fortgeschafft. Renate hörte davon und lief schnell zu ihrer Schwester. Die Vorstellung, wieder voneinander getrennt zu werden, war unerträglich. Renate stellte sich neben meiner Mutter auf, niemand hinderte sie daran. Sie wurden in Viehwaggons verladen, und der Zug setzte sich in Bewegung, dieses Mal Richtung Westen.

Was meine Mutter damals nicht wusste: Im Oktober 1944 rückte die Rote Armee von Osten immer näher, und die Nazis beschlossen, Auschwitz zu schließen und jegliches Beweismaterial zur jahrelangen Existenz dieses Vernichtungslagers zu beseitigen. Niemand weiß ganz genau, wie viele Menschen dort umgebracht wurden, aber es waren über eine Million. Die meisten von ihnen Juden. Aber auch sowjetische Kriegsgefangene, Sinti und Roma, Homosexuelle und andere Feinde des SS-Staates kamen in Auschwitz um.

Die Nazis fingen also an, das Lager zu räumen. Tausende Gefangene wurden auf lange Märsche durch den kalten Winter geschickt. Meine Mutter und Tante Renate hatten Glück, dass sie in einen Zug verfrachtet wurden.

Sie hatten keine Ahnung, wohin die Reise ging. Der Zug fuhr und fuhr und fuhr, es nahm kein Ende. Irgendwann begannen Gerüchte zu kursieren, sie würden nach Bergen-Belsen gebracht.

Bergen-Belsen war kein Vernichtungslager wie Auschwitz. Das machte ihnen zunächst Hoffnung. Sie dachten, sie würden vielleicht doch noch überleben. Doch es sollte noch einmal viel schlimmer werden.

Viel später, als der Krieg zu Ende war, wurde ein Mantel des Schweigens gelegt über alles, was die beiden durchlitten hatten. Nachdem sie in ihrer Jugend und als junge Erwachsene jeden Tag mit nichts anderem als dem nackten Überleben beschäftigt gewesen waren, hatten die beiden viel nachzuholen. Sie sehnten sich nach einem normalen Leben. Aber wie kann es das geben, nachdem man all das durchlitten hatte und Zeuge all jener Monstrositäten geworden war? Sie würden das alles nie vergessen können, nie. Es würde für immer ein wesentlicher Teil ihrer Persönlichkeit und Identität sein. »Normal« ist eins der Lieblingswörter meiner Mutter, dabei weiß sie selbst nicht genau, was sie damit meint. Ich glaube, sie bezieht sich damit auf all jene Menschen, deren Familien nicht ermordet wurden, die nicht Zeugen des unendlichen Leids und der barbarischen Grausamkeiten geworden waren. Ich vermute, für meine Mutter hat »normal« etwas damit zu tun, welchen Einflüssen ein Mensch wann und wo ausgesetzt ist. Für sie waren Tod, Angst und Verlust über drei Jahre lang »normal«.

Meine Mutter und Renate wollten direkt nach Kriegsende wahnsinnig gerne über das sprechen, was ihnen widerfahren war, aber niemand fragte sie danach. Das Schweigen wurde damit entschuldigt, dass man keine schmerzhaften Erinnerungen wecken wollte. Je mehr Zeit verstrich, desto weniger Lust verspürten Anita und Renate, über den Krieg zu reden, und zogen sich in eine gewisse Isolation zurück, die ihnen bald zur zweiten Natur wurde. Im Laufe der Zeit gab es Leute, die Bescheid wussten, und Leute, die nicht Bescheid wussten. Und so kam es, dass das Schweigen anhielt, als mein Bruder Raphael und ich aufwuchsen. Niemand erzählte uns, was in Deutschland passiert war, was mit euch beiden passiert war und erst recht nicht, was Anita und Renate durchgemacht hatten. Es war, als hätte Mutter sich in zwei Personen aufgespalten, eine von vorher, eine von nachher, und wir kannten nur letztere. Ich glaube, dadurch war sie in der Lage, für sich ein neues »normal«

zu schaffen, ein neues Leben mit einer Familie. Zwar habe ich irgendwie immer gewusst, dass etwas vor uns Kindern verheimlicht wurde, aber ich hatte keine Ahnung, was es war, dieses Tabu, das über so lange Zeit weggeschlossen wurde, wie in einem Schrank. Aber eines Tages sollte diese Schranktür wieder geöffnet werden.

In Liebe,

Maya

Mit einem solchen Weihnachtsgeschenk hatte ich ganz sicher nicht gerechnet, als meine Mutter Raphael und mir ihre getippten Kriegserinnerungen überreichte. Es handelte sich um ein dickes Buch, mein Exemplar in einem blauen Einband, das meines Bruders in einem braunen. Die Seiten waren zweizeilig bedruckt und steckten voller Familienfotos, es waren mehrere hundert Seiten. Ich schätze, keiner von uns beiden wusste so recht, wie er auf dieses Geschenk reagieren sollte. Meine Mutter hatte ihm den schlichten Titel »Meine Geschichte« gegeben. Sie hatte es uns beiden und unseren Kindern gewidmet. Sie schrieb: »Wir haben nie viel über jene dunklen Tage gesprochen und darüber, wieso ihr keine Großeltern habt.« Und weiter: »Ich habe so viel aufgeschrieben, wie ich konnte, damit ihr das alles ›erben‹ könnt, sozusagen, und die Erinnerung an jene schreckliche Zeit am Leben erhaltet.«

Es hatte meine Mutter überrascht, wie interessiert sich ihre Kollegen an ihrer Vergangenheit zeigten. Das English Chamber Orchestra war im Rahmen einer Tournee in Rom, und meine Mutter traf sich an ihrem freien Abend mit einem italienischen Freund, den sie aus Bergen-Belsen kannte, aus der Zeit kurz nach dem Kriegsende. Als sie ins Hotel zurückkam, saßen einige ihrer Kollegen in der Hotelbar, und zwei von ihnen erkundigten sich, wo meine Mutter gewesen sei. Als sie ihnen erzählte, woher sie diesen Mann kannte, hingen die jungen Musiker ihr förmlich an den Lippen. Sie hatten keine Ahnung gehabt, dass meine Mutter Auschwitz und Bergen-Belsen überlebt hatte, und waren sprachlos, als sie ihnen in ihrem sachlichen Ton davon erzählte. Sie nahmen meiner Mutter an Ort und Stelle das Versprechen ab, wenigstens zu versuchen, das alles aufzuschreiben. Und das tat sie dann jedes Mal, wenn sie mal etwas Zeit hatte, was meist nur dann der Fall war, wenn sie auf einen Flug oder einen Zug wartete. Sie wollte keine Geschichte des Holocaust schreiben, sondern einen persönlichen Bericht über die Familie Lasker in Breslau in den frühen Kriegsjahren und über das, was sie und Renate in Auschwitz und Bergen-Belsen erlebt hatten. In der Einleitung schrieb sie, dass sie »einfach ein kurzes Resümee ihres Lebens niederschreiben und erzählen wollte, wie es damals war – als Jude in Deutschland zu leben«.

Interessanterweise kam der Anstoß für meine Mutter, sich wieder mit den Geschehnissen ihrer Jugend zu beschäftigen, also nicht aus der Familie, sondern von außen. Meine Mutter hatte stets versucht, meinen Bruder und mich und in gewisser Hinsicht auch ihre eigene Psyche vor dem Trauma des Genozids, dessen Augenzeugin sie geworden war, zu beschützen. Sie hatte die Gaskammern gesehen und die langen Menschenschlangen, die in Auschwitz für ihren eigenen Tod anstanden. Ein kultiviertes, zivilisiertes Volk hatte dort auf einer riesigen Industriebrache eine Mordmaschinerie entworfen und gebaut. Die Nazis zogen Profit aus allem, was als grässliches Nebenprodukt des Todes anfiel. Zahngold wurde herausgebrochen und eingeschmolzen, Haare wurden aufbewahrt und später zu Perücken verarbeitet, selbst manche Körperteile wurden ihres Fetts wegen wiederverwertet.

Über die Gräueltaten der Nazis in den Lagern und bei der Verfolgung wurde in den folgenden Jahrzehnten nur wenig geschrieben und gesprochen. In den späten 1980er Jahren änderte sich das. Der Begriff »Holocaust« fand immer breitere Anwendung, nicht nur unter Historikern, die diese Vorgänge zum zentralen Thema des Zweiten Weltkriegs machten, sondern insgesamt, ja, es entstand eine regelrechte »Industrie« rund um das Thema. Viele angesehene Wissenschaftler schrieben Bücher dazu. »Holocaust-Studien« wurde zu einem akademischen Fachgebiet. Nach und nach wurden auf der ganzen Welt Holocaust-Museen eröffnet. Und wenige Jahre nachdem meine Mutter ihren persönlichen Bericht aufgeschrieben hatte, ging die Geschichte des Holocaust mit Steven Spielbergs Film *Schindlers Liste* um die ganze Welt.

Ich kann mich nicht an einen konkreten Moment erinnern, an dem ich von der Vergangenheit meiner Mutter erfuhr. Ich hatte von klein auf gewusst, dass meine Mutter anders war als andere Mütter. Sie hatte eine Tätowierung auf dem Arm, und sie reagierte stets feindselig auf Deutsche und Gespräche über Deutschland. Und ich hatte diese fürchterlichen Fotos von aufgetürmten Leichen in Bergen-Belsen in ihrem Schrank gefunden. Ich wusste, dass unsere Familie anders war als andere Familien. Zwar standen hübsche Fotos von meinen Großeltern auf dem Kaminsims, aber es existierte niemand mehr aus ihrer Generation. Durch die Fotos wusste ich zwar etwas über meine Großeltern, aber ich wusste nicht recht, was ich wusste. Meine Mutter hatte ihre Vergangenheit mehr oder weniger vor uns geheim gehalten. Sie hatte den Mantel des Schweigens darüber gebreitet, und wir wagten nicht, ihn zu lüften. Ich glaube, grundsätzlich braucht es immer seine Zeit, um schreckliche Erfahrungen zu verarbeiten, aber in diesem Fall sprechen wir von geschlagenen drei Jahren voller traumatischer Ereignisse, an die sich entsetzliche Tatsachen knüpften, und darum finde ich die Entscheidung meiner Mutter, uns vor ihrer Geschichte zu schützen, absolut nachvollziehbar. Woher hätte sie wissen sollen, dass es nicht möglich ist, derartige Geheimnisse auf Dauer unter Verschluss zu halten? Oder dass große Teile ihrer Geschichte sich unbewusst oder durch Metakommunikation auf mich übertragen würden? Ich habe das wiederholt auf unterschiedliche Weise gemerkt, aber ohne den konkreten Kontext zu kennen, der es mir ermöglicht hätte, meine Emotionen und Reaktionen zu verstehen. Mit am eindrücklichsten ist mir da meine ständige, sich im täglichen Leben manifestierende Verwirrung im Gedächtnis. Selbstverständlich passen wir uns der Umgebung und den Bedingungen an, in die wir geboren werden, und darum war es für mich normal, vor so gut wie allem Angst zu haben. Die Abwesenheiten meiner Mutter konnte ich nur schwer aushalten, stets hatte ich Angst, sie würde nicht wiederkommen, und das färbte auf meine körperliche Gesundheit ab. Meine Versuche, mich zu beruhigen, waren kurzlebig und kläglich, und auf Fotos von mir als Zweijähriger kann man sehen, wie es mir damals ging. Oder zumindest kann ich es sehen.

Dann kam das Weihnachtsgeschenk. Das Buch wurde mir überreicht, ich sah es in meinen Händen liegen und durchlief ein ganzes Register an Emotionen, von denen ich keine einzige artikulieren konnte. Ich wusste nicht, wie ich auf dieses Geschenk reagieren sollte. Unter anderem hatte ich das Gefühl, es enthielte eine Forderung, die ich nicht erfüllen konnte. Hier, bitte, die ganze Geschichte, schwarz auf weiß, ob du willst oder nicht. Meine Mutter hatte das Schweigen gebrochen. Die Wahrheit kam ans Licht.

Das Buch brachte auch eine Verpflichtung mit sich. In ihm konnte ich Antworten auf Fragen finden, die zu stellen mir nie eingefallen wäre. Auch nachdem sie sich die Zeit genommen hatte, ihre Kriegserinnerungen schriftlich niederzulegen, hat meine Mutter sich nicht gerne auf Gespräche zu diesem Thema eingelassen, sie wollte sich nicht zu viel mit all den Erinnerungen befassen, die sie so lange Zeit zu vergessen versucht hatte. Sie machte dann einfach dicht. Es entspricht nicht ihrer Natur, über ihre Erfahrungen und Gefühle zu sprechen. Meine Mutter erzählt nur ungern Geschichten. Das Buch hat sie nicht geschrieben, weil sie endlich alles loswerden oder sich in Einzelheiten ihres traumatischen Lebens verlieren wollte. Ich glaube vielmehr, sie hat sich deshalb die Zeit genommen, ihre Erinnerungen aufzuschreiben, weil sie einem Verantwortungs- und Pflichtbewusstsein folgte, so viel wie möglich weiterzugeben, und in der Hoffnung, dass dies etwas bewirken möge. Ich habe das Buch nicht sofort von vorne bis hinten durchlesen können. Ich habe es hin und wieder zur Hand genommen und wieder weggelegt. Die in dem Buch enthaltenen Briefe meiner Mutter, meiner Tanten und meiner Großeltern aneinander und an andere Menschen hinterließen tiefen Eindruck bei mir. Einige der Briefe, die sie als Vierzehnjährige geschrieben hatte, und einige Briefe von ihren Schwestern zeugen von einer Weisheit, die ich heute noch bemerkenswert finde.

Es dauerte lange, bis ich das Buch komplett lesen konnte. Aber was meine Mutter betrifft, so erlangte sie, nachdem sie es fertig geschrieben hatte und sich das Holocaust-Fieber zusehends ausbreitete, eine gewisse Berühmtheit als Überlebende. Sie wurde auch in diesem Zusammenhang eine Person des öffentlichen Lebens.

Als sie Deutschland Ende 1945 verließ, hatte meine Mutter sich geschworen, nie wieder einen Fuß auf deutschen Boden zu setzen. Sie hatte Angst davor, Menschen zu begegnen, die seinerzeit die Nazis und die Verfolgung der Juden unterstützt hatten und jetzt ein ganz normales, neues Leben im modernen Deutschland führten. Es hätte ihr auch passieren können, dass sie auf genau die Menschen traf, die für den Tod ihrer Eltern verantwortlich waren. Und so nahm sie an keiner einzigen Konzertreise des English Chamber Orchestra nach Deutschland teil. Das Management hatte dafür vollstes Verständnis.

Im Juli 1989 erfuhr sie, dass das Orchester in Celle und Soltau auftreten sollte. Beide Orte befinden sich ganz in der Nähe von Bergen-Belsen. Sie kannte beide Städte, weil sie in den Monaten direkt nach dem Krieg ein paar Mal dort gewesen war, und sie hatte gehört, dass es in Bergen-Belsen ein Museum gibt. Meine Mutter wollte es gerne besuchen und den Ort sehen, an dem sich einst das Konzentrationslager befand. Sie brach ihren Schwur, nie wieder deutschen Boden zu betreten, und nahm an der Konzertreise teil.

Am ersten Tag nach ihrer Rückkehr nach Deutschland fuhren ein paar jüngere Orchestermitglieder sie nach Bergen-Belsen, zu ein paar Hinweisschildern auf eine Gedenkstätte. Meine Mutter ließ sich absetzen und betrat die Stätte allein. Das Lager war am Ende des Krieges niedergebrannt worden, um der Verbreitung von Krankheiten vorzubeugen. Das Gelände war nichts als eine große, mit Bäumen bewachsene Fläche, auf der hier und da Mahnmäler standen, um die Massengräber zu markieren, in denen nach der Befreiung Tausende Tote begraben wurden. Die Bäume verwirrten meine Mutter, sie bekam nicht mehr zusammen, wie das Lager einst aufgebaut war, aber sie war froh, dort gewesen zu sein. Die Kollegen, die sie gefahren hatten, waren in der Zwischenzeit im »Museum« gewesen, das damals nicht viel mehr war als eine Holzhütte. Sie fanden es interessant und verstörend zugleich und waren enttäuscht, weil die erläuternden Texte ausschließlich auf Deutsch gewesen waren.

Am nächsten Tag fuhr meine Mutter noch einmal nach Bergen, um den Militärstützpunkt in der Nähe zu besuchen. Früher war er ein deutsches Militärlager gewesen, das 1945 von den Briten übernommen wurde, und zum Zeitpunkt des Besuchs meiner Mutter war es einer der großen, immer noch von den Briten besetzten Stützpunkte in Deutschland. Hier hatten sie und Renate mehrere Monate verbracht und für die britische Verwaltung gearbeitet. Meine Mutter kann sehr überzeugend auftreten, und nachdem sie am Eingang erklärt hatte, dass sie nach der Befreiung des KZ auf dem Stützpunkt gearbeitet hat, ließ man sie trotz der ständigen Angst vor terroristischen Angriffen auf britische

Militärbasen passieren. Sie wollte zum Friedhof, aber die Anlage war so riesig, dass sie ewig brauchte, bis sie ihn endlich gefunden hatte. Ein Rabbi führte gerade eine kleine Gruppe herum. Und hier ereignete sich wieder einer dieser unglaublichen Zufälle, denn es stellte sich heraus, dass der Rabbi 1945 in dem Lager gewesen war, und als meine Mutter sich vorstellte, lautete seine erste Frage: »Spielen Sie immer noch Cello?« Dann erkundigte er sich nach ihrer Schwester Renate. Dass jemand sich nach über vierzig Jahren an sie erinnerte, berührte meine Mutter zutiefst. Aber es wurde noch besser. Einer der Männer in der kleinen, von dem Rabbi angeführten Gruppe war der Direktor des Museums in Belsen. Als sie ihn darauf hinwies, dass die deutschen Texte alleine nicht ausreichten, dass auch englische Texte nötig seien, versicherte er ihr, dass man sich der Sache annehmen und bis zur Wiedereröffnung des Museums im nächsten Jahr für die Übersetzung sorgen würde. Alles in allem war ihr Besuch ein Erfolg gewesen, obwohl meine Mutter nicht mehr viel von dem vorfand, an das sie sich erinnerte. Aber auf einmal war ihr alles wieder präsent, das ganze Grauen, das sie fünfundvierzig Jahre zuvor in dem Lager erlebt hatte. Sie musste wieder an all jene denken, die nicht überlebt hatten, und fragte sich natürlich, warum ausgerechnet sie es geschafft hatte. All das brach gewissermaßen das Eis. Meine Mutter war nach Deutschland zurückgekehrt und hatte einen Ort besucht, mit dem sie äußerst gespaltene Erinnerungen verband.

In den folgenden Jahren nahm meine Mutter immer wieder an Veranstaltungen teil. Sie erkannte, dass ein neues Interesse an den Ereignissen vor fünfzig Jahren aufkam und dass die Menschen jetzt begannen, die Fragen zu stellen, die niemand ihr oder ihrer Schwester gestellt hatte, als sie 1946 nach Großbritannien kamen. Es bildete sich aber auch eine Gegenbewegung, die den Holocaust herunterspielte oder gar verleugnete und die erdrückende, durch die Überlebenden gelieferte Beweislast in Frage stellte. 1993 veröffentlichte Deborah Lipstadt ihr Buch *Denying the Holocaust: The Growing Assault on Truth and Memory*, in dem sie das Leugnen des Holocaust scharf verurteilte. Als einen der Anführer der Holocaust-Leugner identifizierte sie den Historiker David Irving. Der strengte eine Verleumdungsklage gegen Lipstadt an, die zu einem vielbeachteten Gerichtsverfahren im Londoner High Court of Justice führte, in dem Irving am Ende unterlag. In diesem Zusammenhang wurde meiner Mutter bewusst, wie wichtig es war, dass die Überlebenden des Holocaust ihre Stimme erhoben und erzählten, was sie gesehen hatten. Das waren natürlich keine wissenschaftlichen Beweise für den Völkermord, aber es half Menschen auf der ganzen Welt, zu begreifen, in welch unfassbarem Ausmaß die Nazis Tod, Zerstörung und Grauen über die Juden und andere vom Dritten Reich als »unerwünscht« klassifizierte Menschen gebracht hatten.

1993 bat eine Produzentin der BBC, Louise Greenberg, meine Mutter, ihr im Zusammenhang mit einer Sendung über das KZ Theresienstadt Informationen zu liefern. Meine Mutter antwortete, das könne sie nicht, weil sie nie in Theresienstadt gewesen sei. Sie würde der Produzentin aber jederzeit gerne helfen, wenn sie etwas über Auschwitz und Bergen-Belsen wissen wollte. Daraus ergab sich, dass die BBC dem Autor Colin McLaren den Auftrag erteilte, aus dem Buch, das meine Mutter für meinen Bruder und mich geschrieben hatte, eine fünfteilige Dokumentation zu machen, mit meiner Mutter als Sprecherin. Die erste Ausstrahlung erfolgte im Oktober 1993 auf Radio 3 und erregte große Aufmerksamkeit. *The Times* schrieb, mit der Radioserie würde meine Mutter »die Erinnerung an den Holocaust in einer Zeit wachhalten, in der manche Menschen leugneten, er habe je stattgefunden«. Der Rezensent schloss seinen Artikel mit dem Hinweis darauf, dass meine Mutter »ohne eine Spur von Selbstmitleid oder Verbitterung erzählt. Das ist nur eine der vielen

Qualitäten, die die Autorin Lasker-Wallfisch zu einer außergewöhnlichen Frau machen.«

Meine Mutter war als Musikerin bekannt, als hervorragende Cellistin und als Mitbegründerin des English Chamber Orchestra. Jetzt erlangte sie zusätzliche Berühmtheit als eine von wenigen Holocaust-Überlebenden, die ausführlich, in aller Klarheit und mit großem Engagement ihre eigene Geschichte erzählen konnte, frei von Hass und Zorn. Das alles bedeutete mir viel, aber mir war damals nicht klar, wohin das alles führen würde. Ich hatte zu dem Zeitpunkt selbst noch nicht die Gelegenheit gehabt, mein eigenes Gefühlsleben hinsichtlich ihres Traumas zu reflektieren. Ich war Tochter, Angehörige der zweiten Generation, ich stand im Hintergrund in der zweiten Reihe, noch gab es nichts, womit ich eine Verbindung herstellen konnte. Eigentlich erstaunlich, dass es für Familien wie unsere in Großbritannien keinerlei Hilfsangebote gab. Da wir keinerlei Verbindung zu unserem Erbe hatten, war es für meine Mutter einfacher gewesen, sich von ihrer Vergangenheit zu trennen. Assimilation war für meine Eltern stets das Allerwichtigste gewesen, aber ganz gleich, wie gut sie es gemeint hatten, es war naiv von ihnen gewesen. Denn sie enthielten uns ja nicht nur viele schlimme Dinge vor, sondern auch viele gute. Erst in der letzten Zeit ist mir klargeworden, wie viele Mittel sowohl in Israel als auch in Amerika für Überlebende und ihre Familien bereitgestellt werden, und ich frage mich oft, wie mein Leben wohl verlaufen wäre, wenn ich früher die Chance gehabt hätte, mich mit Leidensgenossen auszutauschen.

Die Holocaust-Erinnerungen meiner Mutter erschienen etwa zu der Zeit, als ich David kennenlernte und meine jüdische Identität entdeckte. Davids Familie war über die Vergangenheit meiner Mutter im Bilde, und sie waren alle wahnsinnig stolz auf sie. Ihnen war bewusst, dass durch unsere Eheschließung eine anglojüdische und eine aschkenasische Familie miteinander verbunden würden und dass eine Überlebende des Dritten Reichs Teil der Familie würde. Ich hatte das Gefühl, die Geschichte und die Holocaust-Erfahrungen meiner Mutter schützen zu müssen, ohne genau zu wissen, was diesen Beschützerinstinkt in mir weckte und was genau ich schützen wollte. Aber ich interessierte mich zunehmend dafür, wie meine Mutter aufgewachsen war und wie ihr Leben weiterging, nachdem ihre Eltern deportiert worden waren. Ich wollte mehr wissen. Ich war neugierig.

Es war nur eine Frage der Zeit gewesen, bis sich das Fernsehen meldete. Ein paar Monate nach der Geburt meines Sohnes Abraham 1995 nahm ein Produzent, der die fünfteilige Radioserie mit meiner Mutter gehört hatte, Kontakt zu ihr auf und fragte, ob sie sich vorstellen könnte, in Begleitung eines Kamerateams nach Breslau (jetzt Wrocław in Polen) und Auschwitz zurückzukehren und ihre Geschichte an den Orten zu erzählen, an denen sie sich zugetragen hatte.

Wir besprachen das ausführlich innerhalb der Familie und beschlossen, dass das eine gute Sache war. Meine Mutter wusste, dass ich großes Interesse daran hatte, diese Orte mit ihr zusammen zu besuchen, und erkundigte sich, ob ich sie auf dieser Reise begleiten dürfte. Sie bekam sofort grünes Licht, wahrscheinlich war den Fernsehleuten klar, dass meine Mutter mehr erzählen und preisgeben würde, wenn sie ihre Geschichte ihrer eigenen Tochter erzählte, als wenn sie dabei in die Kamera spräche oder Fragen eines nicht in Erscheinung tretenden Interviewers beantwortete. Man hoffte, das Ganze würde dadurch natürlicher und authentischer werden.

Die Filmaufnahmen begannen in London mit einem Auftritt des English Chamber Orchestra und einer Reihe von Gesprächen und Interviews mit anderen Lagerüberlebenden aus dem Freundeskreis meiner Mutter. Ich war bei alldem eine Außenseiterin, ich war ausgeschlossen von der an Intimität grenzenden Vertrautheit, die zwischen meiner Mutter und ihren überlebenden Freunden bestand. Dann ging es los nach Berlin.

Meine Mutter und ich hatten bis zu dem Zeitpunkt keine Ahnung gehabt, wie so eine Fernsehdokumentation eigentlich entstand und dass alles, was nachher als vor der Kamera stattgefundene Wirklichkeit gesendet wurde, genauestens vorausgeplant werden musste, damit Kameramann und Tontechniker für die Erzählung relevante Bilder und Dialoge einfangen konnten. In Berlin mussten wir beispielsweise stundenlang vor dem Schaufenster des KaDeWe herumstehen, wo meine Mutter im November 1938 als Dreizehnjährige die Reichspogromnacht erlebte. Meine Mutter ist kein besonders geduldiger Mensch und gewöhnt, Dinge möglichst schnell und effizient zu erledigen. Dass wir für die Aufnahmen ständig untätig herumstehen und warten mussten, nervte sie enorm. Ihre Laune besserte sich nicht, als wir als Nächstes im Zug auf dem Weg von Berlin nach Wrocław gefilmt wurden. Die Regisseurin, eine äußerst kompetente und geduldige junge Frau namens Teresa Smith, entschied, meine Mutter und ich sollten im Speisewagen sitzen und etwas essen. Uns wurde derselbe Teller mindestens fünf Mal serviert, damit der Kameramann diesen Moment aus allen möglichen Perspektiven filmen konnte. Als er endlich zufrieden war, war das Essen kalt und meine Mutter verärgert.

Wir erreichten den Hauptbahnhof der Stadt, die einmal Breslau gewesen war, und damit den Ort, an dem meine Mutter dreiundfünfzig Jahre zuvor von der Gestapo festgenommen wurde, als sie versuchte, aus Nazi-Deutschland zu entkommen. Wir stiegen aus, und mich überwältigten die durch die Reise geweckten Gefühle sowie die Bedeutung, die dieser Ort für meine Mutter hatte, und ich brach auf dem Bahnsteig in Tränen aus. Ich stand genau da, wo so viele Jahre lang so viele Reisen der Laskers und der Wallfischs begonnen hatten. Meine Mutter staunte. Sie hatte nicht damit gerechnet, dass mich das alles so bewegen und zu einer solchen emotionalen Reaktion führen würde. Ich glaube, mich so aufgelöst zu sehen, war dann zu viel für sie. Viele Jahre hatte sie ihre Gefühle in Schach gehalten, und jetzt drohte ich, ihre Tochter, sie aus der Reserve zu locken. Meine Mutter wandte sich von mir ab, und ich fühlte mich an diesem bedeutungsschweren Ort vollkommen alleingelassen.

Im weiteren Verlauf der Reise zeigte meine Mutter kaum eine Gefühlsregung. Ich spürte, wie sie sich zurückzog. Als sie zustimmte, bei der Dokumentation mitzuwirken, hatte sie sicher andere Erwartungen an den konkreten Ablauf gehabt und sich vorgestellt, ausführlich auf alle möglichen Fragen zu antworten. Aber dazu war meine Mutter nicht in der Lage. Sie gebärdete sich so wie im normalen Leben und antwortete kurz und knapp, sagte nur das, was ihrer Ansicht nach nötig war. Wir befanden uns in der Stadt ihrer Kindheit und Jugend, doch sie behauptete, ihr würde das nichts bedeuten. Am Ende des Krieges hatte der für Breslau zuständige fanatische Gauleiter die Stadt in eine Festung verwandelt, und Ende April bis Anfang Mai 1945 lieferte sich die Wehrmacht dort erbitterte Gefechte mit den sowjetischen Streitkräften. Dabei ist wenig von der Stadt, an die meine Mutter sich erinnerte, übriggeblieben, es war eine der allerletzten Schlachten des Krieges. Wo einst die Synagoge stand, war einfach nur eine leere Fläche, keine Gedenktafel und kein sonstiger Hinweis darauf, was sich hier einmal befunden hatte. Außerdem lag die Stadt jetzt in einem anderen Land. Die Menschen sprachen eine andere Sprache. Für meine Mutter war *ihr* Breslau, *ihr* Leben dort, die Stadt ihrer Kindheit, ihre Eltern tot und zerstört. Mich bewegte das alles sehr. Ich wollte unbedingt dort sein und verstehen, was wir da sahen. Mir standen Tränen in den Augen, aber ich sah nicht dasselbe wie meine Mutter, ich sah kein verlorenes Zuhause, keine verlorenen Menschen. Aber ich empfand eine überaus starke und unmittelbare Verbindung zu diesem wichtigen Kapitel unserer Familiengeschichte.

Meine Mutter und ich überließen das Filmteam sich selbst und seinen Aufgaben und drehten auf eigene Faust eine Runde durch die Stadt. Wir versuchten, die Wohnung in der ehemaligen Kaiser-Wilhelm-Straße zu finden, in der sie einst so glücklich mit ihren Eltern gelebt hatte, aber von dem Haus war nichts mehr übrig. Das ganze Viertel war verschwunden, da war nichts als freie Flächen. Meine Mutter fand sich überhaupt nicht mehr zurecht, weil sämtliche Straßennamen sich geändert hatten, wir mussten uns an einen von meiner Mutter verehrten Historiker vor Ort wenden, der noch die alten Straßennamen kannte. Aber es war nichts zu sehen. Dass praktisch nichts aus ihrer Kindheit überlebt hatte, regte meine Mutter nicht weiter auf, sie ärgerte vielmehr, wie lange das alles gedauert hatte. Am selben Abend aßen wir im Ratskeller, dem Kellergewölbe des alten Rathauses, das restauriert worden war und in altem Glanz erstrahlte. Meine Mutter merkte etwas spitz an, dass, als sie zuletzt in Breslau war, Juden das Gebäude nicht betreten durften, aber heute, im modernen Polen, Juden nicht mehr *unerwünscht* waren.

Und dann kam es doch noch zu einem Zwischenfall, der für meine Mutter traumatisch war. Das Team hatte die nötigen Vorbereitungen getroffen, um uns in dem Gefängnis zu filmen, das seinerzeit Graupe genannt wurde und in dem meine Mutter und Renate über ein Jahr lang festgehalten wurden. Zum Zeitpunkt unseres Besuches gab es das Gefängnis noch. Mit Hilfe der Mitarbeiter vor Ort fanden wir sogar die Zelle, in der meine Mutter damals gesessen hatte. Die aktuellen Insassen wurden für die Dauer unseres Besuchs in eine andere Zelle verlegt. Das Ganze war eine surreale und gleichzeitig sehr reale Erfahrung. Meine Mutter sagte, für sie sei es gewesen, als befände sie sich in einem Traum, aber als Zuschauerin. Die Zelle war noch genauso klein und furchtbar voll wie zu ihrer Zeit, aber jetzt kam sie ihr deutlich luxuriöser vor, denn es gab ein Etagenbett und ein Einzelbett, sodass drei Personen in der Zelle untergebracht werden konnten, und es gab eine Kloschüssel mit einem Vorhang drum herum. Zu Zeiten meiner Mutter hatten sich vier Frauen ein Bett und drei Matratzen geteilt, und in der Ecke hatte ein Eimer für die Notdurft gestanden. Nach wenigen Minuten in dieser Zelle überkam meine Mutter und mich das mehr als dringende Bedürfnis, so schnell wie möglich wieder rauszukommen. Aber in einem Gefängnis geht so etwas nicht so schnell, alles ist gesichert, jede Tür musste vor uns auf- und hinter uns sofort wieder abgeschlossen werden, wir mussten über lange Flure zur nächsten Tür gehen, wo dieselbe Prozedur stattfand, immer wieder, es kam uns schier endlos vor. Meine Mutter stand unter Hochspannung, sie widersetzte sich dem Rauchverbot und zündete sich noch im Gefängnisflur eine Zigarette an. Rauchend bahnten wir uns unseren Weg hinaus aus diesem entsetzlichen Gebäude. Auch ich stand ziemlich unter Strom und reagierte manisch und verängstigt auf die Situation. Wie viele Töchter besichtigen wohl die Gefängniszelle ihrer Mutter? Darauf hatte ich mich nicht vorbereiten können, wie überhaupt auf die ganze Reise nicht. Wir waren enorm erleichtert, wieder draußen an der frischen Luft zu sein. Erst als sich das elektrische Tor hinter uns schloss und wir uns auf der richtigen Seite davon befanden, hatten wir das Gefühl, wieder atmen zu können.

Am nächsten Tag stand Auschwitz-Birkenau auf dem Programm. Meine Mutter konnte die Fragen der Regisseurin und des Kameramanns kaum noch aushalten. »Können Sie sich daran erinnern?« – »Sieht es noch genauso aus wie beim letzten Mal, als Sie hier waren?« – »Wie geht es Ihnen, wenn Sie das jetzt wiedersehen?« Sie fand diese Fragen idiotisch, oder vielmehr albern, und für ihren Geschmack nahm die ganze Angelegenheit viel zu viel Zeit in Anspruch. Als wir in Wrocław waren, hätte sie am liebsten gesagt: »Mir reicht's, und ich mache nicht mehr mit.« Auf dem Weg nach Auschwitz-Birkenau kam mir mehr und mehr die Aufgabe zu, dafür zu sorgen, dass das ganze Projekt weiterlief und zu verhindern, dass meine Mutter wutentbrannt hinschmiss. Ihre aufbrausende Reaktion auf das, was in ihren Augen Zeitverschwendung war, überraschte mich nicht. Für das Filmteam wurde das aber immer mehr zum Problem. Und so mutierte ich zu einer Art Stoßdämpfer, der dafür zu sorgen hatte, dass die Dreharbeiten weitergehen konnten. Ich hätte auf dieser Reise selbst Hilfe gebraucht, aber um mich kümmerte sich niemand.

Wie soll ich den Besuch in Auschwitz beschreiben? Schon die Ankunft dort ist eine surreale Erfahrung, denn das Erste, was man sieht, sind ein riesiger Busparkplatz, ein ausgesprochen einladend wirkendes Hotel mit Café sowie Hunderte von Touristen, die über den Schauplatz des Massenmordes spazieren. Meine Mutter hatte sich dort mit einer alten Freundin verabredet, einer polnischen Violinistin, die auch Mitglied des Orchesters gewesen war. Während die beiden ihren Erinnerungen nachhingen, sah ich mich auf dem Gelände um, was mich enorm belastete. Ich konnte überhaupt nicht damit umgehen, mich an einem Ort zu befinden, an dem Abertausenden unschuldigen Opfern so viel Leid zugefügt und der Tod beigebracht worden war.

Anschließend gingen meine Mutter und ich die gut drei Kilometer zu Fuß weiter nach Birkenau, das riesige Nebenlager, in dem meine Mutter gelandet war. Das Filmteam stattete uns mit kleinen Mikrofonen aus und sagte uns, wir sollten gehen, wohin wir wollten, und reagieren, wie wir es für richtig hielten. Die Regisseurin sagte, sie wollten sich diskret verhalten und uns ganz uns selbst überlassen. Als Erstes gingen wir zu der Stelle, an der die Bahngleise enden. Dort waren Hunderttausende Juden und andere »unerwünschte Elemente« aus den Waggons geklettert und selektiert worden. Die Gaskammern, in die so viele in den Tod geschickt wurden, waren nur wenige Meter entfernt. Die Nazis hatten sie zerstört, als sie das Lager verließen, aber die Grundrisse der Gebäude waren noch zu erkennen.

Später sagte meine Mutter, die pure Neugier hätte sie diese Reise nach Auschwitz antreten lassen. Für mich war das alles überwältigend. In Birkenau war ich wie gelähmt. Ich dachte, ich würde mir in die Hose machen, wirklich. Suchend sah ich mich nach Besuchertoiletten um, vergeblich. Ich war sicher, ich würde mich jede Minute blamieren. Wie angewurzelt stand ich da, vollkommen verängstigt. Meine Mutter musste mich buchstäblich in das Lager hineinschieben. Schweigend begannen wir einen langen Spaziergang durch Birkenau. Die vergangene Gegenwart unbeschreiblichen Grauens verschlägt einem einfach die Sprache.

Als wir die Überreste der Gaskammern erreichten, sagte meine Mutter, wir würden auf einem Massengrab namenloser Opfer stehen. Wir besuchten den Block, in dem einst die Neuankömmlinge warteten in dem Glauben, sie würden eine riesige Duschanlage betreten. Und wir fanden ganz in der Nähe den Musik-Block, in dem meine Mutter mit den anderen Musikerinnen untergebracht war. Ich sah, wo meine Mutter damals geschlafen hatte, ich sah Alma Rosés Ecke. Die Regisseurin hatte mich gebeten, meiner Mutter ein paar bestimmte Fragen zu stellen. Ich tat mein Bestes, aber sie gab fast gar nichts mehr preis. Sie hatte sich komplett verschlossen. Die einzige Gefühlsregung zeigte sie im Museum, wo all jene Dinge ausgestellt waren, die man den Neuankömmlingen abgenommen hatte: Berge von Koffern, Brillen und Haaren. Es waren kleine Kinderschuhe, die meine Mutter berührten, an einem war ein Schild mit dem Namen des Kindes angebracht, mit dem Zusatz *(Waise)*. Doch als wir weitergingen, sagte sie nur wenig, sie gab sich undurchdringlich. Das war ganz offensichtlich ihre Art und Weise, mit dem Besuch in Auschwitz fertigzuwerden.

Meine Mutter ärgerte sich immer mehr über die ganze Filmerei. Zwar verhielt sich das Filmteam »diskret«, das hielt es aber nicht davon ab, uns zu bitten, bestimmte Szenen zu wiederholen und an Orte zurückzugehen, die wir bereits gesehen hatten. Am nächsten Tag fuhren wir für weitere Aufnahmen noch einmal nach Auschwitz. Dieses Mal hatte das Team einen riesigen Kran organisiert, mit dem die Kamera in die Höhe gefahren wurde, während wir durch das Tor ins Lager gingen, um einen Eindruck von der Größe des Geländes zu vermitteln, auf dem einst um die hunderttausend Menschen lebten. Natürlich machten wir etwas falsch, und die Szene musste mehrmals wiederholt werden. An jenem zweiten Tag fing es an zu regnen, schon bald schüttete es wie aus Eimern. Die Dreharbeiten mussten abgebrochen werden, was meine Mutter und ich nicht im Geringsten bedauerten. Wir gingen noch einmal ins Museum, wo es meiner Mutter mit Hilfe des polnischen Beleuchters gelang, eine Kopie des Dokuments ausgehändigt zu bekommen, auf dem ihr Name und ihre Nummer bei der Ankunft in Auschwitz registriert worden waren. Das schien ihr ein passendes Mitbringsel von dieser Reise zu sein.

Als wir gegen Ende der Dreharbeiten in Krakau waren, strahlte das Filmteam irgendwie eine andere Stimmung aus. Vermutlich waren sie alle erleichtert, und das färbte auf uns ab. Die Reise war für jeden von uns eine grauenhafte Erfahrung gewesen, und ich erinnere mich noch gut an das letzte gemeinsame Abendessen, bei dem wir auf den Abschluss der Arbeit anstießen und bei dem wir alle das Gefühl hatten, etwas überlebt zu haben. Damals war mir noch nicht klar, dass meine Reise gerade erst begonnen hatte und dass die Nachwirkungen dieser Erfahrung den Rest meines Lebens prägen würden.

Als wir in Heathrow landeten, waren David und der kleine

Abraham da, um mich abzuholen. Ich weiß noch, wie Abraham sich von mir abwandte, als ich ihn begrüßen wollte, er war wohl wütend, weil seine Mutter so lange weg gewesen war. Ich konnte nicht erklären, was ich gesehen und was wir alles gemacht hatten. Ich wusste nicht, wie ich darüber oder über meine damit verbundenen Gefühle reden sollte. Ich bekam eine Depression. Ein paar Wochen lang schaffte ich es, sie auf Abstand zu halten, aber sie wuchs stetig an und manifestierte sich schließlich in einer heftigen Panikattacke. Heute glaube ich, dass der Auslöser für diese Depression eine Kombination war aus der entsetzlichen Düsternis von Auschwitz, daraus, zu sehen, wo meine Mutter jene furchtbaren Monate im Lagerorchester verbracht hatte, und aus meiner Unfähigkeit, das alles emotional zu verarbeiten. In mir verschob sich alles. Ich wurde aus meinen Gefühlen nicht schlau. Manchmal hatte mich die Depression so fest im Griff, dass ich nicht einmal mehr am ganz normalen Alltagsleben teilhaben konnte. Ich kann mich erinnern, dass wir mal zum Essen ausgingen und dass ich dann den ganzen Abend auf der Restauranttoilette verbrachte. Schlaf war meine einzige Erleichterung.

Da die Depression so kurz nach der Geburt meines Sohnes eintrat, wurde sie von den Ärzten unter »postnatal« verbucht. Sie hielt lange an. Ein ganzes Jahr lang probierte ich unterschiedliche Medikamente aus. Manche halfen, aber nur kurz. Dann kehrte die Depression zurück. Ich bekam nicht viel auf die Reihe, manchmal nicht einmal mehr meine Arbeit. Ich hatte Schwierigkeiten, mich zu konzentrieren. Immer häufiger legte sich panische Angst auf mich. Ich hatte das Gefühl, mich in große Gefahr zu begeben. War das das Entsetzen, das ich verspürt hatte, als ich sah, wo so viele Menschen in die Gaskammern getrieben wurden? Ich weiß es nicht. Ich hatte keine Kraft mehr übrig für den Alltag. Das galt für alles, außer für meinen Sohn Abraham. Wahrscheinlich hatte die Depression schon länger in mir geschlummert, und der Besuch in Auschwitz hatte sie ausgelöst. Ich suchte mehrere Psychologen auf. Wir besprachen verschiedene Maßnahmen, und eine Sache wusste ich ganz sicher: Ich wollte nicht in eine Klinik. Ich wollte mich einfach nur sicher fühlen.

Die Dokumentation wurde ausgestrahlt und positiv aufgenommen. Es gab Leute, die es seltsam fanden, wie kühl meine Mutter sich bei ihrer Rückkehr nach Auschwitz zeigte. Aber ich kannte meine Mutter, so war sie nun mal. Wir sind beide nicht besonders sentimental. Wir sind nicht der Typ, der vor der Kamera in Tränen ausbricht. Ich geriet erst in eine Krise, nachdem wir wieder zu Hause waren. Meine Mutter ist glücklicherweise robuster als ich. Sie hat nach unserer Rückkehr aus Auschwitz ganz normal weitergemacht. So wie in den vergangenen fünfzig Jahren auch.

8
Unabhängigkeit

Liebe Großeltern,

das Leben eurer Töchter war seit eurer Deportation von großer Verzweiflung geprägt, die regelmäßig – wenn auch nur kurz – von aufkeimender Hoffnung durchbrochen wurde. Als sie gerade wieder mal dachten, jetzt seien sie dran, jetzt würden sie in die Gaskammer geschickt, wurden sie wie Tiere zusammen mit den anderen Orchestermitgliedern in Viehwaggons geladen und quer durch Polen und Deutschland transportiert. Vier Tage lang waren sie unterwegs. Die Frauen froren erbärmlich. Sie versuchten, einander aufzuheitern, indem sie das Repertoire des Orchesters anstimmten, jede summte den Part ihres Instruments. Die Gesellschaft der anderen gab jeder von ihnen Kraft. Und natürlich waren eure beiden Töchter zusammen.

Die Erleichterung war groß, endlich von den Schornsteinen und dem grauenvollen Geruch von verbrannten Leichen in Auschwitz-Birkenau wegzukommen. Als der Zug schließlich hielt, wurden sie begleitet von den üblichen »Schnell, schnell, raus, raus«-Rufen der Wachen entladen. Sie stellten sich in Reih und Glied auf und mussten mehrere Kilometer durch die Heide marschieren. Meine Mutter sah ein Hinweisschild auf einen Schießstand und dachte, sie würden jetzt alle erschossen – obwohl das doch gar keinen Sinn ergab, sie vier Tage lang durch die Landschaft zu transportieren, nur um sie dann zu erschießen. Aber ergaben überhaupt irgendwelche dieser vielen Gräuel Sinn?

Dann erreichten sie ein Lager namens Bergen-Belsen. In diesen Tagen noch unbekannt, sollte es schon bald zum Inbegriff der Unmenschlichkeit werden. Das Lager wirkte ziemlich klein. Von den Neuankömmlingen wusste niemand, dass dort bereits Zehntausende von russischen Kriegsgefangenen gestorben waren. Die Ankunft Tausender Überlebender aus Auschwitz im Laufe der folgenden Wochen führte dazu, dass ein ohnehin bereits überfülltes Lager bald aus allen Nähten platzte. Meiner Mutter und den anderen Orchestermitgliedern wurde ein Zelt zugewiesen, eine Art großes Festzelt. Das war noch gerade so auszuhalten, aber eines Nachts im Sturm brach es zusammen. Mutter und Renate standen inmitten des Chaos, die kümmerlichen Reste des Zeltes flatterten um sie herum, während eiskalter Regen alles durchnässte. Unter normalen Umständen hätten sie wahrscheinlich eine Lungenentzündung bekommen. Doch diese Nacht überlebten alle, ohne sich auch nur zu erkälten.

Teil einer Gruppe zu sein und mit den Orchestermitgliedern eine Lebensgemeinschaft zu bilden, bedeutete Mutter und ihrer Schwester viel. Die Frauen passten alle aufeinander auf. Man konnte leicht die Hoffnung verlieren und auch die eigene Hygiene vernachlässigen. Es kostete große Überwindung, im Winter hinauszugehen und sich mit kaltem Wasser zu waschen. Aber die Frauen nötigten einander, sich am Riemen zu reißen. Sie sahen sich alle ständig weiter abmagern und teilten das bisschen Essen, das sie bekommen konnten, untereinander. Diese gegenseitige Unterstützung trug – wie bereits in Birkenau – wesentlich zu ihrem Überleben bei.

Eines Tages wurden ihnen Holzbaracken zugewiesen. Ziemlich schlichte Hütten, die für wenige Dutzend Menschen gebaut worden waren und in denen jetzt hunderte untergebracht wurden. Zu viert teilte man sich eine Koje. Meine Mutter erinnert sich noch an den ersten Todesfall in ihrer Hütte eines Nachts. Sie selbst schaffte die Leiche hinaus. Bis dahin hatte sie noch nie einen Toten angefasst. Aber sie überwand sich, und hinterher fühlte sie sich besser, ja, fast stärker.

Fast täglich kamen weitere Häftlinge an. Es waren die wenigen Überlebenden der berühmt-berüchtigten Todesmärsche, sie hatten den ganzen langen Weg aus dem Osten zu Fuß zurückgelegt und waren vollkommen ausgemergelt. Diese Neuankömmlinge waren in der Regel die Ersten, die an Hunger und Erschöpfung starben. Anfangs war es eine Leiche gewesen, die morgens aus der Hütte getragen werden musste, aber es dauerte nicht lange, dann waren es zwei, drei, vier ... oder mehr. Überall im Lager starben Menschen. Aber in Bergen-Belsen gab es kein Krematorium. Stattdessen wurden alle Leichen auf einen Haufen geworfen, von dem schon bald intensiver Verwesungsgeruch ausging. Der Anblick und der Gestank müssen unerträglich gewesen sein.

Essen gab es von Tag zu Tag weniger. Gleichzeitig gab es immer mehr Mäuler zu füttern. Grundnahrungsmittel war eine wässrige Rübensuppe. Da so viele Menschen in so schlechter körperlicher Verfassung waren, grassierten alle möglichen Krankheiten. Typhus machte die Runde, genau wie in Auschwitz. Aber wenn man Typhus überlebt, ist man hinterher immun. Sowohl meine Mutter als auch Tante Renate hatten sich in Birkenau mit Typhus infiziert und die Krankheit überlebt, sodass die Epidemie in Bergen-Belsen ihnen nichts anhaben konnte.

Entsetzlich langsam vergingen die Wintermonate, und die ersten Frühlingsboten waren da. Frühjahr 1945. Renate bekam eine Arbeit im Verwaltungsgebäude und schnappte dort ab und zu Nachrichtenfetzen von der Welt jenseits des Lagers auf. Es zeichnete sich ab, dass Deutschland den Krieg verlieren würde. Die Alliierten rückten aus Westen immer weiter nach Deutschland vor. Die Rote Armee bewegte sich aus Osten auf Berlin zu. Das Ganze glich einem Wett-

rennen. Jeden Tag kamen mehr Menschen in Bergen-Belsen um.
Würden die Alliierten rechtzeitig da sein oder am Ende nur noch
einen riesigen Leichenberg vorfinden? Nachdem die Menschen so
viele Grausamkeiten und Entbehrungen überlebt hatten, wollte niemand so kurz vor dem Ende dieses Albtraums sterben. Jeden Morgen wurden ganze Gruppen von Häftlingen zusammengerufen, um
die Leichen in nahe gelegene Gräben oder Gruben zu bringen. Aber
die meisten waren selbst dazu zu schwach. Die Lebensbedingungen
waren so schlecht, dass es sogar schwerfiel, sich über die Aussicht
auf ein baldiges Ende des Krieges zu freuen.

Das Lager wurde zur absoluten Hölle. Die Nahrungsmittelvor-
räte erschöpften sich. An manchen Tagen gab es nicht einmal mehr
Wasser. Meine Mutter kann sich erinnern, gesehen zu haben, wie
ein vollkommen verzweifelter Häftling das Ohr eines Toten aß. Eine
schreckliche Grenze menschlichen Leids war überschritten worden.
Und es kamen weitere Transporte an. Jeden Tag strömten mehr
Menschen in das Lager, in dem es weder zu essen noch zu trinken
gab und in dem Krankheiten grassierten. Der April war außer-
gewöhnlich heiß. Die beißende Kälte wurde abgelöst von drücken-
der Hitze.

Dieses Mal war es meine Mutter, mit der es bergab ging. Sie konnte
nicht mehr aufstehen. Fiebernd lag sie in ihrer Koje, ohne dass man
wusste, woran sie litt. Renate hörte sie Wörter murmeln, die keinen
Sinn ergaben. Fest entschlossen, Wasser für ihre Schwester zu besorgen, nahm sie sich einen Eimer und marschierte an den Wachen
vorbei, die ihr keinerlei Aufmerksamkeit schenkten. An einem
Wasserhahn in der Nähe des Verwaltungsgebäudes füllte Renate
den Eimer. Auf dem Rückweg zur Baracke stürzten sich halb ver-
durstete Mithäftlinge auf sie und wollten ihr den Eimer entreißen.
Es gab ein Handgemenge. Der Inhalt wurde verschüttet und ver-
sickerte im Boden. Es war hoffnungslos.

Renate schaffte es, meiner Mutter aus ihrer Schlafkoje zu helfen, und führte sie hinaus ins Freie. Draußen brachen eure beiden Töchter zusammen und blieben vollkommen erschöpft sitzen. Sie waren umgeben von Leichen. Seit einigen Tagen hatten sie ungewohnte Geräusche gehört, Geschützfeuer, Artillerie, vielleicht auch das Dröhnen von Panzern. An jenem Tag schienen die Geräusche näher zu rücken. Meine Tante blickte sich um und stellte fest, dass kaum Wachen zu sehen waren. Hatte man die Gefangenen hier zurückgelassen, wollte man sie hier sterben lassen? Dann hörten sie eine Stimme durch ein Megafon. Erst auf Englisch, dann auf Deutsch. Sie war ziemlich weit weg. Was auch immer die Stimme da sagte, war kaum zu verstehen. Die Worte wurden ein ums andere Mal wiederholt. Es war die Stimme eines Mannes, eines Engländers. Langsam drangen seine Worte zu ihnen durch: »Die britischen Truppen stehen vor dem Lager. Bitte verhalten Sie sich ruhig. Sie sind frei!« Es war vier Uhr nachmittags am Sonntag, den 15. April 1945.

Es kamen weitere Lautsprecherdurchsagen. Es wurde erklärt, dass im Lager Typhus umging. Alle sollten sich in Geduld fassen. Medizinische Hilfe sei auf dem Weg. Und dann, ganz langsam, rollte der erste britische Panzer ins Lager. Anita und Renate begriffen kaum, was da passierte. Anfangs waren sie misstrauisch. So oft hatten sich ihre Hoffnungen zerschlagen, da wollten sie nicht riskieren, zu viel zu erwarten und wieder enttäuscht zu werden. Aber es kamen immer mehr britische Truppen. Der Tag der Befreiung, er war tatsächlich da.

Meine Mutter hat oft versucht zu beschreiben, was an jenem Tag in ihr vorging. Niemand sprang herum und jubelte, niemand winkte den lächelnden Befreiern zu. Dazu fehlte den Häftlingen die Kraft. Die britischen Soldaten waren zunächst fassungslos, erstaunt und entsetzt, als sie das Lager betraten. Die Gefangenen hatten sich an die Leichenberge und ihren Gestank gewöhnt, die britischen Truppen waren zutiefst verstört. Hunderte, Tausende vor Hunger

185

und Erschöpfung ausgezehrte Gestalten wie meine Mutter konnten kaum laufen. Sie waren ein erbärmlicher Anblick. Selbst die kriegserprobtesten Soldaten hatten Derartiges noch nie zuvor gesehen.

Es dauerte eine Weile, bis alle begriffen, dass sie wirklich befreit worden waren. Meine Mutter und meine Schwester hatten so lange von Tag zu Tag gelebt und nichts als das nackte Überleben im Sinn gehabt. Sie hatten Verzweiflung, Angst, Hunger, Elend, Hass und intensive Freundschaft erlebt. Es war nur schwer vorstellbar, dass all das vorbei sein sollte, dass sie überlebt hatten, dass die Männer in Uniform da waren, um ihnen zu helfen, nicht, um ihnen Böses anzutun. Meine Mutter hat mal gesagt, am Tag der Befreiung sei sie neunzehn gewesen. Aber sie habe sich gefühlt wie neunzig.

Mir meine Mutter in dieser Situation vorzustellen, wühlt mich enorm auf. Ich weiß ja, dass sie überlebt hat. Ich weiß, dass sie weitergemacht und ein neues Leben angefangen hat. Aber mir vorzustellen, wie zerbrechlich sie ausgesehen haben muss und was in ihr vor sich gegangen sein muss, bewegt mich viel zu sehr, als dass ich weiterschreiben könnte.

In Liebe,

Maya

Wie kann nach allem, was in Auschwitz und Bergen-Belsen passiert ist, jemals wieder irgendjemand behaupten, er hätte Probleme? Es gibt Menschen, die das Grauen organisierter, geplanter Massenmorde miterlebt haben, die tagtäglich von Hunger, Krankheit und Tod umgeben waren – dagegen sind die alltäglichen Sorgen, die die meisten von uns beschäftigen, doch im Grunde nichts. Jedenfalls wirken sie völlig trivial im Vergleich zu den Herausforderungen, mit denen die Menschen in einem Vernichtungslager konfrontiert waren. Ich hatte mein ganzes Leben das Gefühl, dass mein eigenes Leiden gar nicht richtig galt. Ja, mein ganzes Leben, denn dieses Gefühl stellte sich bereits in einem sehr jungen Alter ein, lange bevor ich die Leidensgeschichten meiner Eltern kannte.

Was meine Mutter angeht, die in Sachen persönliches Eigentum stets Minimalistin gewesen ist, so würde ich sagen, sie hat eine simple, binäre Sicht auf die Probleme, mit denen die meisten Leute sich im Alltag herumschlagen: Hast du genug zu essen? Weißt du, wo du deine nächste Mahlzeit bekommst? Wenn ja, wo ist das Problem? Hast du Schuhe und Kleidung und genug, um über die Runden zu kommen? Wenn ja, wo ist das Problem? Trachtet dir jemand nach dem Leben? Gibt es in deiner Nähe Leute, die versuchen, dich zu töten? Nein? Wo ist dann das Problem?

Meine Mutter war neunzehn, als sie nach drei Jahren der Gefangenschaft und des Überlebenskampfes in den Todeslagern befreit wurde, und diese ganz simplen Prinzipien haben ihr Leben nachhaltig geprägt. Dass sie Zeugin von so viel Leid wurde, hat ihr geholfen, ein hohes Maß an Selbstdisziplin zu entwickeln. Ich zolle ihr dafür allergrößten Respekt. Sie hat sich eine harte Schale zugelegt, und sie möchte nicht vor laufender Kamera weinen, wenn man ihr Fragen zu Auschwitz und Bergen-Belsen stellt – das haben die Leute vom Filmteam 1995 genauso festgestellt wie zahllose weitere Medien, die sie seither interviewt haben. Das bedeutet nicht, dass sie all die Erinnerungen an das Grauen, die in ihr stecken, nicht belasten und aufwühlen. Sie hat nur einfach kein Bedürfnis, anderen gegenüber diese Gefühle zu zeigen. So einfach ist das.

Darüber hinaus fällt es ihr schwer, eine Welt zu verstehen, in der Menschen ihre Gefühle angesichts kleiner Schwierigkeiten oder Sorgen ständig nach außen tragen. Das passt einfach nicht zu ihrem eigenen Referenzrahmen. Gewöhnliches Leid ist etwas, was sie nie richtig verstanden hat. Wenn ich als Kind zu meiner Mutter sagte, es gehe mir nicht gut, antwortete sie: »Was soll das heißen, was ist los mit dir? Stell dich nicht so an. Du hast alles, was du brauchst.« Was macht so ein Kind dann mit dem Gefühl, dass es ihm nicht gutgeht? Wie kann man so ein Gefühl bewerten und identifizieren?

Meine Mutter hat nie verstanden, warum ich immer mehr von allem wollte. Noch ein Paar Schuhe, noch eine Jacke oder einen Mantel. Sie hat nie begriffen, warum ich mir gerne schöne Dinge kaufte, so viele, wie ich mir leisten konnte, oder auch nicht. Es war eine Form von Materialismus, mit dem sie nichts anfangen konnte. Es hat lange gedauert, bis ich endlich kapiert hatte, dass es völlig in Ordnung war, mir schöne Sachen zu wünschen. Klar, wenn einem in der Kindheit und Jugend bestimmte Dinge dauerhaft vorenthalten werden, dann will man sie nur noch mehr. Das liegt in der Natur des Menschen. Aber da ich das Gefühl hatte, mir würde außer einer Grundversorgung praktisch alles vorenthalten, wünschte ich mir ständig irgendetwas, und meine Mutter fand, dass ich unersättlich sei. Dieser Drang, mir etwas zu kaufen, entsprang meiner immensen inneren Leere.

Meine Mutter war die Tochter bemerkenswerter Eltern, die ihr und ihren Schwestern ein ausgeprägtes Identitäts- und Selbstwertgefühl mit auf den Weg gegeben hatten. Ich dagegen habe diese innere Stärke nie aufgebaut. Alles, was meine Mutter in ihrer Pubertät erlebte, hat ihr Gefühlsregister beeinflusst, aber die Erfahrungen haben sie auch zu dem Menschen gemacht, der sie heute ist.

So ist es meiner Mutter stets schwergefallen, auf meinen ganz gewöhnlichen Kummer als Heranwachsende und auf meine alltäglichen Probleme zu reagieren. Es war im Grunde eine Nebenwirkung der Resilienz, die sie entwickelte, dass sie nicht verstehen konnte, dass andere nicht genauso stark waren wie sie. Wenn sie mit dem English Chamber Orchestra auf Konzertreise war, sorgte sie sich natürlich um mich. Ging es mir gut? Wurde sich um mich gekümmert? Gab es genügend Leute, die nach mir sahen, konnte ich irgendwohin? Ihr reichte das. Mir reichte das nie. Ihre langen Abwesenheiten waren eine Qual für mich. Erst viel später sagte sie mal: »Jetzt verstehe ich, wie sehr du deine Mutter gebraucht hast, aber ich war so oft nicht da.«

Auf einer völlig unbewussten Ebene versuchte ich, mit meinem Schmerz und meiner Angst umzugehen, und fing an, Strategien zu entwickeln, um diese Gefühle zu lindern. Der Leidensbegriff meiner Mutter ist bestimmt von ihrer eigenen Überlebensgeschichte. Leiden sollte niemals verglichen und bewertet werden, und doch passiert genau das immer wieder. Dadurch entsteht eine Art Wettbewerb, eine »Leidenshierarchie«. Es gibt Überlebende, die ihre eigene Geschichte mit der anderer Überlebender vergleichen, die noch größerem Leid ausgesetzt waren und die noch viel größere Bedrohungen überlebt hatten. Die Ausweitung dieses Bezugsrahmens auf die nächste Generation ist selbstverständlich hoch problematisch. Alle Bedürfnisse, alle Wünsche, jegliches Verlangen ist durchdrungen von dem Gefühl, dass ein solches Wollen etwas

Verwerfliches hat, und wird begleitet von der Frage: »Warum bist du nicht einfach nur dankbar, am Leben zu sein?« Ganz ehrlich: Verdammt oft war ich das nicht.

Die Leidenshierarchie ist untrennbar verbunden mit der Erfahrung, Kind einer Überlebenden zu sein, und in meinem Fall führte das zu einer Innenwelt, die zu den schlimmsten Zeiten finster und furchterregend war und zu den besten etwas, womit ich einigermaßen umgehen konnte. Ständig war ich auf der Suche nach irgendwas oder irgendjemandem, zu dem ich eine Verbindung aufbauen konnte, aber nichts erwies sich als verlässlich. Die Verletzung und Wut, mit der ich dann jedes Mal reagierte, stand in keinem Verhältnis zur Ursache meiner Enttäuschung. Niemand lehrte mich, wie ich meine Emotionen und meine Psyche kalibrieren und organisieren sollte, und ich meinte ständig, alles falsch zu machen.

Meine Eltern wussten beide nicht, wie sie auf die »normalen« Bedürfnisse ihrer Kinder reagieren sollten. Mein Bruder Raphael schien keinerlei Schwierigkeiten zu haben und kam darum gut damit zurecht. Aber ich nicht. Ich halte es auch für unklug, ein Kind nach einer innig geliebten Verwandten zu benennen, die unter tragischen Umständen ums Leben gekommen ist. Ich wusste, dass meine Mutter ihre große Schwester Marianne angebetet hatte, und ich konnte die Erwartungen, die durch den Namen an mich gestellt wurden, nicht erfüllen. Es war von vornherein klar, dass ich meine Eltern enttäuschen würde. Denn meine Aufgabe bestand darin, einen Menschen zu ersetzen, der unersetzlich war. Ich würde diese Aufgabe nie erfüllen können, mein Scheitern war vorprogrammiert.

Eine der größten Herausforderungen meiner Mutter im Umgang mit mir war, dass mein Verhalten ihr suggerierte, ich sei nicht im Geringsten dankbar und das Leben sei mir egal. Holocaust-Überlebende stellen an ihre Kinder völlig andere Erwartungen als alle anderen Eltern. Viele Überlebende plagen fortwährend massive Schuldgefühle: »Warum habe ich überlebt und Millionen andere nicht?« Das hat nicht nur Einfluss auf ihr eigenes Leben, sondern auch auf die Erwartungen, die sie an ihre Kinder stellen. Ich weiß, dass meine Eltern es anfangs schwer mit mir hatten, weil ich nicht mit ihrer stoischen Selbstdisziplin ausgestattet war. Ich wusste, dass ich nicht aus demselben Holz geschnitzt war wie meine Mutter, aber ich wusste lange nicht, warum, und so oft wurde mir gesagt, ich sei eher wie mein Vater, überempfindlich und schwierig. Genauso wenig, wie ich die Muttersprache meiner Mutter verstand, war ich in der Lage zu durchschauen, warum so viele meiner Verletzungen und meine Angst von meinen Eltern überhaupt nicht wahrgenommen wurden. An mangelndem Interesse kann es nicht gelegen haben, vielmehr musste es mit dem Umstand zu tun gehabt haben, dass meine Mutter mit sechzehn Vollwaise wurde und die Welt durch ihre ganz eigene Brille betrachtete.

Mir war es ein Rätsel, was in emotionalen und psychologischen Zusammenhängen als »normal« galt. Der Kummer, den es mir als Kind bereitete, wenn meine Mutter auf Konzertreise ging, verblasste zur Bedeutungslosigkeit, wenn er mit dem Bedürfnis meiner Mutter, wegzufahren, verglichen wurde. Die Trennung, die Angst und das Gefühl des Verlassenseins, das ich in meiner Kindheit empfand, waren akut. Ich wünschte mir nichts mehr, als dass meine Mutter zu Hause blieb. Was sie nie tat, weil sie Geld verdienen musste, um die Familie zu ernähren. Aber ganz gleich, wie verzweifelt ich war, meine Gefühle konnten es nie mit denen meiner Mutter aufnehmen, als sie sich mit sechzehn für immer von ihren Eltern verabschieden musste, weil die Nazis sie deportierten. Ich bin sicher, dass mein Gefühl des Verlassenseins ein Echo des Traumas war, das sie zwanzig Jahre zuvor erlitten hatte. Kleinkinder haben noch keine Vorstellung von Zeit, und weil meine Mutter wusste, dass sie wiederkommen würde, konnte sie sich immer ganz entspannt von mir verabschieden, während ich Höllenqualen litt. Im Laufe der Jahre habe ich diese Zusammenhänge besser verstanden, ich habe begriffen, wie sehr mein Innenleben von allem, was meine Mutter erlebt hatte, geprägt war. Ich weiß noch, wie sie zu mir sagte: »Wenigstens hast du Eltern und niemand versucht dich umzubringen.« Das entsprach natürlich den Tatsachen, aber es linderte nicht meinen Schmerz. Im Gegenteil, es steigerte meine Verzweiflung, und es verwandelte die Bürde, die ich trug, in Schuldgefühle.

Meine Ehe ging langsam, aber sicher den Bach runter, während ich beruflich fortgesetzt erfolgreich war. Ich spezialisierte mich weiter auf die Behandlung von Abhängigkeiten. Als ich nach Abrahams Geburt wieder anfing zu arbeiten, trat ich eine Stelle in der Praxis einer Allgemeinmedizinerin an. Sie hieß Dr. Jane Critchley und war eine ungewöhnliche und radikale Frau, die jemanden brauchte, der im Rahmen ihrer Praxis ein Suchtzentrum einrichtete. Ich war ihr empfohlen worden und half ihr, diese Abteilung aufzubauen. Es war das erste in eine Hausarztpraxis eingebettete Suchtzentrum und zog schon bald viele hilfebedürftige Menschen an. Es dauerte nicht lange, da behandelte ich einige Privatpatienten allein. Ich arbeitete Teilzeit, etwa 15–20 Stunden die Woche. Aber die Arbeit machte mir Riesenspaß, und so langsam bekam ich das Gefühl, einen Bereich gefunden zu haben, in dem ich etwas Positives bewirken konnte.

Wie jede junge Mutter musste ich Beruf und Familie unter einen Hut bringen. Ich genoss Abrahams Kleinkindzeit in vollen Zügen. Er bereitete mir so viel Freude, dass ich mir des Öfteren wünschte, einfach nur eine jüdische Hausfrau zu sein, Hühnersuppe zu kochen und zusammen mit einer ganzen Schar anderer Mütter einen Kinderwagen vor mir herzuschieben. Abe machte allen viel Freude, nicht nur David und mir, sondern auch Davids Eltern. In der Familie Jacobs gab es bereits seit einiger Zeit wieder kleine Kinder, und sowohl Louis als auch Shula waren hingerissen von ihrem jüngsten Enkel. Auch meine Mutter war Abe richtig verfallen. Sie brachte sich stark ein. Als ich wieder anfing zu arbeiten, passte sie fast immer auf ihn auf. Da hatte ich großes Glück. Sie wurde zu unserer wichtigsten Stütze in Sachen Kinderbetreuung. Bei schönem Wetter ging sie mit ihm nach draußen, stundenlang schob sie ihn durch den Regent's Park oder den Zoo. Dann holte sie mich von der Arbeit ab und wir verbrachten den Abend zusammen. Meine Mutter war immer noch beim English Chamber Orchestra, sie war immer noch Profi, arbeitete aber nicht mehr so viel wie früher.

Ich wollte Abraham unbedingt ein liebevolles, stabiles Zuhause bieten. Ich nahm mir vor, ihm all das zu geben, was mir in meiner Kindheit gefehlt hatte. Ich wollte ihm ein Gefühl von Sicherheit geben, ein gesundes Selbstbewusstsein und alles, was nötig war, um in dieser Welt einen guten Weg zu gehen. Ich hatte im Laufe meiner Kindheit häufig erlebt, dass ich mich fragte, was ich eigentlich gerade machte und warum, und dass mir das Werkzeug fehlte, um die Erwartungen zu erfüllen, die an mich gestellt wurden. Ich wollte nicht, dass es meinem Sohn genauso erging, und darum kann ich aus voller Überzeugung sagen, dass ich ganz bestimmt in manchen Bereichen versagt, in anderen aber mein Bestes gegeben habe.

Mit drei Jahren ging Abraham in den zu unserer Synagoge gehörenden Kindergarten. Zum ersten Mal begab er sich in die Obhut von Menschen, die nicht zur Familie gehörten. Natürlich ist es ganz normal, dass Kinder sich nur ungern von ihren Eltern trennen, aber ich werde nie vergessen, wie sehr Abraham die neue Situation in den ersten beiden Monaten belastete. Fast jeden Morgen, wenn ich ihn zum Kindergarten brachte, fing er an zu weinen. Und ich sagte jedes Mal: »Mummy kommt wieder. Versprochen.« Der Nachdruck, mit dem ich das sagte, war natürlich meiner eigenen Geschichte geschuldet.

David und ich hielten uns als Paar nur gerade so über Wasser. Sämtliche Themen, die schon vor Abrahams Geburt problematisch gewesen waren, existierten weiter. Ständig wollte David wissen, wann wir miteinander schlafen würden. Ich hatte laufend neue Ideen, wie wir unser Leben verbessern könnten, und er war jedes Mal dagegen, er fand mich so sprunghaft, vor allem, wenn es um Geld ging. Sowohl er als auch ich standen viel Frust und reihenweise Enttäuschungen aus.

Als Abraham vier wurde, stellte sich die Frage, wie es nach dem Kindergarten weitergehen sollte. Die beiden Schulen in unserem Viertel kamen für mich nicht in Frage. Aber es gab eine staatliche Grundschule namens Brookland mit sehr gutem Ruf nicht allzu weit entfernt in Hampstead Garden Suburb. Viele Kinder aus Abrahams Kindergarten wechselten auf die Brooklands-Grundschule. Sie war keine eigentliche jüdische Schule, aber aufgrund ihrer Lage waren etwa achtzig Prozent der Schülerinnen und Schüler jüdisch. Die Schule erfreute sich größter Beliebtheit, und wer nicht in unmittelbarer Nähe wohnte, hatte wenig Aussicht, aufgenommen zu werden. Ich wollte nach Finchley ziehen, in erster Linie, um im Einzugsbereich von Brookland zu wohnen. Aber ich wünschte mir auch ein kleines Büro, damit ich zu Hause arbeiten konnte. David dagegen wollte nicht raus aus unserem Haus in Muswell Hill. In seinen Augen war das mit dem Umzug bloß eine meiner Schnapsideen. Wenn ich wirklich umziehen wollte, sagte er, müsste ich ganz allein ein Haus finden und alles organisieren. Er wollte damit nichts zu tun haben. Also suchte und fand ich ein Haus, machte ein Angebot und beauftragte einen Anwalt mit dem Erwerb des neuen Hauses und dem Verkauf des alten. David zeigte sich nicht im Geringsten interessiert an den

Vorgängen, er sah unser neues Zuhause zum ersten Mal, als wir einzogen. Wie fast alles in unserer Ehe war der Kauf zu einer äußerst mühseligen Angelegenheit geworden.

Ich war fest entschlossen, meinem Sohn nur die allerbesten Möglichkeiten zu bieten. Mein Mann teilte meinen Ehrgeiz bezüglich unseres Sohnes nicht. David war nicht gern zur Schule gegangen und hatte sich immer als Außenseiter gefühlt, fand aber, dass er sich dafür ganz wacker geschlagen hatte. Ich war eine »Tigermama« und eine »jüdische Mutter« in Personalunion. Ich war hundert Prozent entschlossen, Abraham all die Chancen zu geben, die ich nie gehabt hatte. Und irgendwie klappte das auch, weil David sich bei diesen Entscheidungen raushielt und ich einfach in meinem Sinne weitermachte. Wir tauschten uns nicht einmal großartig darüber aus, was mir gut in den Kram passte, weil ich mich so besser auf das konzentrieren konnte, was erledigt werden musste. Wir zogen nach Finchley, und Abraham ging zur Brooklands-Grundschule.

Abraham war sich seines musikalischen Hintergrundes auf Seiten der Lasker-Wallfischs natürlich bewusst. Aber genauso wusste er von den rabbinischen Wurzeln der Jacobs. Weder die eine noch die andere Familie übte Druck auf ihn aus. In der Grundschule zeigte er keine besonderen Talente. Er ging weder besonders gern noch besonders ungern zur Schule. Als er acht oder neun war, sagte er, er wolle Cello lernen. Für unsere Familie war das eine vollkommen natürliche Entwicklung, schließlich war Abe von Musik und Cellos in allen erdenklichen Größen umgeben gewesen, seit er klein war. Für mich war das Wichtigste, dass er etwas tat und lernte, was ihm Spaß machte. Und an entsprechender Anleitung sollte es in unserer Familie nicht fehlen.

Die Beziehung zwischen mir und David gestaltete sich inzwischen ziemlich unerträglich. Es handelte sich bei unserem Zusammenleben nicht mehr um eine Ehe im eigentlichen Sinne. Ich erinnere mich an den letzten Urlaub im erweiterten Jacobs'schen Familienkreis in Israel zu Pessach. Da war Abe wohl neun Jahre alt. David und ich hatten uns zu dem Zeitpunkt bereits so auseinandergelebt, dass es niemandem mehr entgehen konnte, und ich kam mir in der Familie, der ich mich einst so verbunden gefühlt hatte, fremd vor. Die zehn Tage waren schrecklich.

Während sich unsere Beziehung zusehends verschlechterte, baute David bereits eine neue auf. Mir war ziemlich klar, dass er sich mit einer anderen Frau traf. Er zog sich zum Telefonieren in ein anderes Zimmer zurück und betrieb Geheimniskrämerei. Ich nahm ihm das nicht übel. Ich hatte damit gerechnet, dass er sich irgendwann nach einer anderen umsehen würde. Wir hatten beide lange kein intimes Verhältnis mehr gehabt.

Alles lief auf Scheidung hinaus, und doch erwies sich die Auflösung unserer Ehe als äußerst schmerzhaft und belastend. David und ich versuchten ständig einander zu überbieten, wenn es darum ging, für wen das Ganze jetzt am schlimmsten war. Schließlich wurde entschieden, dass David aus dem gemeinsamen Haus ausziehen sollte, während Abraham und ich verreist waren, weil ich nicht wollte, dass wir ihm beim Packen und Verlassen des Hauses zusahen. Ich werde nie vergessen, wie mein Sohn kurz nach unserer Rückkehr sagte, dass er das Gefühl hätte, ihm sei eine Last von den Schultern genommen worden. Damit wollte er nicht sagen, dass er seinen Vater nicht mehr sehen wollte – sie sind sich bis heute sehr nah und sehen sich regelmäßig. Er bezog sich vielmehr darauf, dass er erleichtert war, nicht mehr in einem Kriegsgebiet zu wohnen.

9
Entscheidungen

Liebe Großeltern,

es dauerte eine ganze Weile, bis eure Töchter begriffen, dass sie nach all den leidvollen Jahren im Gefängnis, in Auschwitz und in Bergen-Belsen, in denen sie nie wussten, ob sie den nächsten Tag erleben würden, wirklich frei waren. Jeden einzelnen Tag hatten sie mit ihrem Tod gerechnet. Und auf einmal hatten sie wieder eine Zukunft und ein Leben vor sich.

Heute kann sich meine Mutter nicht mehr im Detail an die Ereignisse nach der Befreiung erinnern. Als die ersten britischen Truppen kamen, waren diese erschüttert von so viel Tod und Krankheit und von den Leichenbergen überall. Die Überlebenden, von denen die meisten kaum noch mehr als Haut und Knochen waren, deren Rippen aus den verhungerten Körpern ragten, die nur Lumpen am Leib trugen und die Reste blau-weiß gestreifter Lagerkleidung, starrten die Befreier aus riesigen Augen an. Die britischen Soldaten nannten die Überlebenden »die lebenden Toten«. Viele von ihnen kämpften direkt neben den Leichen derer, die es nicht mehr geschafft hatten, ums Überleben. Es dauerte Tage, bis Medikamente und andere Versorgungsgüter das Lager erreichten. Und als die ersten Nahrungsmittel ankamen, waren es ganz und gar die falschen für derart abgezehrte Körper. Fleisch in Dosen und andere Militärrationen waren schwer verdaulich, und einige

Häftlinge starben, nachdem sie sich damit vollgestopft hatten. Doch meine Mutter und Renate erholten sich schon bald. Erneut bewiesen eure Töchter unglaubliche Widerstandskraft. Sie wurden erstaunlich schnell gesund und müssen das Gefühl gehabt haben, ein neues Leben geschenkt zu bekommen, eine zweite Chance.

Eine der ersten Herausforderungen, mit denen sich die britischen Soldaten konfrontiert sahen, bestand darin, die vielen Toten zu begraben. Riesige Gruben wurden ausgehoben, und die SS-Wachen, die ihm Rahmen des lokalen Waffenstillstands, den man mit dem Lagerkommandanten ausgehandelt hatte, im Lager geblieben waren, mussten die Leichen einsammeln und in die Massengräber werfen. Die Häftlinge waren Zuschauer dieses entsetzlichen Schauspiels. Schon bald wirkten die einst so smarten, herrischen und herablassenden SS-Wachen äußerst ungepflegt, verdreckt und armselig. Die Männer, deren Rassismus sie hatte glauben lassen, sie seien anderen überlegen, mussten jetzt die niedersten Arbeiten ausführen, sie mussten Leichen einsammeln, Menschen, für deren Tod sie verantwortlich waren, und mussten sie begraben. Britische Soldaten überwachten das Ganze und sorgten für Ordnung, sie verhinderten, dass die Überlebenden sich in ihrem Zorn auf ihre ehemaligen Peiniger stürzten. Nachdem die Leichen begraben waren, kamen die Briten mit Flammenwerfern und brannten die Baracken nieder. Das war die einzige Möglichkeit, das Lager vor den entsetzlichen Krankheiten zu schützen. Meine Mutter und andere Zuschauer jubelten, als alles in Flammen aufging. Vieles von alldem wurde vom Militär und von der Wochenschau gefilmt, um die Zustände in Bergen-Belsen für die Nachwelt festzuhalten.

Die britische Militärverwaltung hatte alle Hände voll zu tun damit, ein Lager zu organisieren, in dem sich 40 000 verhungernde und todkranke Menschen befanden. Es mussten Unterkünfte und ein Krankenhaus geschaffen, eine medizinische Versorgung etabliert sowie verträgliches Essen und Trinkwasser mussten beschafft werden. Es mussten Listen erstellt werden, aus denen hervorging, von wo die Überlebenden gekommen waren. Sie alle wurden als Displaced Persons, als Heimatlose, klassifiziert, und es musste entschieden werden, was mit ihnen geschehen sollte. Tante Renate hatte vor dem Krieg etwas Englisch gelernt und wurde schnell als Dolmetscherin eingesetzt. Meine Mutter sprach zum Zeitpunkt der Befreiung kein Englisch, aber man brauchte händeringend Hilfe und Unterstützung, und so gelang es meiner Tante, auch für meine Mutter eine Arbeit zu finden. Sie bekam eine Armbinde mit dem Buchstaben »I« für interpreter, Dolmetscher, und fing an, Dokumente für die britische Armee zu tippen. Es spielte keine Rolle, dass sie weder Englisch noch Schreibmaschine schreiben konnte. Sie eignete sich schnell einen englischen Grundwortschatz an, und je mehr sie verstand, desto schneller konnte sie auch tippen. Dass sie gut Französisch sprach, war ihr eine Hilfe, aber als ihr Englisch zusehends besser wurde, spielten sie und ihre Schwester tatsächlich eine Rolle dabei, eine gewisse Ordnung in das heillose Chaos von Bergen-Belsen zu bringen.

Es dauerte nicht lange, da zogen meine Mutter und meine Tante in die Kasernen eines früheren deutschen Militärlagers wenige Kilometer von den Überresten des Lagers entfernt ein. Dort herrschten entschieden bessere Lebensbedingungen. Es gab Badezimmer, ordentliche Kleidung und vernünftiges Essen. Schon bald freundeten sich die beiden jungen Frauen mit den britischen Offizieren an, für die sie arbeiteten. Mit Hilfe dieser Männer war es ihnen möglich, Briefe an Marianne zu schicken. Schon bald schrieben sie sich eifrig und regelmäßig. Die drei Schwestern hatten so viel nachzuholen.

Nach Kriegsende kam es zu Plünderungen, einige der Lagerüberlebenden nahmen wohlhabenden deutschen Familien in der Umgebung weg, so viel sie konnten. Einmal ging meine Mutter mit auf so einen Beutezug, in der Hoffnung, ein Cello zu finden. Das Kind der Familie starrte sie verständnislos an. Sie ging, ohne etwas mitzunehmen.

Die Offiziere machten es sich schnell zur Aufgabe, ein Cello für meine Mutter zu besorgen. Sie begriffen, wie wichtig es für sie war, wieder spielen zu können. Nach ein paar Tagen wurde in irgendeinem Büro in der Umgebung ein ziemlich ramponiertes Exemplar gefunden. Offenbar gehörte es niemandem. Eines Abends, als meine Mutter in ihr Zimmer zurückkehrte, lag das Cello auf ihrem Bett. Sie stürzte sich darauf und fing sofort wieder an zu spielen. Ein weiteres Mal wurde das Instrument zu einer Rettungsleine, die ihr dabei half, nach dem Grauen von Bergen-Belsen zu neuer Zuversicht zu finden und sich ein neues Leben aufzubauen.

Schon bald entstand unter den Briten die Idee, Konzerte für die Soldaten und die Lagerüberlebenden zu veranstalten. Meine Mutter lernte ein paar ehemalige italienische Kriegsgefangene kennen, unter anderem Giuseppe Selmi, der vor dem Krieg Solocellist bei Radio Roma gewesen war. Zusammen mit drei weiteren Musikern bildeten sie ein eher ungewöhnliches »Quintett«, das in befreiten Lagern und auf Militärstützpunkten in der Umgebung auftrat. Selmi und meine Mutter wurden enge Freunde, und er förderte ihr Cellospiel ganz entscheidend. Seit ihrem Aufenthalt in Berlin, der mit der Reichspogromnacht endete, hatte sie nicht mehr mit einem exzellenten Cellisten an sich arbeiten können.

Den Italienern, die am Anfang des Krieges an der Seite von Deutschland gekämpft hatten, erging es deutlich schlechter als den Befreiten aus Bergen-Belsen. Sie besaßen nichts außer dem, was sie am Leib trugen, und meine Mutter half Selmi dabei, Kleidung zu finden. Selmi war ein exzellenter Komponist und ein erfahrener Cellist, doch sein Instrument war in einem desolaten Zustand, darum lieh ihm meine Mutter ihres, wenn er ein Solo zu spielen hatte. Zwischen den beiden entstand eine enge Bindung, und meine

Mutter hatte sicher das Gefühl, sich peu à peu in die Welt des Musizierens zurückzuarbeiten.

Der Sommer ging ins Land, und meine Mutter und meine Tante wurden zunehmend unruhig. Was würde mit ihnen passieren? Einige ihrer Freundinnen waren »nach Hause« zurückgekehrt – oder zumindest in das Land, aus dem sie gekommen waren, nach Frankreich oder Belgien zum Beispiel. Niemand wusste, was ihn erwarten würde, wenn er endlich wieder in seiner Heimatstadt oder seinem Heimatdorf war, aber wenigstens hatten sie einen Ort, eine Richtung, die sie einschlagen konnten. Anita und Renate aber konnten nicht »nach Hause« zurückkehren. Breslau war von den Sowjets besetzt und sollte aus deutschem in polnisches Staatsgebiet übergehen. Mutter und Tante Renate wollten so schnell wie möglich raus aus Deutschland, sie wollten raus aus dem Land, das ihnen und ihrer Familie so viel Leid zugefügt hatte. Deutsche zu sein, fanden sie, war in etwa so, als hätte man eine fiese Krankheit. Viele Möglichkeiten hatten sie nicht. Die Emigration nach Palästina wurde von den britischen Behörden weiterhin streng gehandhabt. Selmi schlug vor, sie sollten es mit Italien versuchen, aber da kannten sie niemanden, und das Land lag in Trümmern. Großbritannien wirkte vielversprechender, und so konzentrierten sich ihre Hoffnungen bald darauf. Sowohl ihre große Schwester Marianne als auch ihr Vetter Jack und ihre Cousine Helli lebten dort, und sie alle taten ihr Möglichstes, um eine Genehmigung zu bekommen, ihre Verwandten, die den Holocaust überlebt hatten, bei sich aufnehmen zu dürfen. Doch das britische Innenministerium hatte dringendere Angelegenheiten zu bearbeiten, als für zwei Displaced Persons Visa auszustellen.

Im November 1945 stimmte das Unterhaus des britischen Parlaments einem Gesetz zu, wonach Displaced Persons nach Großbritannien einreisen können sollten, wenn sie unter einundzwanzig waren und sonst nirgendwo auf der Welt Verwandte hatten. Renate war bereits einundzwanzig, und sie hatten einen Verwandten in Amerika, Onkel Edward. *Meine Mutter und meine Tante ließen sich nicht beirren und bestachen einen Standesbeamten, die Geburtsdaten in ihren Papieren zu ändern. So waren sie beide plötzlich zwei Jahre jünger. Meine Mutter amüsierte das sehr, dass sie plötzlich zwei »verlorene« Jahre zurückbekam, sie behielt das jüngere Alter offiziell bei, bis sie, als sie bereits über fünfzig war, endlich gestand, was sie damals getan hatten!*

Die nächste britische Passstelle befand sich im Konsulat in Brüssel. Eine Reise dorthin schien vollkommen unmöglich. Zum einen gab es keine Transportmöglichkeiten, zum anderen hatten sie ja keine Ausweispapiere, mit denen sie die Grenze hätten übertreten können. Doch dann erzählte ein gewisser Captain Alexander, der mit der Untersuchung von Kriegsverbrechen befasst war, meiner Mutter, dass er am nächsten Tag nach Brüssel fahren würde und sie mitnehmen könnte. Das war kurz nach Weihnachten 1945. Sie fälschten ein Dokument, eine Art Passierschein, und schafften es, einen Militärstempel darauf zu bekommen. Das Papier war stümperhaft ausgeführt, einschließlich Schreibfehler. Und so stiegen sie in den von einem Chauffeur gelenkten Mercedes des britischen Militärs und verließen Bergen-Belsen an der Seite von Captain Alexander deutlich stilvoller, als sie dort angekommen waren. Selbstverständlich kam es an der Grenze zu einer Diskussion, weil der Grenzbeamte den Passierschein nicht anerkennen wollte. Doch Captain Alexander erwies sich als ein absolutes Ass. Er täuschte einen Wutanfall vor, machte der Wache klar, wer den höheren Dienstgrad hatte, und bestand darauf, passieren zu dürfen. Mit Erfolg. Im Vergleich dazu war es dann relativ einfach, nach Belgien einzureisen. Gegen Mitternacht wurden sie bei einer älteren Dame in Brüssel abgesetzt, die wenig erfreut war, so spät noch aufgeweckt zu werden, um zwei Exgefangene aus Bergen-Belsen bei sich unterzubringen. Anita und Renate, einfallsreich wie immer, machten Freundinnen aus dem Mädchenorchester in Auschwitz ausfindig, die jetzt in der belgischen Hauptstadt lebten, und konnten eine Weile bei ihnen unterkommen.

Mit der britischen Bürokratie fertig zu werden, erwies sich als ungleich schwieriger. In dem Glauben, sofort Visa ausgestellt zu bekommen, wurden sie bei der britischen Botschaft vorstellig, wo der Beamte sie darauf hinwies, dass sie die Bedingungen für eine Einreise nach Großbritannien nicht erfüllten, weil sie einen Onkel in Amerika hatten. Sofort begannen die beiden Mädchen, ihren Onkel der Gewalttätigkeit und Bösartigkeit und des vollkommenen Desinteresses an seinen Nichten zu bezichtigen (sie haben sich später vielmals entschuldigt, ihn derart dargestellt zu haben), doch der Beamte ließ sich nicht beeindrucken. So waren nun mal die Regeln. Er sagte, die Sache müsste weiter geprüft werden.

Ohne Geld, ohne Papiere und ohne festen Wohnsitz in einer fremden Stadt, wandten meine Tante und meine Mutter sich schließlich an die Nothilfe- und Wiederaufbauverwaltung der Vereinten Nationen (UNRRA), die ihnen etwas Geld zur Verfügung stellte. Anita und Renate fanden ein Zimmer zur Miete und waren nicht mehr vom Wohlwollen ihrer Freundinnen abhängig. Die Monate verstrichen nur langsam. Meine Mutter ging zu den Proben des Uni-Orchesters. Es sah ganz danach aus, als würden sie für längere Zeit in Belgien festsitzen. Sie waren auf dem Weg zur Einreise nach Großbritannien bereits so weit gekommen, aber die Erlaubnis, die letzten Kilometer über den Ärmelkanal zurückzulegen, war nur schwer zu erlangen.

Im März sollten sie sich wieder in der Botschaft einfinden. In London hatte wohl jemand Druck ausgeübt, laut Innenministerium sollten die beiden jungen Frauen nun ins Land gelassen werden. Und Onkel Edward hatte offiziell seine Verantwortung für seine Nichten abgelegt. Derselbe Beamte, der ihnen gegenüber so streng gewesen war, zeigte sich jetzt enorm freundlich und überreichte ihnen die Papiere, die sie für die Einreise nach Großbritannien benötigten. Sie konnten ihr Glück kaum glauben und tanzten fröhlich aus dem Büro. Schnell besorgten sie sich Fahrscheine für die Fähre von Ostende nach Dover.

Aber es musste doch noch eine Hürde überwunden werden. Als sie auf Deck saßen und die frische Seeluft atmeten, hörten sie, wie über Lautsprecher ihre Namen ausgerufen wurden. Die Passagiere Renate und Anita Lasker wurden gebeten, sich beim Kapitän zu melden. Sie befürchteten das Schlimmste: Waren ihre Papiere womöglich zurückgezogen worden? Sie waren gelähmt vor Angst. Sie blieben sitzen, wo sie waren, bis das Schiff sich mitten auf dem Ärmelkanal befand. Dann begaben sie sich zum Kapitän. Der wollte sie, zu ihrem großen Erstaunen, einfach nur begrüßen, nachdem er gehört hatte, dass zwei Überlebende aus Bergen-Belsen an Bord waren. Er bot ihnen seine Hilfe an für den Fall, dass es mit der britischen Einwanderungsbehörde Probleme gäbe. Er wollte einfach nur freundlich sein und sie willkommen heißen. Die beiden waren sprachlos. So etwas kannten sie nicht.

In Dover gestaltete sich alles unproblematisch. Endlich waren sie da. Ihre Reise von Breslau nach Auschwitz, nach Bergen-Belsen, nach Brüssel und schließlich nach England hatte ein Ende. Sie hatten ihr Ziel erreicht. Am 18. März 1946, elf Monate nach der Befreiung von Bergen-Belsen durch die britischen Truppen. Ein neues Kapitel ihres Lebens erwartete sie. Sie konnten es kaum abwarten loszulegen. Ich bin unendlich froh, euch erzählen zu können, dass die Reise eurer Töchter ein glückliches Ende nahm.

In Liebe

Maya

Beruflich machte ich eher langsam Fortschritte, während meine Beziehung zu David sich zusehends verschlechterte. Zusätzlich zu dem Job bei der Allgemeinmedizinerin nahm ich eine weitere Teilzeitstelle im Suchtzentrum des Florence Nightingale Hospital an. Mehr und mehr Menschen hörten von meiner Arbeit. Ich bekam immer mehr Privatpatienten, denen ich empfohlen worden war. Das alles entwickelte sich recht organisch.

Eines Tages bekam ich in der Praxis einen Schock. Ich wartete in meinem Sprechzimmer auf den nächsten Patienten, als ich vom Empfangsbereich eine lautstarke Auseinandersetzung hörte. Die Stimme des Mannes, der den Tumult veranstaltete, erkannte ich sofort wieder. Es war Jimmy, der mir seinerzeit in Brixton nach dem Leben getrachtet hatte. Ich werde nie vergessen, wie mir das Entsetzen in die Glieder fuhr, als ich seine Stimme hörte. Ich bewahrte einen kühlen Kopf, rief die Sprechstundenhilfe zu mir und schärfte ihr ein, dass dieser Patient unter keinen Umständen in diese Praxis aufgenommen werden durfte. Sie begriff, wie ernst es mir war, und leistete meinen Anweisungen Folge. Meine privaten Gründe für diese Ansage erklärte ich nicht. Ich war völlig verängstigt, als ich seine Stimme wieder hörte. Sie erinnerte mich äußerst unsanft an meine Vergangenheit. Die Angst war eine körperliche Reaktion, so dramatisch, als würde mir jemand eine Pistole an den Kopf halten. Ein paar Stunden später wurde mir unerträglich heiß. Und binnen vierundzwanzig Stunden hatte ich ein veritables Nesselfieber entwickelt. Die meisten Menschen erleben das eher als eine kleinere Hautveränderung, aber mein Körper hatte sehr heftig reagiert. Mein ganzes Gesicht war von Ausschlag bedeckt. Der Zustand war so massiv, dass es über ein

Jahr dauerte, bis alles wieder ganz abgeklungen war. Überall am Körper hatte ich Quaddeln, mein Gesicht war regelrecht entstellt. Ich sah aus wie der Elefantenmensch. Als hätte ich mir eine Seuche eingefangen. Wieder einmal hatte ich das Gefühl, meine Vergangenheit würde mich einholen. Der Gedanke, dass Jimmy um ein Haar mein nächster Patient gewesen wäre, machte mich völlig fertig. Ich erkannte, dass es Zeit für mich war, die Praxis zu verlassen. Ich musste meine Stellung an der vordersten Suchtfront verlassen. Letztlich diente mir diese Erkenntnis als Motivation dafür, mich auf einen Ausbildungsplatz zur staatlich anerkannten Psychotherapeutin zu bewerben.

Mein Vorteil war, dass ich bereits mehrere Jahre Erfahrung als Suchtberaterin hatte, als ich mich entschloss, eine entsprechende Berufsausbildung zu absolvieren. Aber offen gestanden kam ich mir ein bisschen vor wie eine Schwindlerin. Die Rolle der Suchtberaterin war mir angetragen worden, ich hatte sie mir nicht selbst ausgesucht. Und ich habe mich nie so ganz an die Methode gehalten, die ich eigentlich anwenden sollte. In Clouds House hatte ich die ersten Etappen des Zwölf-Schritte-Programms selbst durchlaufen, und zwar mit Erfolg – insofern, als ich nie wieder illegale Drogen konsumierte. Aber als Suchtberaterin hatte mich das Modell zunehmend frustriert, ich fand es zu starr. Zum Beispiel lautete eine eiserne Regel, dass man keine Sitzung mit einem alkoholisierten oder unter Drogeneinfluss stehenden Patienten durchführte. Eine andere, dass ein Patient, der während der Therapie rückfällig wurde, aus dem Programm entlassen wurde. Mir leuchtete das nicht ein. Gerade dann brauchten diese Menschen doch am allernötigsten Hilfe! Warum sollte man einen Patienten gerade dann abweisen? Ich gewann den Eindruck, dass die Zwölf Schritte von viel zu starren Vorschriften geprägt waren und dass das Programm längst nicht allen Abhängigen gerecht werden konnte. Manchmal kam es mir vor, als sei die Methode wichtiger als der Mensch, als wolle man sie einfach jedem unverändert überstülpen. Meiner subjektiven Erfahrung nach fehlte etwas. Der Frust über meine Arbeit in der Suchtberatung und die traumatische Angst, die ich in der Praxis erlebt hatte, trieben mich an, mehr lernen zu wollen und mich weiterzuentwickeln. Hinzu kamen der Frust über mein Privatleben und die Verzweiflung darüber, dass es mir wieder einmal nicht gelungen war, trotz allerbester Absichten, das Glück zu finden, nach dem ich mich so sehnte. Ich wusste, dass ich überleben und Befriedigung in meiner Arbeit finden musste. Ich war nicht bereit, über Scheidung nachzudenken, allein das Wort machte mir Angst. Ich ließ nur selten zu, dass es mir durch den Kopf ging. Die Enttäuschung, die dieses Scheitern mit sich bringen würde, konnte und wollte ich mir nicht vorstellen.

Als Abraham fünf war, fing ich an, mich nach unterschiedlichen Ausbildungsmöglichkeiten für Psychotherapeuten umzusehen. Zugangsvoraussetzung war praktisch überall ein abgeschlossenes Hochschulstudium, und ich dachte, damit sei ich bereits raus. Ich ließ mir die Bewerbungsunterlagen einer Organisation namens Arbours Association in Nordlondon schicken, die ich bereits seit einer Weile kannte, aber ich sah mich nicht imstande, mich zu bewerben, obwohl es das Institut war, das mich am meisten ansprach. Stattdessen bewarb ich mich auf eine andere Stelle, die mich eigentlich viel weniger reizte, und begann dort eine Ausbildung.

Es dauerte nicht lange, da war mir klar, dass dieses Institut nicht das Richtige für mich war. Die anderen Teilnehmerinnen waren Frauen, mit denen ich nichts gemeinsam hatte. Das, gepaart mit den laschen Unterrichtsmethoden, führte dazu, dass ich beschloss, mich meiner Angst zu stellen und mich doch bei der Arbours Association zu bewerben.

Das Institut hatte interessante Wurzeln. Mitte der 1960er Jahre gründeten R. D. Laing, Morton Schatzman und andere die erste therapeutische Wohngemeinschaft in einem Sozialzentrum namens Kingsley Hall in Ostlondon. Laing wollte versuchen, dort psychisch Kranke ohne Medikamente zu behandeln. Er war ein entschiedener Gegner der seinerzeitigen Behandlungsmethoden mit Elektroschocks und starken Substanzen. Laing und Schatzman lebten mit einer Gruppe unterschiedlichster Menschen mit einer großen Bandbreite von psychischen Erkrankungen – Schizophrenie, Psychosen und so weiter – unter einem Dach. Laing wollte verstehen lernen, welche sozialen Probleme Einfluss auf die geistige Gesundheit hatten, und zwar abseits aller Behandlungszentren und Arzttermine. Kingsley wurde seinerzeit zum Zentrum eines der radikalsten Experimente in der Behandlung von psychisch Kranken. Die dort geleistete Arbeit war wichtig und hatte Pioniercharakter. Leider wurde die Wohngemeinschaft nach nur fünf Jahren wieder aufgelöst.

Dann begegnete Morton Schatzman Dr. Joseph Berke, einem amerikanischen Psychotherapeuten, und in den frühen 1970er Jahren gründeten sie die Arbours Association – der Name stammt aus der israelitischen Bibel und bezieht sich auf die Hütte, die Gott über den Menschen baut. Denen, die in der Wüste wandeln oder, auf heute übertragen, psychiatrische Hilfe brauchen, soll Zuflucht und Schutz gewährt werden. Sie betrachteten jeden Patienten als einen individuellen Menschen und nicht als Träger einer Diagnose. Den Patienten wurde ein Behandlungsverlauf in verschiedenen therapeutischen Gemeinschaften angeboten, in denen sie ein normales Leben führen konnten – im Gegensatz zu den Behandlungen in institutionalisierten Zentren, die vom staatlichen Gesundheitsdienst bevorzugt wurden. Während meiner Ausbildung erfreute sich die Stiftung großen Zuspruchs, und ich war stolz, Teil der Bewegung zu sein. In den letzten Jahren haben Sparmaßnahmen die Reichweite von Arbours Association dramatisch beschnitten. Als ich damals dort war, gab es vier therapeutische Wohngemeinschaften, ein Krisenzentrum und eine Schule, die einen fünfjährigen Ausbildungsverlauf anbot. Dazu gehörten zwei Praktika, das erste in einer der Wohngemeinschaften, das zweite im Krisenzentrum. In den Wohngemeinschaften lebten mehrere Menschen mit schweren chronischen psychischen Erkrankungen unter einem Dach. Es herrschten Respekt und Inklusion, etwas, was ich so sonst noch nie erlebt hatte.

Während dieser fünf Jahre entwickelte ich plötzlich Freude am Lernen. Zum ersten Mal wusste ich sofort, dass ich am richtigen Ort gelandet war. Ich ging vollkommen in der Ausbildung auf und empfand sie als eine große Befriedigung. Sie kostete wahnsinnig viel Zeit, Energie und Konzentration. Ich bin sicher, die Trennung von David hätte deutlich früher stattgefunden, hätte ich einen anderen beruflichen Weg eingeschlagen. David hielt überhaupt nichts davon.

Im ersten Jahr sollte vor allem herausgefunden werden, ob man sich eignete. Mir machten die Vorlesungen und Seminare im ersten Jahr großen Spaß, und ich wurde anschließend zur eigentlichen Ausbildung zugelassen. Von den anfangs vierundzwanzig Studierenden machte nur etwa die Hälfte weiter. Ich trat schon bald mein erstes Praktikum in einem Gemeinschaftshaus in Nordlondon an, ganz in der Nähe von zu Hause. Es war ein wunderschönes Haus mit einem tollen Garten. Jeder Bewohner hatte sein eigenes Zimmer, aber der Alltag lief in Gemeinschaftsräumen ab. Ich war ziemlich nervös, als ich an meinem ersten Tag auf die Klingel drückte und hereingelassen wurde. Ich wurde ins Wohnzimmer geführt, wo mir drei der Bewohner Fragen stellten, weil sie mich kennenlernen wollten, sie wollten wissen, was ich vorher gemacht hatte und wie viel Erfahrung ich in der Arbeit mit Menschen hatte. Sie waren alle recht freundlich, obwohl einer von ihnen eher desinteressiert wirkte. Kurz darauf ging ich in die

Küche, wo eine der älteren Bewohnerinnen, die mir noch nicht begegnet war, gerade frühstückte. Sie sah auf und sagte: »Ich kenne Sie nicht, Sie befinden sich in meinem Raum, und das mag ich nicht.« Ihre Feindseligkeit hielt eine ganze Weile an, mir kam es vor, als wollte sie testen, ob ich ihre Angriffe aushalten konnte. Ich war nur willkommen, wenn sie mich ausdrücklich hereinbat, bis sie einen Nutzen für mich gefunden hatte. Dazu kam es auch irgendwann, aber mir wurde schnell klar, dass es bei diesem Praktikum nicht darum gehen würde, was ich alles gemacht und gelernt hatte, sondern darum, wer ich im Verhältnis zur Gemeinschaft wurde.

Der Empfang, den man mir bereitet hatte, als ich in einem völlig normalen sozialen Zusammenhang auftauchte, war eigentlich in Ordnung gewesen. Schließlich würde ich auch nicht jeden Fremden mit offenen Armen aufnehmen, der in meine Privatsphäre eindrang, ohne dass ich ihn darum gebeten hatte. Ich betone das so, weil das eins der zentralen Anliegen der Arbours Association ist. Um den Patienten und seine Welt verstehen zu können, muss sein Verhalten entpathologisiert werden.

Ich verbrachte mindestens einen ganzen Tag pro Woche in der Wohngemeinschaft und lernte die Bewohner und ihre Probleme kennen. Drei Mal pro Woche fanden Hausversammlungen statt, an denen alle Bewohner und Mitarbeiter teilnehmen mussten. Nach einigen Monaten kam ein neuer Bewohner hinzu, ich nenne ihn mal Neil. Er war ein ziemlicher Aufschneider und wirkte mit seiner zwischenmenschlichen Art recht vertraut auf mich. Er räumte ein, sowohl Alkohol als auch Drogen missbraucht zu haben und bereits in verschiedenen Behandlungszentren gewesen zu sein. Arbours war kein Drogen- oder Suchtzentrum, nahm aber auch Menschen mit Suchtproblemen auf. Entsprechend der zugrunde liegenden Philosophie der Inklusion wurden derartige Probleme bei Arbours als Symptome psychischer Belastungen interpretiert. Neils Lebenspartnerin hatte ihn rausgeworfen, weil sie nicht mit ihm zusammenleben konnte, solange er so zerstörerisch und abhängig unterwegs war. Bei den wöchentlichen Versammlungen erfuhren wir jedes Mal mehr über ihn und seine Geschichte. Über Jahre hatte er seiner psychisch kranken Mutter als Zielscheibe für ihre aggressiven und sadistischen Ausfälle gedient. Er erzählte uns Sachen, die uns die Sprache verschlugen. Einmal hatte sie sogar versucht ihn umzubringen. Er war in verschiedenen Kinderheimen untergebracht worden, aber es war vollkommen undurchschaubar, wie Neil sich innerlich eingerichtet hatte, nachdem der Mensch, der ihn hätte beschützen sollen, zu jemandem geworden war, der ihn zu zerstören drohte.

Ich meinte, Neil zu verstehen, und versuchte ihm zu vermitteln, dass ich ihm vielleicht helfen könnte. Aber ich drang kaum zu ihm durch. Vermutlich traute er grundsätzlich niemandem, wenn er erst begriffen hatte, dass die Zuwendung und das Hilfsangebot nur vorübergehend sein würden. Er tat alles, um sich nicht zu eng an andere Menschen zu binden. In seinen Augen war auf Drogen und Alkohol deutlich mehr Verlass, sie halfen ihm, sich und seinen Schmerz zu betäuben. Eines Tages wurde im Garten ein Kasten Starkbier gefunden, offenbar hatte jemand ihn dort versteckt. Neil bestritt, etwas damit zu tun zu haben, aber die anderen Bewohner wussten, dass es seiner war, und viele zogen sich von ihm zurück. Sie wollten keine Energie auf jemanden verschwenden, der sie anlog. Das war offenbar die drastischste Strafe, die die Gemeinschaft über ihn verhängen konnte.

Eines Tages kam Neil mit einer neuen Militärfrisur zur Versammlung. Er war ausgesprochen redselig und energisch, aber seine Worte klangen hohl. Mir war unwohl dabei. Er sprach von neuen Plänen, aber kein einziger davon schien mir realistisch zu sein. Ich fand, er wirkte manisch. Ich machte mir große Sorgen um ihn und musste den ganzen Tag immer wieder an ihn denken.

Als ich am nächsten Morgen aufwachte, verspürte ich eine große innere Unruhe und war mir sicher, dass er versucht hatte, sich das Leben zu nehmen. Ich rief meinen Ausbildungsleiter an und berichtete ihm von meinen Sorgen, die er ausgesprochen ernst nahm. Was ich ihm erzählte, beunruhigte ihn, und wir besprachen alles, was mir so durch den Kopf ging, weil ich das nicht mit mir allein ausmachen konnte und wollte und den Rest der Woche nicht mehr in der Wohngemeinschaft sein würde. Als ich am nächsten Morgen Abrahams alljährlichen Sommerschulausflug vorbereitete, kollidierten zwei Welten. Um kurz vor acht klingelte das Telefon. Am frühen Morgen oder am späten Abend werden einem in der Regel schlechte Nachrichten überbracht, und auch dieser Anruf war keine Ausnahme. Neil hatte sich mit einer massiven Überdosis Heroin umgebracht. Einige der anderen Bewohner hatten versucht, ihn wiederzubeleben, aber er starb noch vor Ankunft des Rettungswagens. Am Abend desselben Tages wurde eine Krisensitzung im Haus einberufen. Die Stimmung unter den Bewohnern war vor allem geprägt von Wut, für sie war es, als sei jemand in ihr Zuhause eingebrochen und hätte dort randaliert. Aber damals herrschte auch eine ausgeprägte Angst vor HIV. Eine der weiblichen Bewohnerinnen hatte versucht, Neil mit Mund-zu-Mund-Beatmung zu helfen, und war dann überzeugt, sie hätte sich mit dem gefürchteten Virus angesteckt.

Neils Beerdigung erinnerte mich schmerzlich an die von Barney. Die kleine Kapelle war brechend voll, sein Leben war zwar kurz gewesen, hatte aber viele andere berührt. Es waren Mitarbeiterinnen aus Kinderheimen und Entzugskliniken da und Freunde, zu denen er trotz seines völlig chaotischen Lebens den Kontakt gehalten hatte. Am meisten Eindruck hinterließ bei mir sein elfjähriger Sohn, der seinen Vater erst vor kurzem kennengelernt hatte, er stand da in einem zu großen Anzug mit roter Rose im Knopfloch und sah völlig verloren aus. Wie würde er mit dem, was passiert war, umgehen, wie mit dem Verlust des Vaters, den er doch gerade erst gefunden hatte? Neil hatte ein finsteres Leben unter erschwerten Bedingungen geführt, und wir waren nicht in der Lage gewesen, ihn zu retten.

Neils tragischer Tod hinterließ Spuren in der Gemeinschaft, aber das Leben ging weiter. Die Bewohnerin, die mir anfangs feindselig begegnet war, hatte mich inzwischen zu ihrer Verbündeten gemacht. Als sie sich darauf vorbereitete, aus dem Haus auszuziehen, bat sie mich um jede Menge praktische Haushalts-tipps. Ich freute mich, ihr helfen zu können. Als mein Praktikum in dem Haus zu Ende war, stimmte mich das traurig, und ich vermisste die Gemeinschaft sehr. Es war ein intensives Jahr gewesen, in dem ich unfassbar viel gelernt hatte. Im Laufe der Ausbildung musste man auch an dreimal wöchentlich stattfindenden klinischen Seminaren und Vorlesungen teilnehmen. Dort wurden kanonische Texte von unter anderem Sigmund Freud, Melanie Klein und Wilfred Bion gelesen. Mich persönlich sprach die Arbeit von Donald Winnicott am meisten an, ihm konnte ich am besten folgen, und meiner Meinung nach sind die von ihm beschworene Großzügigkeit, Menschlichkeit und Güte die am meisten unterschätzten therapeutischen Eigenschaften. Genau daraus zog ich Kraft und Sinn.

Am Ende des Praktikums mussten wir einen Bericht schreiben. Es war die erste wissenschaftliche Arbeit meines Lebens, und ich war mit meinen Nerven am Ende. Ich gab meiner Arbeit den Titel *Zuhause ist, wo das Herz ist*, und ich kann mich erinnern, dass sie gut aufgenommen wurde. Danach habe ich ein Jahr lang im Krisenzentrum gearbeitet, wo stark gestörte Menschen unter-gebracht waren, die normalerweise im geschlossenen Bereich einer regulären Psychiatrie gelandet wären. Die Therapeuten lebten unter einem Dach mit den Patienten, und der Ansatz war, dass jeder Patient Teil eines kleinen Teams sein sollte. Das war ein einzigartiges Behandlungsmodell, bei dem man rund um die Uhr im Dienst war. Außer den Therapeuten, die mit den Patienten im selben Haus wohnten, gab es auch noch Teamleiter und Praktikantinnen wie mich. Manche Patienten waren eine echte Herausforderung, aber dieses Behandlungsmodell bot ihnen viel mehr therapeutische Betreuung als eine psychiatrische Klinik, es war viel bessere psychoanalytische Arbeit möglich. Das Haus war ein Zuhause mit allem, was an alltäglichen Aktivitäten dazugehört, und häufig brachen die interessantesten Diskussionen beim Abendessen oder beim Einkaufen im Supermarkt los.

Ich war Teil eines kleinen Teams und lernte einige der Patienten recht gut kennen. Ich fühlte mich immer wieder zu denen hingezogen, die sich mir am meisten entzogen. Eine junge Frau um die dreißig erinnerte mich an eins der Fotos aus Bergen-Belsen. Sie war so abgezehrt, hatte ein kleines Gesicht mit riesigen Augen, aus denen sie einen anstarrte. Sie hatte eine enorme Wirkung auf mich. Ich setzte mich hin und wieder zu ihr, fragte sie jedes Mal, ob das in Ordnung sei, und sie sagte meist eher zähneknirschend ja. Wochenlang saßen wir dann einfach nur so da. Wir unterhielten uns nicht, aber ich hatte das Gefühl, das sei nur eine Art Vorspiel, und wartete. Eines Tages erzählte sie mir dann, dass ihre Eltern beide drogenabhängig gewesen waren und sie in dem Chaos, das das mit sich brachte, aufgewachsen sei. Ihre Mutter hatte sie verlassen, als sie neun war, danach hatte sie bei ihrer Großmutter gelebt. Sie hatte eine vierjährige Tochter, die sie jeden Sonntag besuchte. Aber sie fand diese Besuche schwierig. Sie meinte, ihre Tochter würde sich von ihr entfernen, hatte den Eindruck, dass sie nicht mehr wusste, was sie gerne spielen wollte oder wie. Die Frau machte sich Vorwürfe und hielt sich selbst für eine schlechte Mutter. Ich hatte Mitgefühl mit ihr und versuchte sie zu trösten. Sie glaubte, dass alles in ihrem Leben sich gegen sie verschworen hätte. Aber einmal formulierte sie auch ihre Angst:

»Wie soll ich jemals darauf vertrauen, dass ein Mensch, den ich an mich heranlasse, mir nicht wehtun wird?«, fragte sie. Darauf gab es keine Antwort, ich konnte sie nur daran erinnern, dass sie ihrem Team vertraute und auch mir. Ich war ihr dankbar, dass sie mir gegenüber ihre Verletzlichkeit eingestanden hatte. Ich gewann sie lieb, und mein mütterlicher Beschützerinstinkt wurde geweckt. Als ich das Zentrum wieder verlassen musste, überreichte ich ihr ein kleines Geschenk als Zeichen dafür, was sie mir bedeutete. Bei meinem Abschiedsabendessen gab sie mir eine Karte mit der einfachen Botschaft: »Ich bin so froh, dass unsere Wege sich gekreuzt haben.«

Insgesamt gefiel mir die Intensität, mit der man mit den Menschen im Krisenzentrum zu tun hatte. Manchmal glaubte ich zu ersticken, aber ich lernte, Atempausen einzulegen, aus dem Haus zu gehen, einen Spaziergang zu machen oder mit einer der anderen Praktikantinnen zu plaudern. Viele der Patienten in dem Zentrum haben nachhaltigen Eindruck bei mir hinterlassen, und unterm Strich empfand ich die Zeit dort als eine Bereicherung. Und ich hoffe, den Patienten wenigstens ein bisschen geholfen zu haben.

Nach einem Jahr im Krisenzentrum musste ich wieder einen Bericht schreiben. Ich gab ihm den Titel *Fehlende Verbindungen*. Jeder musste seinen Bericht der gesamten Ausbildungsgruppe präsentieren, Fragen dazu beantworten und mit den anderen diskutieren. Inzwischen war mein Selbstvertrauen, diese Aufgabe zu bewältigen, etwas gewachsen. Dann kam die nächste Herausforderung: mein erster eigener Patient. Es handelte sich dabei um einen ambulanten Neuzugang, den das Arbours-Aufnahmeteam für einen geeigneten Kandidaten hielt. Ihm wurde die Behandlung zu einem ermäßigten Preis angeboten unter der Voraussetzung, dass er mindestens ein Jahr lang drei Mal pro Woche zu einer Sitzung erschien. Umgekehrt mussten die Auszubildenden ein Jahr lang mit einem bestimmten Patienten Gespräche führen und anschließend mit einem zweiten mindestens ein halbes Jahr lang, um sich weiterzuqualifizieren. Darum war es wichtig, einen Patienten zugeteilt zu bekommen, der auch wirklich so lange dabeiblieb. Es war also keine ganz sichere Angelegenheit für die Auszubildenden und verlangte ihnen einiges an Engagement ab. Und es entstand eine merkwürdige Dynamik daraus, eine Therapie anzufangen in dem Wissen, dass der Therapeut auf das regelmäßige und dauerhafte Erscheinen des Patienten angewiesen war. Erwischte man einen Patienten, der nicht kam oder die Behandlung abbrach, konnte das ziemlich teuer und auch sonst zu einer Belastung werden. Ich weiß von einigen Auszubildenden, die sich bereits im siebten Ausbildungsjahr befanden und sich immer noch nicht ausreichend hatten qualifizieren können. Ich hatte Glück: Zwar war meine Patientin extrem schwierig, aber sie hielt mir ein ganzes Jahr lang die Treue. Es gab allerdings durchaus Phasen, in denen ich mich gefreut hätte, wenn sie nicht mehr erschienen wäre!

Nach einem Jahr also wurde mir mein zweiter richtiger Patient zugeteilt, der mindestens ein halbes Jahr von mir betreut werden sollte. Mein zweiter Fall sollte von einem Psychoanalytiker beaufsichtigt werden, der nicht dem Lehrkörper der Arbours Association angehörte. Mein Tutor riet mir, mich an eine renommierte und international anerkannte Kollegin zu wenden. Das überraschte und erschreckte mich, aber sie erklärte sich tatsächlich bereit, mich zu betreuen, und sie blieb mir auch nach dem Abschluss noch einige Jahre eng verbunden. Ich bin dankbar für ihren Ansporn und ihre Unterstützung. 2003 hatte ich dann endlich alle Anforderungen erfüllt und konnte loslegen.

Ich konnte ab sofort als staatlich anerkannte psychoanalytische Psychotherapeutin praktizieren. Ich war wahnsinnig stolz, die Ausbildung mit Erfolg abgeschlossen zu haben, die mir über einen so langen Zeitraum so viel Engagement, Mut, Konsequenz und harte Arbeit abverlangt hatte. Ich wusste, dass ich meine Sache gut machte und meinen Patienten etwas bieten konnte, und jetzt hatte ich es schwarz auf weiß. Ich kam mir nicht mehr wie eine Schwindlerin vor. Ich hatte neues Selbstbewusstsein gewonnen. Ich hatte etwas gefunden, was ich richtig gut konnte und was ich wirklich gerne machen wollte.

Die offizielle Zulassung und Registrierung bescherte mir eine größere Unabhängigkeit. Aber eine psychoanalytische Psychotherapeutin zu werden, ist eher ein Prozess als ein Zielpunkt. In dessen Verlauf entwickelten sich sowohl meine persönliche als auch meine berufliche Identität enorm weiter. Ich glaubte daran, dass ich mit den Fähigkeiten ausgestattet war, die es brauchte, um diese Arbeit gut zu machen, und im Laufe der Jahre habe ich mir regelmäßig Gedanken darüber gemacht, welche Fähigkeiten das genau sind, und versucht, sie zu definieren. Zuhören können ist die allererste Voraussetzung. Und zwar aktiv viel mehr als passiv. Richtiges Zuhören ist entscheidend. Ich glaube, diese Fähigkeit ist mir angeboren, sie kam mir nur zwischendurch abhanden. Während des Entzugs in Clouds House hatte ich wieder gelernt, zuzuhören und das Zuhören wertzuschätzen. Für mich ist es das allerwichtigste Instrument bei der Ausübung meines Berufs. Wir leben in einer Welt, in der die Kunst der guten Kommunikation ständig an Wert verliert und in der einseitige Monologe *en vogue* zu sein scheinen, vor allem in den sozialen Medien. Aber ein Bildschirm kann kein menschliches Gegenüber ersetzen.

Dessen, dass Menschen mir ihre Lebensgeschichten erzählen, bin ich nie müde geworden. Ich bin einfach mit großer Neugier ausgestattet, die natürlich manchmal die Bereitschaft erfordert, sich Dinge anzuhören, die nur schwer zu ertragen sind. Und das Vermögen, ganz und gar bei den Menschen zu sein, denen es schlechtgeht. Die heilende Wirkung, wenn sich jemand etwas von der Seele redet, ist von allerhöchstem therapeutischen Wert. Zuhören bedeutet auch, auf das zu achten, was sich hinter den Worten verbirgt. Zuhören hat viel mit Nuancen zu tun, mit Metakommunikation und der Erkenntnis, dass Sprache ihre Grenzen hat. Manchmal können die richtigen Worte, die passende Frage helfen, etwas freizusetzen. Aber der Wunsch, dem anderen zuzuhören und zu verstehen, was er sagt, ist oft der wichtigste und tröstlichste Austausch zwischen zwei Menschen. Ich empfinde es als eine große Ehre, wenn Patienten mir manchmal sagen, ich hätte großen Einfluss auf ihr Leben gehabt. Das ist das größte Geschenk, das meine Arbeit mir bescheren kann, daraus ziehe ich eine große Befriedigung.

Meine Entwicklung hin zum Beruf der Psychotherapeutin war ein ganz natürlicher Vorgang. Ich hatte bereits einige Jahre als Suchtberaterin gearbeitet, und für manche meiner damaligen Patienten brachte meine Ausbildung praktisch keine Veränderung mit sich. Ich hoffe, dass ich das, was ich tat, immer besser machte, dass ich mich auf *einem* Weg weiterentwickelte und nicht eine völlig neue Richtung einschlug. Zwar wurde ich jetzt ganz offiziell in diversen Branchenverzeichnissen geführt und durfte meinem Namen ein paar Buchstabenkürzel hintanstellen, aber im Prinzip machte ich weiter mit dem, was ich die ganze Zeit getan hatte – nur etwas selbstbewusster und gesetzter. Meine private Praxis für Psychotherapie bekam mehr und mehr Zulauf. Ich arbeitete Vollzeit, manchmal sechs Tage die Woche, und mache das jetzt seit fast zwanzig Jahren so. Man könnte das wohl eine Erfolgsgeschichte nennen, aber ich weiß nicht, ob ich das je als Erfolg empfunden habe. Denn mit der beruflichen Selbständigkeit geht auch eine finanzielle Unbeständigkeit einher, und das verunsichert mich bis heute.

Nach der endgültigen Trennung von David trug ich die Hauptverantwortung für Abraham. Das war mir sehr wichtig gewesen.

Und da ich nun finanziell für uns beide verantwortlich war, brauchte ich so viel Arbeit, wie ich nur kriegen konnte.

Ich empfand es als eine große Befreiung, meine klinischen Kenntnisse und Ansichten weiterentwickeln zu können. Als Suchtberaterin hatte ich stets versucht, die Abhängigen als Menschen zu behandeln und ihre Abhängigkeit als ein Symptom, als einen verzweifelten Versuch, etwas Schlimmeres abzuwehren. Meine Ausbildung zur Psychotherapeutin lieferte mir einen viel größeren Kontext, innerhalb dessen ich mir weiter Gedanken darüber machen und erforschen konnte, wie gewisse Erfahrungen und Schwierigkeiten eines Menschen zum Ausdruck kommen. Gleichzeitig dachte ich auch viel mehr über den Einfluss nach, den meine Kindheit auf mich gehabt hatte, und konnte meine Odyssee auf der Suche nach etwas, was mir Linderung verschaffen konnte, besser verstehen. Ich habe mich seit jeher dafür interessiert, was Menschen veranlasst, so zu handeln, wie sie handeln, und welchen Einfluss die Vergangenheit auf die Gegenwart hat. Insgesamt war das gesellschaftliche Bewusstsein für und das Interesse an den Folgen von Traumata deutlich gestiegen. Das lag unter anderem daran, dass immer mehr über die Ursachen posttraumatischer Belastungsstörungen geredet wurde, das Thema war häufig in den Nachrichten, man verstand das Phänomen immer besser. Es war, als würde eine neue Sprache entstehen, eine, die ich verstehen konnte. Sie lieferte mir einen Kontext, der mir vorher gefehlt hatte. Durch den Diskurs zu diesem Thema entstand auch größeres Verständnis bezüglich der Vererbung von Traumata. Dinge, die für jemanden, der eine Therapie beginnt und keine Ahnung hat, wieso es ihm so geht, wie es ihm geht, vollkommen unerklärlich erscheinen mögen, sind für mich von allergrößtem Interesse. Ich richte einen großen Teil meiner Aufmerksamkeit darauf, herauszufinden, was die Patienten womöglich selbst nicht wissen oder was ihnen unwichtig erscheint, weil sie es nicht selbst erlebt haben. Sowohl die Sprache als auch der Kontext veränderten sich gewaltig, und das half mir, mich weiter in die Richtung zu bewegen, die mir natürlich und naheliegend erschien.

Wie gesagt, meine Arbeit an sich veränderte sich kaum. Ich habe mich selbst nie als Expertin auf diesem neuen Fachgebiet betrachtet, ich hatte lediglich laufend neue Dinge aufgenommen, zu denen ich vorher keinen Zugang gehabt hatte. Das wiederum erlaubte es mir, meine Ideen und Interessen weiterzuentwickeln. Ich wandte keine neue Methode an, aber ich las immer mehr Aufsätze zum Thema und schrieb auch selbst welche. Mein erster Aufsatz mit dem Titel *Die Wunden der Geschichte* wurde in einer deutschen Fachzeitschrift veröffentlicht und fand großen Anklang. Ich wurde eingeladen, im Sigmund-Freud-Haus in London einen Vortrag zum Thema zu halten. Das war mein Ritterschlag, meine Carnegie Hall!

Ich kann mich an meine letzte eigene Therapiesitzung erinnern, in der ich anfing, über den Holocaust zu reden. Meine Therapeutin sah mich an und sagte: »Ich bitte Sie, Maya, das ist doch so lange her!« Die Erkenntnis, dass man bei gewissen Ereignissen nicht körperlich anwesend gewesen sein muss, um davon beeinflusst zu sein, war für mich wichtig. Zu etwas Zugang zu finden, das außerhalb des eigenen Lebens liegt, ist oberflächlich geschen ausgesprochen problematisch. Mir aber ermöglichte diese Erkenntnis, mich aus meiner Opferrolle zu befreien. Für mich war es das Schlimmste, machtlos zu sein, und fehlendes Wissen ist eine Form von Machtlosigkeit. Es ist erstaunlich, wie lange es gedauert hat, bis das Phänomen »transgenerationales Trauma« endlich zum Gesprächsthema wurde.

Natürlich gibt es kein Wundermittel zur Heilung psychischer Krankheiten. Manchmal reicht eine Gesprächstherapie einfach nicht aus. Einige der schwersten Störungen und Depressionen, mit denen die Menschen sich in Therapie begeben, können enorm hartnäckig und manchmal auch unerklärlich sein. Manchmal fühlt sich einfach alles falsch an. Wie geht man damit um?

Wenn Worte nicht ausreichen oder nicht gefunden werden können, wenn Dinge unaussprechlich sind, wie es häufig bei frühen Kindheitstraumata der Fall ist, die eingetreten sind, bevor das Kind eine Sprache hatte. In solchen Fällen kann es den Patienten völlig aus der Bahn werfen, wenn beim Versuch, Symptome und Erfahrungen zu erklären, eine Erinnerung rekonstruiert wird. Es kann den Patienten weiter entfremden, statt ihn zu trösten, es kann eine unlösbare Aufgabe sein. Der Teil des Gehirns, der Informationen verarbeitet, unser Gefühlsleben und unser Gedächtnis organisiert, befindet sich im limbischen System. Bei jemandem, der Probleme mit seinen Emotionen und seinen Erinnerungen hat, kann es vorkommen, dass der Hippocampus und die Amygdala, beides Teile des limbischen Systems, nicht ausreichend entwickelt sind. Sie müssen aktiviert werden, ihnen muss dabei geholfen werden, diese besondere Aufgabe zu erfüllen. Neuere Forschungen im Bereich der Neurowissenschaften haben ergeben, dass das Gehirn sich anpassen kann. Das weckt Hoffnungen auf alternative Behandlungsmöglichkeiten zur Unterstützung der Gesprächstherapie, die manchmal nicht bis in die tiefsten Tiefen vordringen kann. Nicht immer ist davon auszugehen, dass ein Patient, der bestimmte Erfahrungen nicht annehmen oder sich nicht erinnern kann, die Psychotherapie als solche abwehrt. Dieses Unvermögen kann genauso gut ein Hinweis auf unbewusste und unverarbeitete Erfahrungen sein – darauf, dass dieser Patient bestimmte seelische Erinnerungen gar nicht selbst abgespeichert hat.

In meinem Fall war es so, als ob die Bereiche meines Gehirns, die für Stimmungen, Impulsivität und positive Gefühle zuständig sind, nicht funktionierten. Wenn also meine Mutter, als ich klein war, zu mir sagte: »Keine Sorge, ich fahre nur kurz weg und komme wieder«, dann konnte ich das nicht verarbeiten. Mein Gehirn hatte noch keine Erfahrungen abgespeichert, auf die es zurückgreifen konnte. Ich dachte, sie würde nicht wiederkommen, ich glaubte, dass ihr etwas zustoßen, dass unsere Welt zusammenbrechen würde. Das war meine Grundeinstellung, geprägt von Angst und Sorge. Außenstehende könnten das als Melodramatik abtun. Es verhält sich aber eher so, dass mein Gehirn nicht genauso programmiert ist wie das anderer Menschen. In meinem Fall war es so, dass ich mit den Drogen unbewusst dieses Defizit ausgleichen und mir mehr positive Gefühle bereiten wollte. Viele Jahre Gesprächstherapie hatten mir immer noch nicht aus meiner Depression herausgeholfen, darum fing ich an, mich nach Alternativen umzusehen. Ich war extrem niedergeschlagen und praktisch zu allem bereit, wenn es mir nur irgendwie helfen würde, als eine gute Freundin und Kollegin mir vorschlug, mich an die Neuropsychologin Dr. Lesley Parkinson zu wenden. Als ich ihr meine Geschichte erzählte, lieferte sie mir eine biologische Erklärung. Anhand einer Aufnahme meines Gehirns zeigte sie mir die Bereiche, die nicht richtig funktionierten. Heutzutage ist die Wissenschaft so weit, dass sie erklären kann, welche Teile des Gehirns mit welchen Gefühlen und Verhaltensmustern verknüpft sind, und wir können die Bereiche, die gegebenenfalls geweckt werden müssen, ziemlich genau identifizieren. Diese Methode nennt sich Neurofeedback und wird in weiten Teilen Skandinaviens bereits angewendet. Der Vorteil dieser Methode ist, dass keine Medikamente zum Einsatz kommen und sie nichtinvasiv ist. Zu verstehen, welche Bereiche meines Gehirns nicht so aktiv waren, wie sie eigentlich sein sollten, war mir eine große Hilfe.

In den frühen Jahren dieses Jahrhunderts wurden viele Fortschritte gemacht. Meine berufliche Weiterentwicklung half mir dabei, besser auf meine Patienten einzugehen und ihre Schwierigkeiten zu verstehen. Die Analyse meines eigenen Gehirns erlaubte es mir zu verstehen, welche Bereiche unterentwickelt waren. Für mich war das alles ein weiterer Beleg dafür, dass Privates und Berufliches untrennbar miteinander verbunden waren. Und beide Bereiche meines Lebens fügten sich zu einer Art persönlicher Befreiung, nach der ich endlich Zugang zu kreativen Kräften in mir fand, von deren Existenz ich keine Ahnung gehabt hatte. Dafür bin ich zutiefst dankbar.

10
Freiheit

Liebe Großeltern,

als Anita und Renate im März 1946 England erreichten, hätten sie gerne über das gesprochen, was sie in den Lagern erlebt hatten. Es fragte sie nur niemand danach. Zehn Monate nach Ende des Krieges in Europa wollte man in Großbritannien den Blick nach vorn richten, einer neuen Gesellschaft zugewandt, in der die wichtigsten Industriezweige verstaatlicht wurden, auf eine Zeit, in der es einen für jedermann frei zugänglichen staatlichen Gesundheitsdienst gab und in der die Auslandsbeziehungen frei waren von kolonialen Verpflichtungen gegenüber Indien, Palästina und anderen Gebieten. Niemand hatte Lust, sich mit Vergangenem aufzuhalten. Die Menschen hatten in den Wochenschauen auf den Kinoleinwänden entsetzliche Bilder aus den Lagern gesehen, vor allem aus Bergen-Belsen, und die Aufnahmen von Bulldozern, die Tausende von Toten in riesige Massengräber schoben, hatten alle zutiefst erschüttert. Die meisten Briten glaubten zu wissen, wie schrecklich die Verfolgung der Juden durch die Nazis gewesen war, obwohl in Wirklichkeit natürlich niemand von ihnen auch nur die geringste Ahnung von dem Grauen hatte, dem Millionen Menschen ausgesetzt gewesen waren. Aber sie wussten genug, um zu wissen, dass sie nicht noch mehr wissen wollten. Es gab also niemanden, dem die Überlebenden von ihrem Erlebten berichten konnten. Und niemanden, der gewusst hätte, welche Fragen zu stellen gewesen wären.

Und so legte sich zusehends ein Schleier auf die entsetzlichen Erinnerungen eurer beiden Töchter. Dunkelheit senkte sich auf die schrecklichen Ereignisse der vergangenen Jahre. Auch sie wollten weiterkommen, nachholen, was sie in den letzten Jahren versäumt hatten, sie wollten leben und die Freiheit in dem Land, das sie zu ihrer neuen Heimat gemacht hatten, genießen. Und so wurde geschwiegen.

Anita und Renate lebten zunächst bei ihrem Vetter Jack und ihrer Cousine Helli Schryer in Nordlondon. Jack träumte davon, in Palästina eine neue Gesellschaft aufzubauen, und hatte beruflich mit Marianne zu tun gehabt, als sie in England gewesen war. Jack und Helli hatten ein Haus in der Camden Road in ein paar ehemaligen Stallungen. Jack war Schmied und handwerklich geschickt. Er hatte die Stallungen in ein gemütliches, aber recht kleines Wohnhaus verwandelt. Da war kein Platz für zwei junge Frauen mehr, darum baute er hinter dem Haus noch einen Schuppen. Hier wohnten eure Töchter. Sie hatten einen Herd, ein Waschbecken, zwei Betten und Schränke, das war's. Andere hätten das als primitiv empfunden, aber nach allem, was sie durchgemacht hatten, betrachteten Anita und Renate das als Luxus. Sie waren überglücklich und blieben einige Monate dort.

Meine Mutter wollte unbedingt ihr Cellospiel verbessern und sah sich nach einem geeigneten Lehrer um. Bei einem Konzert in der National Gallery hörte sie einen wunderbaren Cellisten namens William Pleeth spielen. Er war vor dem Krieg als Solist mit dem BBC Symphony Orchestra im Radio aufgetreten und darum ziemlich berühmt. Über Vetter Jack wurde der Kontakt vermittelt, denn wie sich herausstellte, war Jacks Friseur William Pleeth' Vater! William Pleeth, genannt Bill, spielte noch in einem Militärorchester der Armee und erklärte sich nach einiger Überzeugungsarbeit bereit, meine Mutter zu unterrichten. Aufgeregt und nervös erschien sie zu ihrer ersten Stunde. Erst sehr viel später erfuhr sie, dass sie Bills erste Schülerin überhaupt gewesen – und er fast genauso aufgeregt gewesen war wie sie. Er erwies sich als wunderbarer Lehrer und unterrichtete noch jahrzehntelang mit großem Erfolg einige der besten Cellisten Europas. So zählte er einige Jahre eine der Begabtesten überhaupt, Jacqueline du Pré, zu seinen Schülerinnen, und sie nannte ihn ihren »Cello-Vater«.

Das Studium bei Bill hatte nur einen Haken: Der Preis für eine Stunde betrug drei Guineas, etwas über drei Pfund. Meine Mutter hatte kein Geld. Jemand schlug ihr vor, bei einer Hilfsorganisation namens Self Aid for Refugees um Unterstützung zu bitten. Meine Mutter spielte in deren Büro etwas vor, und man erklärte sich bereit, für ihren Unterricht zu bezahlen. Einmal im Monat holte sie das Geld ab. Am Ende jeder Stunde überreichte sie es Bill, drei Ein-Pfund-Scheine und ein paar Münzen. Er nahm sich nur den einen Schein, mehr wollte er nicht haben. »Ich will dein Geld nicht«, sagte er. Heute räumt meine Mutter ein, riesiges Glück gehabt zu haben, nicht allein, weil sie überhaupt bei Bill Pleeth studieren durfte, sondern auch, weil er sich ihr gegenüber so großzügig zeigte. Er war selbst noch ein junger Mann und damals ganz bestimmt nicht finanziell abgesichert.

Renate heiratete einen Franzosen und zog weg aus England. Meine Mutter begegnete in London immer mehr ausgezeichneten Musikern. Sie zog aus dem Schuppen bei ihrem Vetter aus und in eine Wohnung unter dem berühmten Geiger Emanuel Hurwitz und seiner Frau Kay ein. Die beiden hatten gemeinsam ein Haus gekauft, das zu einer Art Musiker-Kommune wurde. Das größte Problem, mit dem meine Mutter sich konfrontiert sah, war, dass sie als Ausländerin nicht Mitglied der Musiker-Gewerkschaft werden konnte. Das konnte sie erst Jahre später, als sie die britische Staatsbürgerschaft erlangte, aber es hielt sie derweil nicht davon ab, hier *und da in verschiedenen Orchestern, Quartetten und Bands mitzuspielen.*

Ende der 1940er Jahre gründeten sich viele unterschiedliche neue Orchester, und meine Mutter spielte in einigen mit. Dann erzählte Emanuel Hurwitz, er wolle ein weiteres Ensemble gründen, das Goldsborough Orchestra. Sie wollte anfangs gar nicht unbedingt mitmachen, weil sie schon so oft in London spielte. Doch er drängte sie: »Komm schon, spiel bei uns mit, das wird gut.« Sie schloss sich der Gruppe an, die sich ein paar Jahre später umbenannte in English Chamber Orchestra. Damit brach für meine Mutter eine goldene Zeit an, in der sie mit einigen der größten Musiker jener Zeit spielte. Der Komponist Benjamin Britten war dem Orchester eng verbunden. Dirigenten wie Daniel Barenboim und André Previn, Geiger wie Yehudi Menuhin, Cellisten wie Mstislaw Rostropowitsch und Dutzende weitere große Talente sind mit dem English Chamber Orchestra aufgetreten. Meine Mutter spricht regelmäßig von den wunderbaren Menschen, denen sie begegnet ist, und von ihrem unsagbaren Glück, Teil dieses außergewöhnlichen und schillernden Kreises von Musikern gewesen zu sein. Es war eine glorreiche Zeit für sie. Das hatte sie verdient, nach den furchtbaren Jahren in Nazi-Deutschland.

Auch in ihrem Privatleben tat sich etwas. Sie hatte Geld gespart und konnte 1950 eine Kurzreise nach Paris antreten. Damals spielte sie in einem Quartett mit Erich Gruenberg, der ihr sagte, sie müsse sich unbedingt mit einem seiner Kollegen, Peter Wallfisch, treffen. Der wohnte in einem kleinen Hotel im Zentrum und versuchte, als klassischer Pianist Fuß zu fassen, während er am Konservatorium studierte. Meine Mutter kannte Peter bereits von früher, da auch er aus Breslau stammte und sie zusammen zur Schule gegangen waren. Für sie war er »der dicke Junge, der Klavier spielen konnte« gewesen. Sie hatte nicht vor, sich bei ihm zu melden, da sie genug andere Dinge zu erledigen hatte, doch als sie an der Straße vorbei-

kam, die ihr Kollege ihr als Peters Adresse genannt hatte, dachte sie, sie konnte wenigstens kurz Guten Tag sagen, der alten Zeiten wegen. Wie sich herausstellte, war Peter nicht mehr »der dicke Junge«, im Gegenteil, sie erkannte den blendend aussehenden, dunkelhaarigen Mann kaum wieder. Sie erfuhr, dass er während des Krieges in Palästina gewesen, dann aber wieder ausgereist war und ein Stipendium für ein Studium in Paris bekommen hatte. Von da an trafen sie sich regelmäßig, und es dauerte nicht lange, da hatten sie sich verliebt. 1952 heirateten sie.

Zu dem Zeitpunkt hatte meine Mutter auch endlich die britische Staatsbürgerschaft erhalten und damit dieselben Rechte wie eine geborene Britin. Peter kam zu ihr nach England, und sie dachte, als ihr Ehemann würde er automatisch in den Genuss derselben Rechte kommen. Doch weit gefehlt. Es folgte erneut ein langer Kampf mit den britischen Behörden. Man traute meinem Vater nicht recht, weil er in Budapest einen Musikpreis gewonnen hatte und regelmäßig östlich des Eisernen Vorhangs auftrat. Das war zu Zeiten, als die Spannungen zwischen Ost und West beständig zunahmen. Immer wieder wurde mein Vater im Innenministerium in London vorstellig, aber die Einbürgerung stockte.

Dann sprang Peter eines Abends für einen krank gewordenen Freund ein und spielte in einem Club in Mayfair namens Allied Circle Klavier. Die Gage bestand aus einem freien Abendessen, perfekt für ein junges, mittelloses Musikerpaar! Meine Mutter begleitete Peter, und als er mit Spielen fertig war, stellte die Leiterin des Clubs, eine Mrs Robinson, Peter und meiner Mutter jede Menge Fragen und zeigte sich fasziniert von ihrer Geschichte. Sie war mit Rab Butler befreundet, einem führenden Politiker der Konservativen. Sie erzählte Butler, sie habe einen großartigen Pianisten kennengelernt, der zusammen mit seiner Cello spielenden Frau das kulturelle Leben in Großbritannien enorm bereichern würde. Butler muss dann mit jemandem im Innenministerium gesprochen haben, denn binnen kürzester Zeit wurden meine Eltern aufgefordert, sich einzufinden, und man führte sie durch all die Räume, in denen sie bereits so viel Zeit mit Warten verbracht hatten, direkt ins Allerheiligste, wo meinem Vater die Einbürgerungsurkunde überreicht wurde. Mrs Robinson bat meine Eltern nie um eine Gegenleistung. Für meine Mutter war diese Geschichte stets ein leuchtendes Beispiel für britische Liebenswürdigkeit gewesen. Sie diente ihr als Bestätigung dafür, dass ihre Entscheidung, nach dem Krieg nach England zu gehen, richtig gewesen war.

Eure drei Töchter sahen sich dann schließlich 1949 in London wieder, als Marianne aus Israel zu Besuch war. Die drei Schwestern umarmten und küssten sich. Zehn Jahre war es her gewesen, seit sie alle drei beieinander gewesen waren. Auf den Fotos sieht man, wie nah sie einander trotz der langen Trennung immer noch waren. Marianne hatte ihre zweijährige Tochter Michal dabei. Leider konnte Marianne ihr Visum nicht verlängern, sodass es bei einem recht kurzen, aber ganz wunderbaren Besuch blieb.

Zwei Jahre später konnte meine Mutter nach Israel reisen und freute sich, ihre Schwester ein zweites Mal wiederzusehen. Diese Tage müssen wirklich kostbar gewesen sein. Aber auch das währte alles viel zu kurz. Marianne starb im Jahr darauf bei der Geburt ihres zweiten Kindes.

Renate ließ sich von ihrem französischen Mann scheiden und heiratete später einen Deutschen, Klaus Harpprecht. Er war Journalist, Fernsehproduzent und Redakteur, in den frühen 1970er Jahren schrieb er Reden für Bundeskanzler Willy Brandt. Renate und Klaus lebten in Deutschland und in den USA und zogen schließlich nach Südfrankreich, wo Renate bis heute in einem entzückenden Haus am Mittelmeer lebt. Aus der Ehe gingen keine Kinder hervor. Anita hat zwei Kinder, Raphael und mich. Eure älteste Tochter Marianne hatte eine Tochter, Michal, und einen Sohn, Amir, der ihren Tod überlebte. Und so, liebe Großeltern, kann ich euch glücklicherweise berichten, dass ihr heute, während ich das hier schreibe, trotz der von den Nazis in Deutschland verübten Gräueltaten zwei Töchter, vier Enkelkinder, sechs Urenkel und fünf Ururenkelkinder habt!

Das ist doch ein schöner vorläufiger Schlusspunkt für unsere Familiengeschichte.

In Liebe,

Maya

Zehn Jahre nach Abschluss meiner Ausbildung zur psychoanalytischen Psychotherapeutin betrieb ich in Vollzeit meine private Praxis, die Arbeit nahm mich stark in Anspruch, und ich erarbeitete mir einen Ruf auf dem Gebiet der Traumata der zweiten Generation. Aber ich wusste, dass ich mich weiterbewegen musste. In gewisser Hinsicht war mein Leben ständig in Bewegung gewesen, aber paradoxerweise war ich gleichzeitig wie gelähmt. Diese Lähmung, die ein zentraler Aspekt der Depression war, die mich so lange wie ein Schatten verfolgt hatte, begann sich endlich zu lösen. Ich konnte nicht mehr untätig am Küchentisch sitzen und darauf warten, dass etwas passierte. Ich wollte neue Ideen, neue Chancen, und ich musste sie selbst finden, auf meine Weise. Mir wurde bewusst, dass ich dringend ein besseres Verhältnis zu mir selbst aufbauen musste. So viele Jahre lang hatte ich immer wieder gesagt, dass ich einfach nur frei sein wollte, ohne genau zu wissen, was ich damit eigentlich meinte. Man kann aber nicht entschieden handeln, wenn man nicht weiß, was man eigentlich erreichen will. Das wurde mir von Tag zu Tag klarer, und ich entwickelte neues, echtes Selbstvertrauen. Wichtig ist die Einsicht, dass es sich dabei um einen ständigen Prozess handelt, nicht um ein endgültiges Ankommen. Genauso wichtig ist, dass es keinen Weg zurück gibt. Dessen bin ich mir sicher.

Im März 2013 wurde ich zu einer Konferenz zum Thema transgenerationales Trauma in New York eingeladen. Es war eine wissenschaftliche Fachkonferenz für Psychoanalytiker und Psychotherapeuten, eine beeindruckende Veranstaltung mit einer ganzen Reihe von ausgesprochen interessanten Vorträgen. Ich lernte dort nicht nur viel über die Behandlung von Traumata, sondern tauchte sowohl beruflich als auch privat tiefer in das Thema ein. Die traditionelle psychoanalytische Theorie konzentriert sich auf alles, was man in seiner Kernfamilie erlebt hat. Auf dem Gebiet der Trauma-Forschung wurde der Blickwinkel in den letzten Jahren aber etwas erweitert, sodass auch die Erlebnisse von Großeltern und Urgroßeltern sowie die politischen und sozialen Kontexte ihrer jeweiligen Zeit mit in Betracht gezogen werden. Im Laufe der letzten Jahre hat sich die Psychoanalyse zunehmend für den transgenerationalen Aspekt von Traumata interessiert, also für ihre Übertragung auf Kinder und Kindeskinder. In New York hörte ich zum ersten Mal wissenschaftliche, aber gleichzeitig empathische Vorträge zu diesem Thema, und ich war vollkommen fasziniert. Ich erkannte, dass ich ganz offensichtlich am falschen Ort geboren worden war, und die Erkenntnis, dass auch ich ein Flüchtling war, hinterließ tiefen Eindruck bei mir. Ich stellte fest, dass mich die Offenheit unter den Delegierten in einem Maße ansprach, das für die britische Kultur, in der ich ja aufgewachsen war, nicht üblich war. Natürlich ist es leicht, andere Menschen und Orte zu verklären, aber da steckte etwas anderes dahinter. Ich gewann einen winzigen Eindruck davon, mich willkommen und lebendig zu fühlen. Durch die Konferenz erfuhr ich von einer ganzen Reihe neuer Aufsätze zum Thema transgenerationales Trauma. New York war, wie es immer war, dynamisch und quicklebendig. Ich verstand mich gut mit vielen der ganz Großen innerhalb der Psychotherapie-Community. Die Konferenz war eine rundum gelungene Veranstaltung – anregend, aufregend, provozierend und unterhaltsam.

Diese Erfahrung öffnete mir eine Tür zu dem Leben, wie es für mich hätte sein können, wenn ich das alles nur früher gewusst hätte. Glücklicherweise bin ich im Grunde kein Mensch, der Dingen nachtrauert. Ich habe mich immer über die Chancen gefreut, die sich mir boten oder die ich mir selbst geschaffen habe. Ich war stets dankbar dafür. Ich bin immer noch hungrig und will immer noch mehr. Aber ich bin nicht mehr wahllos.

Transgenerationales Trauma bezieht sich auf ein Trauma, das unverarbeitet von einer Generation auf die nächste übertragen wurde. In meinem Aufsatz *Die Wunden der Geschichte* von 2015 beschreibe ich die unvergleichliche Schönheit des Blicks einer Mutter. Und ich stelle die Frage, was passiert, wenn dieser Blick, mit dem das Kind bedacht wird, vergiftet ist von Gebrochenheit und Kummer? Saugt das Kind diese dann mit der Muttermilch ein? Die Muttermilch dient hier als Metapher, die eine ganze Reihe von zwischenmenschlichen Verbindungen anbietet, bei denen nonverbale Beziehungen uns beeinflussen und unverarbeitete Erlebnisse vorangegangener Generationen auf die nächste Generation übertragen werden können. Dieses Phänomen ist unsichtbar, es hat keine Stimme, keinen Körper, keine Substanz, und es ist präverbal. Es kann heimtückisch und unbewusst die Psyche des Kindes durchdringen. Natürlich beschrieb ich die vermutete Beschaffenheit und Atmosphäre meiner eigenen Kindheit. So gelangte ich zu einer immensen Einsicht, die für mich ganz entscheidend dazu beitrug, mein eigenes Leben und meine Erlebnisse zu verstehen.

Ich begriff zunehmend, dass wir, wenn wir unsere traumatischen Erfahrungen anderen Menschen mitteilen, die richtig zuhören können, ein lückenhaftes Gedächtnis wiederherstellen, einen Verlust betrauern sowie mit Hilflosigkeit, dem Endprodukt eines Traumas, umgehen können. Wenn es möglich ist, wieder in ein normales Leben zurückzufinden, ermöglicht das den Überlebenden eines Traumas, ihr Urvertrauen in die Welt wiederherzustellen und so wieder bewusster und glücklicher leben zu können. Das Eingehen wechselseitiger Beziehungen mit anderen Menschen kann zu Heilung führen. Isolation kann es nicht.

Als ich von New York nach London zurückkehrte, schwirrte

mir der Kopf von diesen vielen Gedanken und Erkenntnissen. Aber wie üblich gab es in meinem Leben genügend Dinge, die mich auf Trab hielten. Als alleinerziehende Mutter drehte sich bei mir viel darum, für meinen Sohn da zu sein. Abraham war inzwischen fast volljährig. Wie sich herausgestellt hatte, besaß er großes Talent am Cello. Ja, noch einer! Er gewann ein Stipendium nach dem anderen für seine weiterführende Ausbildung. Privatschulen umwarben ihn. Seine schulischen Leistungen waren gut, und aufgrund seines Musikstipendiums wurde ihm auch reichlich Gelegenheit geboten, seine musikalischen Fertigkeiten zu entwickeln. Er nahm an der Guildhall School of Music an zusätzlichem Unterricht teil, und in den Ferien spielte er mit dem National Youth Orchestra. Sein Onkel Raphael unterrichtete ihn ein paar Jahre, und obwohl die Beziehung zwischen den beiden nicht immer einfach war, bestätigte Raphael, dass Abe ein guter Schüler war und dass er auf einem Niveau musizierte, das seinem Alter weit voraus war. Mit achtzehn spielte er an allen wichtigen Musikkonservatorien in London vor und entschied sich schließlich für das Royal College of Music, das ihn mit dem Queen Mother Scholarship bedachte.

Ich erkannte, dass ein Teil von mir indirekt durch Abrahams Erfolge lebte. Ich wollte, dass er das Leben bekam, das ich nie gehabt hatte. Seine Beziehung zu meiner Mutter war eng. Das war seit seiner frühen Kindheit wichtig gewesen. Ich freute mich, dass meine Mutter eine so bedeutende Rolle für ihn spielte. Er sagte später einmal, er sei von zwei wirklich beeindruckenden Frauen großgezogen worden. Ich bewunderte meinen Sohn und war wahnsinnig stolz auf sein musikalisches Talent, seine Lernfähigkeit und seine Entschlossenheit – lauter Qualitäten, die ich nicht besaß, was zu meiner Isolation von großen Teilen der Familie Lasker-Wallfisch geführt hatte. Es freute mich sehr, dass Abe sich als ein Teil der musikalischen Dynastie fühlen konnte.

Aber natürlich ist nichts im Leben leicht oder voraussehbar. Abe schien sich am Royal College ganz wunderbar zu entwickeln, als er im dritten Semester nach einer von Unzufriedenheit geprägten Phase das Cello weglegte und sagte, es sei Schluss, er hätte genug davon. Bis heute hat er das Instrument nicht wieder angerührt. Urplötzlich entschied er sich gegen eine Laufbahn als Profimusiker, wie sie so viele seiner Verwandten eingeschlagen hatten. Stattdessen wechselte er zum King's College London, wo er sich für eine eher ungewöhnliche Fächerkombination einschrieb: Philosophie und War Studies. Er hatte beschlossen, sich neu zu erfinden, und zwar als Philosoph.

Mir tat diese Entwicklung weh, ich war nicht überzeugt von der Richtigkeit seiner Entscheidung. Aber Abe ist hartnäckig und kann enorm stur sein. Ich konnte ihn nicht umstimmen, ganz egal, was ich unternahm. Ich werde nie vergessen, wie mein Bruder am Neujahrstag 2015 Abes Cello bei uns abholte. Für mich war das wie eine Beerdigung. Im Cellokasten lag die Essenz dessen, was unserer Familie einst das Leben gerettet hatte. Das Instrument war ein ausgesprochen großzügiges Geschenk zu Abrahams achtzehntem Geburtstag gewesen, seine Entfernung war also eine komplexe Angelegenheit, und niemand sonst in der Familie verstand das wie ich. Es dauerte Jahre, bis wir über das, was passiert war, reden konnten, weil Abe es sich fünf Jahre verbat, dass in seiner Gegenwart das Wort »Cello« überhaupt in den Mund genommen wurde.

Wir hatten es in dieser Phase nicht leicht miteinander, und ich versuchte ihn so gut ich konnte zu unterstützen und zu ermutigen. Während seines Musikstudiums hatte er bei mir zu Hause gewohnt. Jetzt war es aber an der Zeit, dass er sich seine eigene Bleibe suchte. Wir fanden einen Platz in einem wunderbaren Studentenwohnheim in Hampstead für ihn. Es schmerzte mich sehr, dass er nicht mehr da war, ich vermisste ihn. Ich kann mich erinnern, dass meine Mutter sagte, ich solle mir keine Sorgen machen, er würde schon wiederkommen.

Zum ersten Mal seit vielen Jahren lebte ich wieder allein. Ich hatte den Raum, darüber nachzudenken, was ich privat und beruflich von meinem Leben wollte. Mir war bewusst, dass ich große Fortschritte machte, seit ich das Konzept des transgenerationalen Traumas verstanden hatte. Diese Fortschritte faszinierten mich.

In den 1990er Jahren war man zu der Erkenntnis gelangt, dass die Folgen einer posttraumatischen Belastungsstörung einen Menschen den Rest seines Lebens begleiten konnten, dass Betroffene immer wieder von Rückblenden auf und Erinnerungen an schreckliche Ereignisse heimgesucht werden konnten, die sie selbst erlebt hatten oder deren Zeuge sie geworden waren. In den letzten zwanzig Jahren hat die Wissenschaft das Phänomen noch gründlicher und auch interdisziplinär beleuchtet und unter anderem untersucht, ob traumatische Ereignisse Spuren in der DNA eines Menschen hinterlassen. Natürlich ist die DNA der Grundbaustein des Lebens. Die Veränderungen, denen man sich widmete, waren keine Mutationen der DNA an sich, keine Modifikation des Gencodes. Es handelte sich vielmehr um winzige chemische Marken, die der DNA hinzugefügt oder aus ihr entfernt worden waren. Diese Marken sind in der Lage, bestimmte Gene ein- oder auszuschalten, sodass der Mensch in der Lage ist, sich Veränderungen der Umwelt oder der Lebensbedingungen anzupassen. Das Entscheidende dabei ist, dass diese Veränderungen an die nächste Generation weitergegeben werden können. Sie können vererbt werden. Das bedeutet, dass ein Mensch seine eigenen Lebenserfahrungen, insbesondere traumatische Erlebnisse, an seine Kinder weitergeben kann. Vielleicht erben wir alle Spuren dessen, was unsere Eltern oder gar Großeltern erlebt haben, insbesondere, wenn es sich um leidvolle Erfahrungen handelt. Das neue Fachgebiet, das sich mit diesem Phänomen beschäftigt, nennt sich Epigenetik. Mehrere Studien haben diese Vorgänge ans Licht gebracht. Zum Beispiel ergaben Analysen des amerikanischen Bürgerkriegs, dass die männlichen Nachkommen von Vätern, die in Kriegsgefangenenlagern große Entbehrungen erleiden mussten, eine deutlich höhere Sterblichkeitsrate aufwiesen als die Söhne derer, die nie in Kriegsgefangenschaft waren. Offenbar hatten die Nachkommen Spuren von Lebenserfahrungen geerbt, die sie nicht selbst gemacht hatten. Eine andere Studie hat ergeben, dass Kinder, die im oder kurz nach dem Hungerwinter 1944/45 in Holland geboren wurden, insgesamt kleiner und leichter waren als der Durchschnitt, auch wenn es ihnen selbst nie an Nahrung mangelte und sie kerngesund waren. Einige von ihnen hatten psychische Probleme. Was dann aber wirklich überraschte, war der Umstand, dass es in der nachfolgenden Generation viele Kinder mit denselben Problemen gab. Mit anderen Worten, die Enkelkinder von Müttern, die im entbehrungsreichen Winter 1944/45 ein Kind zur Welt brachten, hatten die Nachwirkungen dieses Traumas geerbt.

Im Jahr 2015 ergab eine in Israel durchgeführte Untersuchung, dass ein hoher Anteil der Kinder von Holocaust-Überlebenden epigenetische Veränderungen an einem bestimmten Gen aufwies, einem Gen, das mit der Ausschüttung von Cortison zu tun hat, einem Hormon, das in Stresssituationen produziert wird und angstdämpfend wirkt. Es war die erste Studie, die nicht Patientenakten und Statistiken analysierte, sondern lebende Probanden und deren Kinder unter die Lupe nahm, und sie kam zu dem Schluss, dass es eindeutig übereinstimmende epigenetische Veränderungen bei den Überlebenden und der zweiten Generation gab. Es wurde immer deutlicher, dass schwere psychologische und soziologische Traumata sich von einer Generation auf die nächste übertragen können. Die Ergebnisse der Studie wurden kritisiert, weil die untersuchte Gruppe mit lediglich zwölf Holocaust-Überlebenden und ihren Nachkommen recht klein war. Es kann daher nicht von unwiderlegbarer, lückenloser Belegen die Rede sein, und selbstverständlich wäre dafür umfassendere Forschung nötig. Dennoch regen die Erkenntnisse zum Nachdenken an.

Die Epigenetik steckt noch in den Kinderschuhen, aber sie hat bereits herausgefunden, dass selbst wenn sich der Gencode eines Menschen nicht geändert hat, doch etwas passiert ist, was Einfluss auf sein Leben und das seiner Kinder nimmt. Das hat schwerwiegende Folgen. Wenn die Generation, die einen Krieg, eine Hungersnot oder einen versuchten Völkermord überlebte, eine epigenetische Prägung bei ihren Kindern hinterlassen hat, dann sollte sich die Gesellschaft vielleicht nicht nur auf die Überlebenden selbst, sondern auch auf die zweite Generation konzentrieren. Der Holocaust wurde nicht mit der Befreiung der Konzentrationslager beendet. Er lebt in allen weiter, die mit ihm in Berührung waren.

Im Sommer 2016 beschloss Abraham, im Rahmen seines Studiums ein Auslandsjahr an der University of California, Los Angeles in Santa Barbara einzulegen. Zwei Monate später heiratete der älteste Sohn meines Bruders, Benjamin, in Los Angeles. Er hatte sich dort als Komponist von Filmmusik niedergelassen. Diese Feier war in der Tat das größte Familienfest der Wallfischs, das es je gegeben hatte. Abraham kam mit dem Fahrrad von seinem Campus in Santa Monica – etwa 150 Kilometer. Wir sind schon ein ziemlich verrückter Haufen!

Meine Mutter und ich reisten zusammen nach Los Angeles. Im Anschluss an Bens Hochzeit war sie eine Woche lang mit Filmaufnahmen für die Shoah Foundation beschäftigt. Die Shoah Foundation wurde Mitte der 1990er Jahre nach dem enormen Erfolg seines Films *Schindlers Liste* von Steven Spielberg gegründet. In den letzten fünfundzwanzig Jahren hat die Organisation Interviews mit über 55 000 Überlebenden des Holocaust und anderer Genozide geführt, aufgezeichnet und archiviert. Meine Mutter war bereits 1998 interviewt worden. Inzwischen gab es aber eine neue Technologie, die man ausprobieren wollte: Ein 3-D-Aufnahmesystem, das sich »Dimensions in Testimony« nennt, Interaktive Zeitzeugnisse. Dafür wurden die Überlebenden mit Dutzenden von Kameras gefilmt, um eine dreidimensionale Darstellung des Menschen zu ermöglichen. Mit diesen Aufnahmen soll es auch zukünftigen Generationen ermöglicht werden, mit Holocaust-Überlebenden in den Dialog zu treten. Die Museumsbesucher können der oder dem Überlebenden Fragen stellen, als säßen sie ihm oder ihr persönlich gegenüber. Ich begleitete meine Mutter zu den Aufnahmen. Das Ganze war ein kompliziertes, zeitaufwendiges Verfahren, fünf ganze Tage dauerte das Interview mit den ungewöhnlichen Filmmethoden. Meine Mutter ärgerte sich zunehmend darüber, dass sich alles so in die Länge zog, und ich musste an unsere anstrengende Reise nach Auschwitz vor zwanzig Jahren denken. Aber wir standen die fünf Tage durch. Um es mit den Worten meiner Mutter zu sagen, die sie immer dann bemühte, wenn etwas Anstrengendes bevorstand: »Auch das geht vorüber!«

Einige Wochen später saß ich an meinem Küchentisch und googelte mich ziellos durch diverse Holocaust-Veranstaltungen. Es war ein Dienstagabend im November. Plötzlich hatte ich eine von der *World Federation of Jewish Child Survivors of The Holocaust and Descendants* organisierte Tagung auf dem Bildschirm. Sie fand am folgenden Wochenende in Los Angeles statt. Die Tagung wurde zum Teil von der Shoah Foundation finanziert, und Dr. Stephen Smith, der Geschäftsführer, den meine Mutter und ich wenige Wochen zuvor im Zusammenhang mit den Filmaufnahmen kennengelernt hatten, sollte als Hauptredner auftreten.

Ich entschied ohne Umschweife, mich anzumelden. Am nächsten Tag buchte ich einen Flug nach Los Angeles. Am Donnerstag flog ich nach Kalifornien.

Ich erzählte niemanden in meiner Familie, dass ich verreisen würde. Sie alle reisen viel, allerdings ausschließlich aus praktischen Gründen, weil sie irgendwo auftreten oder studieren wollen. Es musste stets einen wichtigen Grund geben, um eine Reise anzutreten. Und meine Mutter hätte ganz sicher versucht, mir das auszureden, hätte mir vorgehalten, ich sei verrückt, so viel Zeit und Geld für eine solche Veranstaltung auszugeben. In gewisser Hinsicht war es ein Versuch meinerseits, Freiheit zu leben. Ich hatte keine Ahnung, was ich erwarten sollte, aber mir gefiel es, einfach mal so spontan beschlossen zu haben, um die halbe Welt zu reisen, um an einem Symposium teilzunehmen, das mit dem Holocaust zu tun hatte.

Die Tagung war dann allerdings überhaupt nichts für mich. Stephen Smith hielt seine Eröffnungsrede, und das war dann auch schon der Höhepunkt der dreitägigen Veranstaltung. Es waren mehrere Hundert Teilnehmer da, die meisten von ihnen schienen sich untereinander zu kennen. Ich hatte den Eindruck, dass viele von ihnen regelmäßig an den Konferenzen des Verbandes teilnahmen. Ganze Großfamilien waren dort, mehrere Generationen, in erster Linie Amerikaner und Israelis. Ich war ein Neuling, ein unbeschriebenes Blatt, und stellte mich vor als »die Tochter der Cellistin von Birkenau«. Erst jetzt fällt mir auf, wie normal es für mich war, mich auf diese Weise vorzustellen, und dass meine eigene Identität weiter so stark beeinflusst war von der meiner Mutter, dass ich sie ihrer unterordnete, dass ich mich an ihre Person anlehnen musste, um mich selbst zu definieren. Es passierte mir zum letzten Mal. Von da an bildete sich zunehmend eine eigene Sichtbarkeit heraus. Ein Teil von mir, der stets verunsichert und zersplittert gewesen war, gewann an Kontur und Richtung. Es war ein Weg, zum Werk meiner Mutter und zu meinem eigenen Werk etwas beizutragen.

Ich hatte ein schönes Wochenende, aber nicht das Gefühl, intellektuell oder spirituell besonders angesprochen worden zu sein von den Präsentationen – ganz anders als bei der Konferenz in New York drei Jahre zuvor. Ich lernte nichts Neues über transgenerationales Trauma oder die Fortschritte auf dem Gebiet der Epigenetik.

Und doch hatte die Reise nach Los Angeles nachhaltige Wirkung auf mich. An dem Wochenende kristallisierte sich bei mir ein Gefühl dafür heraus, wer ich eigentlich bin, und das war großartig! Bei dem Wochenende ging es für mich am Ende viel mehr um das, was es symbolisierte, als um das, was es tatsächlich war. Es symbolisierte eine Art der Befreiung und der Synthese, die mir logisch erschien. Es forderte meine Ansichten zu mir selbst heraus und führte mir die Begrenzungen vor Augen, die ich mir selbst auferlegt und innerhalb derer ich gelebt hatte. Sich in einer unbekannten Situation in einem fremden Land zu befinden, kann sehr viel in einem Menschen bewegen. Es hilft, sich auf den Platz zu konzentrieren, den man in der Welt einnimmt. Und so kam es, dass ich eine Erfahrung machte, die mein Leben verändern sollte. Auf dem Rückflug von L. A. hatte ich das ausgeprägte Gefühl, dass die Reise mir wahnsinnig gutgetan hatte und dass ich in Zukunft öfter mal so ganz unabhängig leben und unterwegs sein sollte. »Maya«, sagte ich mir, »du musst noch wachsen.« Es war fast so etwas wie eine Erleuchtung.

Ich weiß noch, wie intensiv dieses Gefühl war, und es kann genauso gut sein, dass ich diesen Satz sogar laut sagte. Wenn ja, dann war er an niemanden gerichtet außer an mich selbst. Ich wollte nicht nach Hause kommen und den Leuten erzählen, was mit mir passiert war. Ich fand, das war eine äußerst persönliche Angelegenheit, die ich vor niemandem zu rechtfertigen brauchte.

Ich hatte etwas entdeckt, was mir wichtig war. Ich hatte etwas über mich selbst herausgefunden. Und ich wollte mehr.

Seit jenem Erweckungserlebnis habe ich gelernt, auf meine eigenen Instinkte zu vertrauen und zu tun, was ich tun möchte. Und so habe ich in den letzten Jahren mein Leben gelebt. Das Gefühl von Neid hat sich aufgelöst und einer Klarheit und Selbstbestimmung Platz gemacht, und diese Veränderung hilft mir dabei, ein Leben zu führen, das ich nie für möglich gehalten hätte. Ich habe eine regelrechte Verwandlung durchgemacht. Ich bin jetzt eine bessere Maya.

In Berlin war ich das erste Mal, als ich vor vielen Jahren zusammen mit meiner Mutter an einer Konferenz teilnahm – ich glaube, der ersten dieser Art –, bei der Holocaust-Überlebende und deren Kinder mit Angehörigen der NS-Verbrecher zusammengebracht wurden. Sie fand in einem großen Hotel in der Nähe eines Flusses statt, und als wir ihn überquerten, sagte meine Mutter, früher sei das ein Fluss aus Blut gewesen. Ich muss ihre Worte in mich aufgenommen haben, ohne zu ahnen, welche Wirkung sie auf mich haben würden. Umgekehrt konnte auch meine Mutter nicht wissen, was mit mir passieren würde. Wieder in Deutschland zu sein, war für sie zu dem Zeitpunkt noch recht neu, und ich kann nur erahnen, wie viel Kraft sie das gekostet haben muss.

Nur ein einziges Mal wagte ich mich während der zweitägigen Konferenz aus meinem Hotelzimmer, vollkommen verängstigt und überwältigt von etwas, für das ich keine Worte hatte. Ich konnte nicht beschreiben, was in mir vor sich ging. Ich war gefangen. Ich erinnere mich nur an sehr wenig.

Heute, nicht so viele Jahre später, weiß ich, dass es das unverarbeitete Trauma in mir und um mich herum war, das mich fest im Griff hatte. Die Körperlichkeit dieser Erfahrung hallt sowohl in den Kindern der Überlebenden als auch in denen der Täter wider, und in Letzteren ist das Trauma vielleicht noch komplexer. Sie tragen die Bürde der Schuld und der Scham, während sie gleichzeitig vor der gigantischen Aufgabe stehen, die Vergangenheit und die stattgefundenen Gräueltaten zu bewältigen. All das und noch viel mehr lag damals in der Luft. Berlin, beziehungsweise das, was dort stattgefunden hatte, machte mir Angst. Manchmal bitten Menschen meine Mutter um Verzeihung. Sie antwortet dann, dass es nichts zu verzeihen gibt. Sie stellt klar, dass es nicht in der Verantwortung der Nachkommen liegt, die kollektive Schuld mitzutragen, und fügt hinzu, dass sie auch Mitgefühl mit ihnen und ihrem Leiden hat. Manchmal tritt sie gemeinsam mit Niklas Frank auf, dem Sohn von Hans Frank, dem berüchtigten Nazi-Generalgouverneur in Polen. Es gibt wohl kaum ein deutlicheres Symbol dafür, dass wir als Menschen die Wahl haben, ob wir gut sein und dem Allgemeinwohl dienen oder dem Bösen und zerstörerischem Hass verhaftet bleiben möchten. Zu verzeihen bedeutet, Frieden zu schließen mit der Vergangenheit und auf eine bessere Zukunft zu hoffen, es ist die einzige Möglichkeit, frei zu sein.

Meine Mutter hält sich auch heute noch regelmäßig in Deutschland auf. Selbst mit Mitte neunzig geht sie manchmal zwei, drei Mal im Monat auf Reisen, um mit verschiedenen Gruppen und an Schulen über den Holocaust zu sprechen. Sie erfreut sich einer gewissen Berühmtheit und wird für ihren bemerkenswerten Beitrag zur Aufklärung über den Holocaust in Deutschland hochgeachtet und gefeiert. Im Januar 2018, am Holocaust-Gedenktag, sprach sie vor dem Deutschen Bundestag. Eine Auschwitz-Überlebende sprach vor den höchsten deutschen Politikern in einer Zeit, in der die Rechten in Deutschland wieder auf dem Vormarsch sind. Die Mitglieder des Bundestages hörten ihr aufmerksam zu, Kanzlerin Angela Merkel war sichtlich bewegt. Die meisten Anwesenden klatschten nachdrücklich Beifall, aber es gab auch einige, die nicht klatschten. Darüber wurde in den Medien breit berichtet, und es führte auf beängstigende Weise vor Augen, dass Antisemitismus im modernen Deutschland wieder zum Leben erwacht. Das war für uns alle ziemlich unwirklich. Ich war wahnsinnig stolz auf meine Mutter, weil sie es schaffte, so unerschrocken wie immer vor ihrem Publikum zu stehen.

Kurze Zeit später begannen meine Mutter und ich, gemeinsam aufzutreten. Mir erschien es extrem wichtig, das zu tun, solange es uns noch möglich ist. Sie teilte meine Einschätzung und sagte in ihrer Begrüßung: »Und jetzt gebe ich den Staffelstab weiter an meine Tochter Maya.« Natürlich berichtete sie von ihren Erlebnissen während des Holocaust, und ich sprach von transgenerationalem Trauma. Eine unserer ersten gemeinsamen Veranstaltungen war mit Thomas Hübl, einem spirituellen Lehrer, der alte Weisheitstraditionen mit Erkenntnissen moderner Wissenschaft verbindet. Die Veranstaltung wurde aufgenommen, bei YouTube eingestellt und bereits Tausende Male abgerufen. Kurze Zeit später erhielt ich einen ganz wunderbaren Brief von einer Frau in Deutschland, Katherine Prushko. Sie hatte meine Mutter schon öfter reden gehört, und nun also uns beide zusammen. Sie fragte, warum ich nicht öfter in Deutschland aufträte und warum meine Geschichte nicht bekannter sei. Ich antwortete, ich sei ganz einfach bisher noch nicht so oft eingeladen worden. Sie bot an, mehrere Veranstaltungen mit uns zu organisieren, wie es eine Agentur machen würde. Sie plante mehrere gemeinsame Auftritte in ganz Deutschland. Ich sprach von den Herausforderungen der zweiten Generation und über transgenerationale Probleme. Die Menschen hörten zu und stellten Fragen. Meinem Empfinden nach fing meine eigene Familie an, mich in einem völlig neuen Licht zu sehen, als eine wohlartikulierte und intelligente Frau. Ich habe mich früher oft als die »Wunde der Familie« bezeichnet, aber so sehe ich mich nicht mehr. Heute betrachte ich mich lieber als Hüterin eines Vermächtnisses, das ein Schlaglicht auf mein besonderes Verhältnis zur Vergangenheit wirft. Ich möchte nicht länger als Opfer wahrgenommen werden, sondern als jemand, der einen wichtigen Beitrag zu leisten hat.

Meine Mutter und ich haben uns unsere Fehler und Schwächen verziehen. Das schuf Platz für eine tiefere Verbundenheit und Heilung. Bei unseren gemeinsamen Veranstaltungen haben wir festgestellt, dass das von echtem Wert und eindrücklicher Wirkung ist. Ich bin stolz, Tochter meiner Mutter zu sein, und ich glaube, sie ist auch stolz auf mich.

Mein ganzes Leben hatte ich das Gefühl, nirgendwo richtig dazuzugehören. Und auf einmal taten sich um mich herum neue Horizonte auf. In den letzten Jahren war ich häufiger in Berlin. Ich bin vielen Menschen begegnet, die ich sehr bewundere. Ich fühle mich in Berlin sogar mehr zu Hause als in London. Ich habe meinen 60. Geburtstag in Berlin gefeiert – den ersten Geburtstag, den ich überhaupt aus Überzeugung gefeiert habe. Interessanterweise gibt es in Berlin eine der am schnellsten wachsenden jüdischen Gemeinden weltweit, viele Jüdinnen und Juden aus der ehemaligen Sowjetunion lassen sich dort nieder, und in den letzten Jahren haben sich auch viele junge Israelis entschieden, nach Berlin zu ziehen. Die Stadt, in der Hitler einst die Vernichtung des europäischen Judentums geplant hatte, nimmt die Juden jetzt mit offenen Armen auf, und auch ich könnte mir vorstellen, dort heimisch zu werden. Ich bin auf der Suche nach einer kleinen Wohnung in der deutschen Hauptstadt. Ich kann mir mich selbst gut in einer gemütlichen Altbauwohnung in Charlottenburg vorstellen. In Berlin bin ich der Geschichte meiner Familie näher, die Stadt gibt mir Energie. Aber vor allem fühlt es sich einfach richtig an. Dass ich jetzt gerne in Berlin leben würde, ist das Ergebnis eines passenden Zusammenspiels aus Zeit, Kontext und Verstehen.

Im Januar 2019 traten wir im Jüdischen Museum in Berlin mit der Veranstaltung »Die Laskers aus Breslau – Ein Familientreffen in Bildern und Worten« auf. Fast ein Jahr lang war ich damit beschäftigt gewesen, die Geschichte meiner Großeltern und ihrer drei Töchter mit Bildern aus dem Familienarchiv zu illustrieren und mit Textbeiträgen und Musikstücken zu ergänzen. Meine Mutter führte erzählerisch durch den Abend, andere Familienmitglieder lasen aus den bewegenden Briefen, die meine Großeltern und ihre Töchter in den Jahren 1939 bis 1942 gewechselt hatten. Meine Cousine Michal kam aus Israel angereist, um die Briefe ihrer Mutter Marianne vorzulesen. Raphael las die Briefe unseres Großvaters. Die Musik spielten Raphael, Libby und ihr Sohn Simon, der außerdem einen sehr bewegenden Kaddisch sang. Es kam mir vor, als würden alle unsere Lieben zum ersten Mal das Papier verlassen und die ihnen zustehenden Plätze in unserer Reihe einnehmen. Auf diese einzigartige Weise brachten wir die Familie zusammen und zollten unseren Großeltern Respekt. Wie ich hörte, fand das zahlreich erschienene Publikum den Abend sehr bewegend.

Kurze Zeit später nahmen Raphael und ich Kontakt zur deutschen Botschaft in London auf, um die deutsche Staatsbürgerschaft zu beantragen. Man machte uns dort nicht viel Hoffnung und zeigte sich auch nicht sonderlich hilfsbereit. Im Antragsformular mussten wir die letzte Anschrift unserer Eltern und Großeltern in Deutschland angeben. Es fiel uns schwer, bezüglich unserer Mutter »Auschwitz-Birkenau« und »Bergen-Belsen« zu schreiben und bezüglich unserer Großeltern »Transit-Ghetto Izbica«. Da wurden die Botschaftsmitarbeiter etwas entgegenkommender. Aber die Mühlen der Bürokratie mahlen langsam. Die Mitarbeiter klagten über eine durch den bevorstehenden Brexit ausgelöste Antragsflut; viele Briten mit Verbindungen nach Deutschland wollten sich die deutsche Staatsangehörigkeit sichern. Man bat uns um Geduld und versicherte uns, wir stünden jetzt auf der Liste und unser Antrag würde wie alle anderen behandelt. Ich erklärte dem Mitarbeiter, dass die Lasker-Wallfischs bereits viel zu viel Zeit auf irgendwelchen »Listen« gestanden hätten, und drängte darauf, unseren Antrag als dringlich und mit dem nötigen Respekt zu bearbeiten. Meinem Bruder und mir war es enorm wichtig, dass wir die deutsche Staatsbürgerschaft noch zu Lebzeiten unserer Mutter erhielten. Noch am selben Tag informierte man uns, dass unserem Antrag stattgegeben wurde. Letztlich wurde es uns also deutlich leichter gemacht, nach Deutschland zurückzukehren, als es unserem Großvater damals all seinen verzweifelten Versuchen zum Trotz gemacht wurde, das Land zu verlassen. Zwei Generationen später war es noch nicht zu spät. Ich triumphierte innerlich, als ich die Nachricht erhielt.

Mit ihr schloss sich ein Kreis. Vor bald achtzig Jahren ließ die Familie Lasker nichts unversucht, um aus Deutschland herauszukommen. Vergeblich. Und mit katastrophalen Folgen. Jetzt möchte eine neue Generation gerne zurückkehren. Vielleicht gehöre ich einfach nach Berlin.

Dieses Buch ist ein Zeugnis der Reise, auf der ich mich befinde, und ein Tribut an alle, die mich bisher auf dieser Reise begleitet haben. Ich habe sehr viel Herzblut hineinfließen lassen. Das war streckenweise nicht einfach, und erst jetzt kann ich wirklich verstehen, wie sehr die Vergangenheit mich beeinflusst hat und wie präsent sie immer noch ist. Tod und Leid der Familie Lasker haben mich zu dem Menschen gemacht, der ich bin. Indem ich nach Deutschland zurückkehre, kann ich, glaube ich, einen Schlusspunkt setzen unter fast hundert Jahre des Verlusts.

Der letzte Brief

Liebe Großeltern,

wie soll ich mich von euch verabschieden, wenn ich doch gerade erst richtig Kontakt zu euch aufgenommen habe? Ich wollte euch erzählen, was aus euren Töchtern geworden ist, und ich hoffe, dass ich so eurem Gedächtnis zur Ehre gereicht habe und euch vermitteln konnte, wie unglaublich stolz ihr auf eure drei Töchter sein könnt.

Ihr habt mich durch dieses Jahr des Schreibens begleitet, und inzwischen stelle ich mir euch nicht mehr einfach nur vor. Mir ist, als seien die Beziehungen, die man uns gestohlen hatte, zu uns zurückgekehrt. Und darum ist dieser Brief kein Abschied. Ihr werdet mich weiter begleiten, und ich werde euch weiter erzählen, wie sich unser aller Leben entwickelt.

Bis ich fünfundzwanzig Jahre alt war, habe ich von beiden Elternteilen immer wieder vermittelt bekommen, dass alles Deutsche schlecht sei. Deutschland wurde fast als eine Art Krankheit betrachtet, und meine Mutter brauchte vierzig Jahre, um in das Land zurückzukehren, das einst ihre Heimat gewesen war. Das Leben geht weiter, und manchmal schlägt es eine unerwartete Richtung ein. Mein Lebensweg der letzten Jahre hat mich zurück nach Deutschland geführt, und vielleicht werde ich das erste Familienmitglied sein, das fast achtzig Jahre nach eurem Tod dorthin zu-

rückkehrt und sich in dem Land niederlässt, in dem ihr so glücklich und erfolgreich wart, bis ihr alles verlort.

Jetzt habe ich das Gefühl, Großeltern zu haben, und euch im Herzen und auf diesen Seiten zu begegnen war sowohl schön als auch schrecklich, Hand in Hand.

Danke dafür, dass ihr so außergewöhnliche, mutige und liebevolle Eltern wart. Danke, dass ihr meine Mutter zu dem Menschen gemacht habt, der sie ist, dass ihr sie mit einer Würde ausgerüstet habt, die ein strahlendes Beispiel dafür ist, wozu der menschliche Geist in der Lage ist.

Im Jahr 1945, als sie noch in Bergen-Belsen war, schrieb meine Mutter in einem Brief an Marianne: »Wir müssen stets so leben, als würden unsere Eltern auf uns schauen.« Ich hoffe, ihr könnt sie jetzt sehen und seid zufrieden mit dem, was sie aus ihrem Leben gemacht haben. Ich wünsche mir, dass dieses Buch zum Symbol für das Beste der Laskers aus Breslau wird und dass meine liebe Mutter und Tante Renate finden werden, dass es das Andenken ihrer Eltern in Ehren hält.

Ich liebe euch.

Maya

Nachwort

Irgendwann zwischen meinem 59. und meinem 60. Geburtstag beschloss ich, es sei Zeit, meine Geschichte zu erzählen. Und ich beschloss, dass mein Buch, sollte es je veröffentlicht werden, zuerst in Deutschland erscheinen sollte. Das mag seltsam anmuten, fühlte sich aber durch und durch richtig an. Doch wo sollte ich anfangen?

In Berlin hatte ich das Glück, der Literaturagentin Elisabeth Ruge vorgestellt zu werden. Das erste Mal begegneten wir uns ganz kurz am Holocaust-Gedenktag 2018 im Bundestag, wo meine Mutter vor den Abgeordneten eine Rede hielt. Das war ein vielversprechender Anfang. Kurz darauf war ich wieder in Berlin und wir verabredeten uns. Am Ende unseres langen, angeregten Gesprächs waren wir uns einig, dass sie meine Agentin sein sollte. Sie hat mich wahnsinnig motiviert und – was vielleicht noch wichtiger war – ich habe keine Sekunde daran gezweifelt, dass sie an mich glaubte. Ich würde mein erstes Buch schreiben.

Im letzten Frühjahr, als ich allein durch die wunderbare Landschaft um Warnsdorf bei Hamburg spazierte, fiel mir auf, dass ich im Geiste Gespräche führte. Ich redete mit meinen Großeltern, die seit über fünfundsiebzig Jahren tot waren. Mir kam es vor, als würden sie mit mir dort spazieren gehen. Das war der Moment, in dem die Idee Gestalt annahm, weitere Briefe für das Lasker'sche Familienarchiv zu schreiben und auf diese Weise mit ganz wunderbaren Menschen in Kontakt zu treten, die nicht mehr existierten. Ich wollte meinen Großeltern schreiben. Ich fand, sie hatten Anspruch darauf, zu erfahren, was aus ihren drei Töchtern geworden war, nachdem sie selbst nach Izbica deportiert worden waren. Noch am selben Tag fing ich an.

Dann wurde mir bewusst, dass ich, auch wenn das ungewöhnlich war und ziemlich komplex werden würde, diese Briefe verflechten wollte mit der Erzählung meiner eigenen Lebenserinnerungen, um so die drei Generationen der Familie Lasker miteinander zu verbinden. Etwas zurückhaltend erzählte ich meiner Agentin von dieser Idee. Ihr gefiel der Gedanke, und wir waren uns einig, dass es für mich gut und wichtig wäre, mit einem Co-Autor an diesem Buch zu arbeiten. Ich traf mich mit mehreren Kandidaten, hatte aber bei keinem das Gefühl, an der richtigen Adresse zu sein.

Im August 2018 besuchte ich meinen Bruder Raphael und seine Frau Libby in der Normandie. Ich erzählte meinem Bruder von meinen Schwierigkeiten, jemanden zu finden, mit dem ich arbeiten konnte, und ich verriet ihm ein paar Einzelheiten über mein Projekt. Da fiel ihm plötzlich etwas ein und er sagte etwas wie:»Mein alter Schulfreund Taylor Downing ist ein angesehener Historiker. Soll ich ihn mal fragen, ob er an dem Projekt interessiert sein könnte?« Ich sagte sofort ja! Wenige Stunden später telefonierten sie bereits, und Taylor war zwar etwas zögerlich, aber letztlich doch neugierig genug, um sich mit mir zu treffen. Das Treffen lief gut. Und dieses Buch ist das Ergebnis unserer Zusammenarbeit.

Taylor hat mich in vielfacher Hinsicht unterstützt – er hat mich mit großer Geduld angeleitet und vieles mehr. Wir haben viel gelacht, ich habe auch geweint, und ich glaube und hoffe, dass wir einander auf eine Weise berührt haben, die über die Worte auf dem Papier hinausgeht.

Maya Lasker-Wallfisch
August 2019

Ich hatte gerade eine ganze Reihe von Veranstaltungen zu meinem jüngsten Buch hinter mich gebracht, einem historischen Sachbuch mit Thrillerqualitäten über den Kalten Krieg: *1983 – The World at the Brink*. Es geht darin um eine fast völlig unbekannte Atomkrise im Jahr 1983, die meiner Ansicht nach genauso gefährlich war wie die Kubakrise 1962. Ich fing gerade an, über mein nächstes Projekt nachzudenken. Mein Verlag wollte gerne mehr zum Kalten Krieg, aber ich fand, das Buch über 1983 würde nur schwer zu übertreffen sein, und wandte mich deshalb wieder dem Zweiten Weltkrieg zu, über den ich bereits mehrere Bücher geschrieben hatte.

Ich weiß noch, wie ich in meinem Arbeitszimmer saß und darüber nachdachte, was ich als Nächstes tun sollte, als mein alter Schulfreund Raphael Wallfisch anrief. Er erklärte, er und seine Frau seien im Urlaub und hätten dort Besuch von seiner Schwester Maya. Sie säße an einem Buchprojekt über den Holocaust und transgenerationale Traumata und sei auf der Suche nach einem Co-Autor. Er fragte, ob ich bereit sei, mich mit seiner Schwester zu treffen, ganz unverbindlich? Das Projekt klang eigentlich nicht nach etwas, das zu mir passen würde, aber ich konnte meinem alten Freund schlecht eine Abfuhr erteilen.

Ich hatte Raphael vor über vierzig Jahren an der Latymer Upper School in Hammersmith kennengelernt. Er wollte damals unbedingt Theater spielen, obwohl er doch für sein virtuoses Cellospiel bekannt war. In meiner Vorstellung war völlig klar, dass er beruflich mal entweder etwas mit Musik oder mit Theater machen würde. Als wir zusammen zur Schule gingen, wusste ich zwar, dass seine Eltern Musiker waren, aber ich hatte keine Ahnung von dem, was seine Mutter in Auschwitz und Bergen-Belsen durchgemacht hatte. Er wohl auch nicht, wie ich jetzt weiß. Erst viel später, als wir beruflich unterschiedliche Wege gingen, bekam ich mit, welche bemerkenswerte Geschichte seine Mutter Anita zu erzählen hatte. Wie das oft so ist, vergingen Jahre, in denen wir uns nicht sahen, aber vor gar nicht allzu langer Zeit nahmen wir wieder Kontakt zueinander auf, und seither hören wir regelmäßig voneinander. Er schenkte mir eine Ausgabe des Buches *Ihr sollt die Wahrheit erben* von seiner Mutter. Ich war vollkommen fasziniert von der Lektüre. Eine beeindruckende Geschichte vom Überleben, allen Widrigkeiten zum Trotz, und ich staunte, dass ich damals, als wir zusammen zur Schule gingen, so überhaupt nichts davon wusste. Aber gut, damals wurde der Holocaust noch nicht eingehend untersucht, und niemandem war wohl klar, dass er eins der zentralen Phänomene des Zweiten Weltkriegs gewesen war. Wie ich jetzt weiß, war in Raphaels Elternhaus der Mantel des Schweigens über das ganze Thema gebreitet worden.

Ich hatte gedacht, ich würde Raphaels Familiengeschichte ganz gut kennen, aber seiner Schwester war ich nie begegnet. Ich wusste daher nicht, was mich bei unserem ersten Treffen erwarten würde. Maya erklärte mir das Konzept ihres Buches und las mir den ersten Brief an ihre Großeltern vor. Das bewegte mich sehr. Maya ist ein ganz besonderer Mensch. Das Phänomen des transgenerationalen Traumas faszinierte mich, und die Herausforderung, ein Buch zu schreiben, das Mayas Leben und das eines Teils der Familie Lasker erzählte, reizte mich.

Ziel des Buches sollte es sein, den Einfluss, den der Holocaust auf drei Generationen einer Familie ausgeübt hatte, mittels zweier Erzählstränge miteinander zu verweben und aufzuzeigen, wie das Trauma sich auf eine Generation übertragen hatte, die selbst nie in einem der Todeslager der Nazis ums Überleben gekämpft hatte. Das war eine Geschichte, die ich so vorher noch nie gehört hatte – und das, obwohl es bereits ganze Bibliotheken voller Literatur über den Holocaust und die damit verbundenen Gräuel gab. Maya und ich wurden uns einig, dass ich ihr dabei helfen würde, diese Geschichte zu erzählen.

Bei einem späteren Treffen stellte Maya mir die äußerst dynamische Elisabeth Ruge vor. Wir führten ein hochinteressantes Gespräch über Literatur und Geschichte. Elisabeth hatte eine ganz genaue Vorstellung von dem Buch und trug diese sehr überzeugend vor. Da biss ich endgültig an.

Maya und ich begannen, ernsthaft an dem Projekt zu arbeiten. Wir trafen uns wöchentlich, und jedes Mal erzählte sie mir von ihrem Leben. Wir teilten ihre Lebensgeschichte in Kapitel auf und schrieben den ersten Entwurf. Wir schickten ihn hin und her, kommentierten, fügten hinzu, reflektierten. Schon bald hatten wir einen Arbeitsrhythmus entwickelt. Für mich war es das erste Mal, auf diese Weise an einem Buch zu arbeiten, und es war ein äußerst kreativer und schöner Prozess. Mayas Leben hat wirklich einen sehr ungewöhnlichen Verlauf genommen, und durch ihre Geschichte habe ich Einblicke in Themen und Bereiche gewonnen, mit denen ich zuvor nie in Berührung gewesen war. Die Arbeit mit ihr hatte etwas von einer aufregenden Reise und war eine ausgesprochen positive Erfahrung.

Für mich war das gemeinsame Schreiben dieses Buches mit Maya für einen renommierten Berliner Verlag eine ungewöhnliche und äußerst anregende Erfahrung.

Taylor Downing
August 2019